Cléophée Pujol

Cléophée Pujol

CM2

LES NOUVEAUX

Outils
pour le
Français

Claire Barthomeuf
Professeur des écoles

Martine Palau
Professeur des écoles

Hélène Pons
Agrégée de l'université

www.opf-ne.magnard.fr

Sommaire

Grammaire

● La phrase et le texte
- La phrase verbale et la phrase non verbale ... 6
- La ponctuation ... 8
- Les types de phrases ... 10
- La phrase interrogative ... 12
- La phrase exclamative ... 14
- La forme affirmative et la forme négative ... 16
- *Révisions* ... 18
- La phrase simple, la phrase complexe ... 20
- La phrase complexe : juxtaposition et coordination ... 22
- La phrase complexe : la proposition relative ... 24
- *Révisions* ... 26

● Autour du verbe
- Le verbe et son sujet ... 28
- Le complément d'objet direct ... 30
- Le complément d'objet indirect ... 32
- L'attribut du sujet ... 34
- Les compléments circonstanciels ... 36
- *Révisions* ... 38

● Autour du nom
- Le groupe nominal ... 40
- Les déterminants (1) et (2) ... 42
- L'adjectif qualificatif ... 46
- Les degrés de l'adjectif qualificatif ... 48
- Le complément du nom et la proposition relative ... 50
- Les pronoms personnels ... 52
- Les pronoms possessifs et les pronoms démonstratifs ... 54
- Les pronoms interrogatifs et les pronoms relatifs ... 56
- *Révisions* ... 58

- Les conjonctions de coordination ... 60
- Les prépositions ... 62
- Les adverbes ... 64
- La nature et la fonction ... 66

Conjugaison

● Le verbe
- Passé, présent, futur ... 68
- L'infinitif du verbe : groupe, radical, terminaison ... 70
- Conjuguer un verbe : personne, temps, mode ... 72

● Le présent de l'indicatif
- Le présent des verbes des 1er et 2e groupes ... 74
- Le présent des verbes en -yer ... 76
- Le présent des verbes en -eler, -eter ... 78
- Le présent des verbes du 3e groupe ... 80
- Les verbes irréguliers : *être, avoir, aller, faire, dire, pouvoir, vouloir* ... 82
- *Révisions* ... 84

● Les autres temps de l'indicatif
- Le futur simple (1er et 2e groupes) ... 86
- Le futur simple (auxiliaires et 3e groupe) ... 88
- L'imparfait (1er et 2e groupes) ... 90
- L'imparfait (auxiliaires et 3e groupe) ... 92
- Le passé simple (1) ... 94
- Le passé simple (2) ... 96
- L'emploi de l'imparfait et du passé simple ... 98
- *Révisions* ... 100
- La formation du passé composé ... 102
- L'emploi du passé composé ... 104
- Le plus-que-parfait ... 106
- Le futur antérieur ... 108
- *Révisions* ... 110

● Les autres modes
- Le présent de l'impératif ... 112
- Le présent du conditionnel ... 114
- Le participe passé et le participe présent ... 116

Orthographe

● Les mots
- Les mots commençant par *ac-, af-, ap-, ef-, of-* ... 118
- Les noms féminins en [e], [te], [tje] ... 120
- Les lettres muettes ... 122
- Les mots invariables ... 124
- La formation des adverbes en *-ment* ... 126
- *Révisions* ... 128

● Les homonymes grammaticaux
- a, à / et, est / son, sont ... 130
- on, ont, on n' ... 132
- la, là, l'as, l'a / ou, où ... 134
- ce, se / ces, ses ... 136
- c'est, s'est / c'était, s'était ... 138
- leur, leurs ... 140
- quel, quels, quelle, quelles, qu'elle, qu'elles ... 142
- *Révisions* ... 144

● Les accords
- Le féminin des noms ... 146
- Le pluriel des noms (1) ... 148
- Le pluriel des noms (2) ... 150
- Le féminin des adjectifs ... 152
- Le pluriel des adjectifs ... 154
- Les accords dans le groupe nominal ... 156
- L'accord du verbe avec le sujet ... 158
- L'accord du participe passé ... 162
- Participe passé en *-é* ou infinitif en *-er* ? ... 166
- *Révisions* ... 168

Vocabulaire

● Le dictionnaire
- Utiliser le dictionnaire (1) ... 170
- Utiliser le dictionnaire (2) ... 172

● La formation des mots
- Les mots de la même famille ... 174
- Les préfixes et les suffixes ... 176
- Les abréviations et les sigles ... 178
- *Révisions* ... 180

● Le sens des mots
- Les noms génériques ... 182
- Les synonymes ... 184
- Les contraires ... 186
- Les différents sens d'un mot ... 188
- Les niveaux de langage ... 190
- *Révisions* ... 192

● Enrichir son vocabulaire
- Sentiments et émotions ... 194
- Communiquer et s'informer ... 196
- Vivre en société ... 198
- Les arts ... 200
- Lecture et littérature ... 202
- L'environnement ... 204
- Les sciences ... 206

Tableaux de conjugaison ... 208

© Éditions Magnard, 2013 • 5, allée de la 2e DB, 75015 Paris.

LES NOUVEAUX Outils

Grammaire

Le groupe nominal

CHERCHONS

Un jour, Delphine et Marinette dirent à leurs parents qu'elles ne voulaient plus mettre de sabots. Voilà ce qui s'était passé. Leur grande cousine Flora, qui avait presque quatorze ans et qui habitait le chef-lieu, venait de faire un séjour d'une semaine à la ferme. Comme elle avait été reçue un mois plus tôt à son certificat d'études, son père et sa mère lui avaient acheté un bracelet-montre, une bague en argent et une paire de souliers à talons hauts.

Marcel Aymé, « Le paon », in *Les Contes du chat perché*, © Gallimard.

▸ Relevez les noms communs de ce texte.
▸ Relevez les noms propres de ce texte : à quoi les reconnaissez-vous ?
▸ Quel est le nom noyau des groupes nominaux en rouge ?
▸ Remplacez les groupes nominaux en rouge par d'autres groupes nominaux construits de la même manière.

● Le **nom propre** commence toujours par une **majuscule** : *Delphine, Flora*

● Le nom a un **genre** (masculin ou féminin) et un **nombre** (singulier ou pluriel) :
  Marinette — nom propre féminin singulier
  sabots — nom commun masculin pluriel

● Un **groupe nominal (GN)** est constitué au minimum d'un **déterminant** et d'un **nom commun** : *leurs parents, sa mère*

● Le nom est le noyau du groupe nominal : *son **certificat** d'études*

● On peut compléter le groupe nominal avec :
– un **adjectif qualificatif** : *leur **grande** cousine*
– un **complément du nom** : *une bague **en argent***
– une **proposition relative** : *leur grande cousine Flora **qui avait presque quatorze ans***

Distinguer les noms communs des noms propres

1 ✶ Trouve un nom propre correspondant au nom commun.
une région : le Languedoc
a. une ville
b. un pays
c. un continent
d. un fleuve
e. une chaîne de montagnes
f. un département

pour le Français

Identifier les groupes nominaux

2 ✶ **Complète la règle.**
a. Un groupe nominal est formé au minimum d'un … et d'un … ou d'un … .
b. Un groupe nominal a un genre (…, …) et un … (singulier, pluriel).
c. Le nom est le … du groupe nominal. On peut le compléter avec un …, un … ou une … .

3 ✶ **Relève les GN de ce texte.**
Le roi Shahriyar vivait dans un somptueux palais, avec des cours ombragées et des tours innombrables qui pointaient vers le ciel ; il passait ses journées à gouverner son royaume, après quoi il buvait du jus de fruits glacé, au son de la musique, en compagnie de sa ravissante épouse ; elle avait de longs cheveux noirs qui dégringolaient dans son dos jusqu'au sol, et son visage à l'ovale parfait était blanc comme la lune.
Fiona Waters, *Nuits d'Orient : contes extraits des Mille et Une nuits*, trad. M. Nikly, Albin Michel Jeunesse.

4 ✶ **Souligne le nom noyau de chaque GN.**
a. des petits lutins farceurs
b. cette jolie princesse à la robe couleur de lune
c. le méchant ogre qui mange les petits enfants
d. la méchante sorcière du placard à balais
e. un énorme dragon qui crache du feu

5 ✶✶ **Souligne les éléments qui complètent le nom noyau.**
a. le Petit Chaperon rouge
b. la petite fille aux allumettes
c. les habits neufs de l'empereur
d. les six compagnons qui viennent à bout de tout
e. le Chat botté
f. le stoïque Soldat de plomb

Classer des groupes nominaux

6 ✶ **Recopie les GN pluriels en bleu et les GN singuliers en vert.**
a. plusieurs ordinateurs ◆ **b.** quelques feuilles de classeur ◆ **c.** cet arbre exotique ◆ **d.** un témoin sérieux ◆ **e.** d'innombrables chansons ◆ **f.** un puits ◆ **g.** trois radis roses ◆ **h.** ce parcours ◆ **i.** la dernière fois ◆ **j.** une paire de ciseaux

7 ✶ **Souligne les GN féminins en rouge et les GN masculins en vert.**

En cas de doute, vérifie dans le dictionnaire.

a. des pétales roses ◆ **b.** des pédales de vélo ◆
c. des omoplates ◆ **d.** l'humour ◆ **e.** l'hélice ◆
f. des soldes intéressants ◆ **g.** l'appétit ◆
h. l'interview ◆ **i.** des invasions ◆ **j.** des intrus ◆
k. l'espèce humaine ◆ **l.** l'astérisque

8 ✶✶ **Complète les phrases avec des GN ayant le nombre qui convient.**
a. … ont toutes des ceintures de sécurité.
b. Sur ce sentier se croisent … .
c. … sont allés cueillir des jonquilles.
d. … est tombé dans la boue.

9 ✶✶✶ **Classe ces GN dans le tableau.**

nom + adjectif	nom + complément du nom	nom + proposition relative
	a	

a. une cour de récréation
b. un bonbon qui fond dans la bouche
c. une tarte aux fraises
d. des exercices faciles
e. un film qui fait peur

À toi d'écrire !

10 ✶ **Il sort de drôles de choses du chapeau du magicien. Continue l'énumération à l'aide de groupes nominaux.**
une bombe de crème chantilly, une poupée qui dit maman…

11 ✶ **À la manière du texte de l'exercice 3, écris un portrait de la fille du roi Shahriyar contenant au moins trois groupes nominaux.**

Grammaire

La phrase verbale et la phrase non verbale

CHERCHONS

Je ne veux pas manger. Ragoût, pommes de terre et biscuits. D'habitude, j'aime le ragoût, mais je n'ai pas faim. Je grignote un biscuit, mais je n'en ai pas envie non plus. Pas maintenant. Heureusement que Grand-Mère Loup n'est pas là. Elle ne supportait pas qu'on laisse de la nourriture dans nos assiettes. « Pour ne pas manquer, il ne faut pas gaspiller », disait-elle. Je gâche cette nourriture, Femme Loup, que cela te plaise ou pas.

Michael Morpurgo, *Soldat Peaceful*, trad. D. Ménard © Gallimard Jeunesse.

▶ Combien comptez-vous de points dans ce texte ?
▶ Combien comptez-vous de phrases ?
▶ Quelles sont les phrases qui ne contiennent pas de verbe ?

• Une **phrase** est une suite de mots qui a un sens. Elle commence par une **majuscule** et se termine par un **point** *(!, ?, …, .)*.

• Une phrase qui contient au moins **un verbe** est une **phrase verbale** :
   Je ne veux pas manger.

• Une phrase qui ne contient **pas de verbe** est une **phrase non verbale** :
   Pas maintenant.

Comprendre le sens d'une phrase

1 ✱ **Complète les phrases.**
a. Une phrase commence par une … et se termine par un … .
b. C'est une suite de mots qui a un … .
c. Une phrase … contient au moins un verbe.
d. Une phrase … ne contient pas de verbe.
e. « Grande fête foraine au village ! » est une phrase … .
f. « Je n'aime ni le ragoût de pommes de terre ni les biscuits. » est une phrase … .

2 ✱ **Reconstitue des phrases avec les mots proposés.**
a. tempête ◆ voilier ◆ violente ◆ a ◆ endommagé ◆ le ◆ une
b. je ◆ ne ◆ pas ◆ qu'il ◆ crois ◆ fera ◆ demain ◆ beau
c. tu ◆ tu ◆ me ◆ où ◆ les ◆ as ◆ rangé ◆ peux ◆ voiture ◆ de ◆ la ◆ dire ◆ clés
d. nous ◆ punis ◆ toi ◆ avons ◆ à ◆ été ◆ cause ◆ de
e. la ◆ d' ◆ de ◆ très ◆ fête ◆ Marianne ◆ réussie ◆ anniversaire ◆ était

3 ✱ Ôte un mot à chaque phrase pour qu'elle ait un sens.
a. Découpe le patron directeur du cube selon le trait noir.
b. Plie selon les points pointillés.
c. Mets deux de la colle sur les languettes.
d. Ferme ton tube cube délicatement.
e. Tu peux décorer ton mètre cube.
f. Il faut il toujours être soigneux.

4 ✱✱ Recopie le texte en ajoutant les majuscules et les points.
ma nouvelle école est à cinq minutes de chez moi on nous y enseigne l'anglais et l'informatique en plus des matières habituelles nous allons à la piscine le jeudi et au gymnase le lundi matin je m'y suis fait de nombreux amis

Distinguer les phrases verbales des phrases non verbales

5 ✱ Indique si ces phrases sont verbales ou non verbales.
a. Le match n'aura pas lieu ce soir.
b. Grosse déception à l'OM !
c. Lille contre Nantes : 3 buts à 0.
d. La France affronte l'Italie ce soir.
e. Victoire écrasante du Brésil !
f. Les Bleus entrent sur le terrain.

6 ✱ Recopie les phrases non verbales.
a. Irez-vous à la kermesse ?
b. Grosse affluence au buffet !
c. J'aime surtout la brocante.
d. Des parents volontaires tiennent les stands.
e. Quelle foule à la pêche à la ligne !
f. Plus de tickets à l'entrée.

7 ✱✱ Recopie les phrases verbales.
a. La fête du centenaire de l'école a été un grand succès.
b. Merci à tous les parents participants !
c. Toutes les classes, du CP au CM2, ont participé au spectacle.
d. Quelle belle soirée !
e. L'exposition présentait des cahiers et des livres anciens.
f. Interdit de courir dans les couloirs !

Utiliser la phrase verbale et la phrase non verbale

8 ✱✱ Transforme ces phrases verbales en phrases non verbales.
Notre grand champion national est de retour.
> *Retour de notre grand champion national.*
a. De violents orages éclateront sur les Alpes.
b. Un stade sera construit pour 2016.
c. On prévoit de gros embouteillages à Paris.
d. La rentrée s'est déroulée sans incident.
e. Les Bleus gagnent deux buts à zéro.

9 ✱✱✱ Transforme ces phrases non verbales en phrases verbales.
Lens - Manchester : 2-0
> *Lens a battu Manchester 2 à 0.*
a. Affluence record sur les routes.
b. Canicule prévue sur Strasbourg toute la semaine.
c. Nouveau tremblement de terre en Turquie.
d. Découverte médicale d'un laboratoire anglais.
e. Disparition d'un célèbre chanteur.

À toi d'écrire !

10 ✱ Observe cette carte météo de la France et rédige le bulletin en n'utilisant que des phrases non verbales.

11 ✱✱ À l'aide de phrases verbales, raconte l'arrivée d'une étape du Tour de France.
Le maillot jaune se détache du peloton. Mais il est rejoint par…

Grammaire

La ponctuation

CHERCHONS

« Vite, Rosalie (c'était la cuisinière), un seau d'eau fraîche !
Donne-moi ta main, Marguerite ! Trempe-la dans le seau.
Trempe encore, encore ; remue-la bien. Donne-moi une grosse poignée de sel, Camille… Bien… Mets-le dans un peu d'eau… Trempe ta main dans l'eau salée, chère Marguerite.
– J'ai peur que le sel ne me pique, dit Marguerite en pleurant. »

Comtesse de Ségur, *Les Petites Filles modèles*.

▶ Relevez tous les signes de ponctuation de ce texte et essayez de les nommer.
▶ Lesquels terminent une phrase ? Lesquels indiquent une respiration dans la phrase ? Lesquels annoncent un dialogue ?

- **Le point (.)** marque la fin d'une phrase déclarative ou injonctive.

- **Le point d'exclamation (!)** marque la fin d'une phrase exclamative ou impérative.

- **Le point d'interrogation (?)** marque la fin d'une phrase interrogative.

- **Les points de suspension (…)** indiquent que tout n'est pas dit. *Bien…*

- **La virgule (,)** marque une respiration dans la lecture.
  Vite, Rosalie, un seau d'eau fraîche !

- **Le point-virgule (;)** sépare deux propositions. *Trempe encore, encore ; remue-la bien.*

- **Les deux-points (:)** annoncent une énumération ou précèdent les guillemets.
  Marguerite dit : « J'ai peur que le sel ne me pique. »

- **Les guillemets (« »)** s'utilisent pour rapporter des paroles.
  « Vite, Rosalie […] en pleurant. »

- **Le tiret (–)** annonce qu'on change de personne dans un dialogue.
  – J'ai peur que le sel ne me pique.

- **Les parenthèses ( )** servent à ajouter une information. *(c'était la cuisinière)*

Connaître les signes de ponctuation

1 ✻ Écris le signe de ponctuation correspondant à chaque devinette.
a. Je termine une phrase.
b. Je sers à rapporter des paroles.
c. Je marque la fin d'une phrase interrogative.
d. Je marque une respiration dans la lecture.
e. J'indique qu'il reste encore des choses à dire.
f. Je sépare deux propositions.
g. Je marque la fin d'une phrase exclamative.

Placer les signes de ponctuation

2 ✻ Recopie le texte en choisissant le bon signe de ponctuation dans la parenthèse.
Voici un « mauvais » conseil pour éviter l'école !
C'est bientôt l'heure de partir (. ou ;)
Qu'il est dur de quitter le cocon douillet de la maison (? ou !) Tu regrettes ton lit bien chaud et aussi tes jeux vidéo (, ou .) ton chat (, ou .) ton ordinateur (, ou .) ta télé (, ou .) tes dix hamsters (. ou …) Pour éviter l'enfer de l'école (: ou ,) il ne te reste qu'une solution (: ou ,) faire semblant d'être malade (… ou !)
Béatrice Rouer, *La Maîtresse au tableau*, Nathan.

3 ✻ Recopie les phrases avec la ponctuation correcte et les majuscules.

a. **Il manque deux virgules et un point.**
à l'âge d'un mois soit deux semaines avant que la famille ne se sépare pour toujours le petit hérisson ressemble déjà exactement à un adulte
b. **Il manque quatre virgules, des points de suspension et un deux-points.**
dans la nature le hérisson n'a pas peur de dévorer toutes sortes d'insectes toxiques mille-pattes carabes abeilles guêpes
D'après « Le Hérisson », *La Hulotte*, n° 77.

4 ✻✻ Recopie le texte en replaçant la ponctuation manquante à chaque astérisque.
Elle allait avaler la liqueur avec reconnaissance * quand * soudain * une voix intérieure * une sonnette d'alarme * retentit dans son cerveau * Elle se redressa et repoussa le breuvage *
D'un ton sec * elle demanda *
* D'où cela vient-il **
Avant de répondre * Blore la regarda longtemps *
* J'ai été le chercher en bas *
* Je refuse de le boire **
D'après Agatha Christie, *Dix petits nègres*, trad. G. de Chergé, Le Livre de Poche Jeunesse.

5 ✻✻ Les signes de ponctuation et les majuscules de ce texte ont été oubliés. À toi de les replacer.
Malefoy laissa échapper un terrible hurlement et prit aussitôt la fuite * suivi de Crockdur * la silhouette au capuchon leva la tête et regarda Harry * du sang de licorne lui coulait sur la poitrine * la silhouette se releva d'un bond et se précipita vers lui * paralysé par la peur * Harry fut incapable de bouger *
D'après J. K. Rowling, *Harry Potter à l'école des sorciers*, trad. J.-F. Ménard, © J. K. Rowling, © Gallimard Jeunesse.

6 ✻✻✻ Ponctue chaque phrase de deux façons différentes pour en modifier le sens.
L'homme, dit Marie, a ouvert la porte.
> *L'homme dit : « Marie a ouvert la porte. »*
a. Baptiste grommelle Yanis m'a frappé
b. Ma sœur ronchonne Antoine n'a pas rangé sa chambre
c. Kamel hurlait Nassima mets ton manteau
d. Rémi chuchota Aristide s'est endormi
e. Le Petit Poucet dit l'ogre me poursuit

À toi d'écrire !

7 ✻ **Tu dois faire les courses, rédige ta liste.**
Il me faut : de la salade, des pâtes…

8 ✻✻ **Tu demandes ton chemin à un passant : écris un court dialogue.**
« S'il vous plaît, monsieur, où se situe la rue… ?

Grammaire

Les types de phrases

CHERCHONS

Partis en mission au pôle Nord, Butler et Root sont pris dans un éboulement. Le capitaine Holly Short va tenter de les sauver.

De gros blocs de roche et de glace se plantèrent dans le sol comme des barreaux, derrière lesquels Butler et Root se trouvèrent pris au piège. Holly s'était relevée et courait vers le commandant. Mais que pouvait-elle faire ? Retourner sous l'éboulement ?
– Restez où vous êtes, capitaine ! dit Root dans le micro de son casque. C'est un ordre.
– Commandant, dit Holly dans un souffle, vous êtes vivant !

Eoin Colfer, *Artemis Fowl*, vol. 2 : *Mission polaire*, trad. J.-F. Ménard, © Gallimard Jeunesse.

▶ Quelles sont les phrases déclaratives de ce texte ? À quoi les reconnaissez-vous ?
▶ Quelles sont les phrases interrogatives de ce texte ? À quoi les reconnaissez-vous ?
▶ À quel mode est le premier verbe de la phrase rouge ? Comment se nomme ce type de phrase ?
▶ À quel type appartient la phrase verte ? Quel sentiment exprime-t-elle ?

On distingue quatre types de phrases.

● La phrase **déclarative** sert à donner un renseignement ou à décrire un fait. Elle se termine par un point : *Holly s'était relevée et courait vers le commandant.*

● La phrase **interrogative** sert à poser une question. Elle se termine par un point d'interrogation : *Mais que pouvait-elle faire ?*

● La phrase **exclamative** sert à exprimer un sentiment (joie, surprise, colère…). Elle se termine par un point d'exclamation : *Vous êtes vivant !*

● La phrase **injonctive (ou impérative)** contient souvent un verbe au mode impératif. Elle sert à donner un ordre. Elle se termine par un point, un point d'exclamation ou des points de suspension : *Restez où vous êtes, capitaine !*

Distinguer les types de phrases

1 ★ Écris vrai ou faux pour chaque affirmation.
a. La phrase interrogative se termine par un point d'exclamation.
b. La phrase injonctive sert à donner un ordre.
c. La phrase déclarative sert à poser une question.
d. La phrase injonctive contient souvent un verbe au mode impératif.

2 ★ Recopie les phrases déclaratives.
a. Je me suis couchée trop tard.
b. Comme il est grand !
c. Avez-vous vu l'oncle Jo ?
d. Nous sommes allés faire les courses.
e. Faites attention.

3 ★ Recopie les phrases interrogatives.
a. Est-ce que tu t'inquiètes pour moi ?
b. Ne t'inquiète pas pour moi.
c. Quelle inquiétude !
d. Arrêtez-vous là.
e. Quand allez-vous vous arrêter ?
f. Vous arrêterez-vous en route ?

4 ★ Ne recopie que les phrases injonctives.
a. Viens vite !
b. Que cette histoire est triste !
c. Ne sois pas triste !
d. Comme tu as de grandes dents !
e. Rangez-vous dans le couloir !

5 ★★ Recopie les phrases exclamatives. Précise le sentiment exprimé : étonnement, peur, colère.
a. Vous n'avez pas honte !
b. Je ne mettrai plus les pieds dans cette boutique.
c. J'en ai assez !
d. Vous m'écrirez ?
e. Comme ce chien a l'air intelligent !
f. J'ai failli tomber dans l'escalier !

6 ★★★ Fais un tableau à quatre colonnes (phrases déclaratives, interrogatives, exclamatives et injonctives) et classes-y les phrases.
a. Pourquoi existe-t-il des déserts ?
b. Regardez ce planisphère.
c. Vous verrez qu'on ne trouve pas des déserts n'importe où sur notre planète.
d. Les déserts froids sont évidemment localisés aux pôles.
e. Parfois il ne tombe pas une goutte d'eau pendant plusieurs années, vingt ans même !

D'après Théodore Monod, *Vie et mort au désert*, Seuil Jeunesse.

Utiliser des phrases déclaratives

7 ★ Réponds à chaque phrase interrogative par une phrase déclarative.
a. Qu'avez-vous remarqué par la fenêtre ?
b. Avec qui as-tu joué dans la cour ?
c. Quand partirez-vous en vacances ?
d. De qui est ce roman ?
e. Pour qui maman a-t-elle acheté ce pantalon ?

Utiliser des phrases injonctives

8 ★ Transforme ces phrases déclaratives en phrases injonctives, selon le modèle.
Je voudrais que vous veniez plus tôt.
> *Venez plus tôt.*
a. Je vous ai demandé de fermer la fenêtre.
b. Cléo, c'est ton tour de venir au tableau.
c. Il ne faut pas toucher les chiens qu'on ne connaît pas.
d. Tu ne devrais pas manger autant de bonbons.
e. Vous pouvez éteindre la lumière maintenant.

9 ★ Quel ordre, ou quelle consigne, faudrait-il donner dans les situations suivantes ?

Écris des phrases injonctives.

a. Ton amie Zoé t'a emprunté ton livre de lecture il y a plusieurs jours.
b. Personne n'a eu le temps de sortir le chien qui s'impatiente.
c. Tes camarades ont un exposé à préparer mais n'ont encore rien fait.

10 ★ À l'aide de phrases injonctives, écris une recette que tu connais.
Verse la farine dans une terrine. Casse deux œufs…

Grammaire

La phrase interrogative

CHERCHONS

« Tu fais quoi ? Tu danses ?
– Je m'entraîne à esquiver la flamme…
– Et pourquoi lèves-tu les yeux au ciel ?
– J'essaie de voir où mettre mon creuset*. Je veux éviter que la flamme ne brûle le lustre…
– Tu as trouvé un creuset ?! Qu'est-ce que tu attends pour le sortir ? C'est hyper intéressant un truc pareil ! Fais-le voir tout de suite ! »

* creuset : récipient qui sert à faire fondre certaines substances en chimie.

Éric Boisset, *Le Grimoire d'Arkandias*, Magnard Jeunesse.

▶ Relevez les phrases interrogatives de ce texte. À quoi les reconnaissez-vous ?
▶ Comment le verbe est-il placé par rapport au sujet dans les deux premières ?
▶ Comment le verbe est-il placé par rapport au sujet dans la troisième ?
▶ Comment pourriez-vous transformer la phrase interrogative en rouge pour éviter la tournure « qu'est-ce que » ?

● On peut construire une **phrase interrogative** de plusieurs façons :
   – par l'**intonation** (à l'oral) : Tu danses ?
   – avec **est-ce que ?** (à l'oral) : Est-ce que tu viens ? Qu'est-ce que tu attends ?
   – par l'**inversion du sujet et du verbe** (à l'écrit) : Danses-tu ? Pourquoi lèves-tu les yeux au ciel ?

   ❗ Il faut mettre un trait d'union entre le verbe et le sujet inversé.

● De nombreux **mots interrogatifs** peuvent introduire une phrase interrogative :
   que, qui, pourquoi, quel(s), quelle(s), comment, où, quand…

Utiliser les phrases interrogatives

1 ✳ Écris vrai ou faux.
a. Une phrase interrogative sert à poser une question.
b. Une phrase interrogative se termine par un point d'exclamation.
c. On peut poser une question avec l'intonation.
d. À l'écrit, il faut inverser le sujet et le verbe d'une phrase interrogative.
e. Il faut mettre un trait d'union entre le verbe et le sujet inversé.

2 ✱ **Transforme ces phrases déclaratives en phrases interrogatives selon le modèle.**

que devient *qu'* devant une voyelle.

Tu as un chat. > Est-ce que tu as un chat ?
a. Vous reprendrez une part de tarte.
b. Tu passes par la rue Robespierre.
c. Le film a commencé.
d. Il a reçu mon message.
e. On a frappé à la porte.

3 ✱ **Transforme ces phrases déclaratives en phrases interrogatives selon le modèle.**

Quand on ne peut pas faire de liaison, il faut ajouter un *-t* euphonique.

Mathieu a fait ses devoirs.
> Mathieu a-t-il fait ses devoirs ?
a. Romain veut aller à la piscine.
b. Il a mal aux dents.
c. La course est finie.
d. Alice a fini son assiette.
e. Tu trouves ton manteau.

4 ✱✱ **Transforme ces phrases interrogatives selon le modèle.**

Est-ce que tu joues avec moi ?
> Joues-tu avec moi ?
a. Est-ce qu'il aime le fromage ?
b. Est-ce que Romain part en vacances ?
c. Est-ce qu'elle va aux sports d'hiver ?
d. Est-ce que vos parents étaient sévères ?
e. Est-ce que mamie nous fera des gâteaux ?
f. Est-ce qu'Alice a un compas ?

5 ✱ **Complète le début de chaque phrase interrogative par le mot interrogatif qui convient en observant la réponse.**

a. … le facteur est-il passé ?
– Il est passé il y a deux heures.
b. … a-t-il déposé ?
– Il a déposé un paquet.
c. … étaient ces lettres ?
– Les lettres étaient pour Zoé.
d. … as-tu écrit ?
– J'ai écrit à quatre personnes.
e. … t'a envoyé ta grand-mère ?
– Elle m'a envoyé un appareil photo.

6 ✱✱ **Pose la question qui correspond à la partie de la phrase déclarative écrite en gras.**

Je suis en CM2. > Dans quelle classe es-tu ?
a. Je me lève tous les jours **à huit heures**.
b. J'habite **à côté de Lyon**.
c. J'aurai **dix ans** la semaine prochaine.
d. **Ce sont mes copains** qui m'ont acheté une petite voiture de collection.
e. Maman a invité **toute la classe** à goûter.
f. Laure se sent **en pleine forme**.

7 ✱✱✱ **Réécris ces phrases de tournure familière afin qu'elles soient correctes à l'écrit.**

a. C'est quand qu'on mange ?
b. C'est qui qui m'a pris ma gomme ?
c. Tu fais quoi ?
d. Pourquoi que tu te fâches ?
e. Où t'as mis mon cahier ?
f. On passe par où ?

À toi d'écrire !

8 ✱ **Un nouveau (ou une nouvelle) arrive dans l'école. Quelles questions vas-tu lui poser ?**

9 ✱✱ **Tes parents et toi allez vous installer dans un autre pays. Tu as des tas de questions à leur poser sur la vie que tu vas mener là-bas. Choisis un pays qui te plaît puis écris tes questions.**

Quand … ? Y a-t-il … ? Que … ?

Grammaire

La phrase exclamative

CHERCHONS

En Grèce, au pays des philosophes, Diogène vit dans un tonneau. Certains disent qu'il est fou, d'autres qu'il est sage.
– On a cassé le tonneau de Diogène ! Qui a osé faire cela ?
Les gens ne peuvent y croire. Ils vont sur place et s'indignent :
– Diogène nous agace, mais on le respecte.
– Il nous asticote, mais il n'a pas tort dans tous ses reproches !
– Pas question qu'on le maltraite !
– Nous avons besoin de sa sagesse ! Nous avons besoin de ses folies !

Françoise Kerisel, Le Tonneau de Diogène, Magnard.

▸ Relevez les phrases exclamatives de ce texte.
▸ Par quel point se terminent-elles ?
▸ Cherchez quel est le sentiment exprimé par chacune de ces phrases.

La **phrase exclamative** exprime la joie, la tristesse, la peur, la colère, la surprise…
Elle se termine par un point d'exclamation (!). On peut la construire :
– par l'**intonation** : Nous avons besoin de ses folies !
– avec **comme** : Comme il est sage !
– avec **que / qu'** : Que j'aime son humour !
– avec les **déterminants exclamatifs** *quel, quelle, quels, quelles* : Quelle sagesse !
– avec des **onomatopées** ou des mots seuls : Ah ! Atchoum ! Bravo !

Distinguer les phrases exclamatives

1 ✳ Associe à chaque phrase exclamative sa forme de construction.

a. Quelle horreur !
b. Ohé !
c. Que je suis fatiguée !
d. Comme il est gentil !
e. Je l'ai retrouvé !

1. Avec l'intonation.
2. Avec *comme*.
3. Avec une onomatopée.
4. Avec *que*.
5. Avec un déterminant exclamatif.

2 ✳ Termine ces phrases par un point ou un point d'exclamation.

a. Comme tu as de grandes oreilles
b. Que tu es poilue, grand-mère
c. Le loup dévore le Petit Chaperon rouge
d. Quelles dents pointues
e. Le *Petit Chaperon rouge* est un conte de Perrault
f. Elle porte un pot de beurre dans son panier

Reconnaître le sentiment exprimé dans la phrase

3 ✶ Choisis, dans chaque liste entre parenthèses, le sentiment exprimé par la phrase exclamative.
a. Le niveau de l'eau monte !
(la tristesse ◆ la passion ◆ la peur)
b. Nous t'attendons toujours !
(la joie ◆ l'impatience ◆ la tendresse)
c. Vous avez intérêt à l'apprendre !
(une mise en garde ◆ une protestation ◆ une inquiétude)
d. Incroyable !
(la peur ◆ la stupéfaction ◆ le dégoût)
e. C'est une décision scandaleuse !
(la joie ◆ l'impatience ◆ la colère)

4 ✶ Associe chaque onomatopée à la phrase exclamative qui convient.
a. Ouf !   **1.** Je me suis brûlé !
b. Aïe !   **2.** Ma jupe s'est déchirée !
c. Pan !   **3.** Ils sont arrivés à l'heure !
d. Crac !   **4.** Un coup de feu a éclaté !
e. Zut !   **5.** On a encore raté l'autobus !

Écrire des phrases exclamatives

5 ✶ Transforme les phrases déclaratives en phrases exclamatives, selon le modèle.
Elles sont jolies. ➤ *Comme elles sont jolies !*
a. Inès chante bien.
b. Maria écrit mal.
c. Cette dictée était difficile.
d. Ils ont eu peur.
e. Jules est petit.
f. Mes amies sont élégantes.

6 ✶ Transforme les phrases déclaratives en phrases exclamatives, selon le modèle.
Elles sont jolies. ➤ *Qu'elles sont jolies !*
a. Cette maison est grande.
b. J'aimerais dormir.
c. La route semblait longue.
d. Il faisait froid.
e. Elles sont gentilles.
f. J'avais mal.

7 ✶ Complète les pointillés par le déterminant exclamatif (*quel*, *quels*, *quelle* ou *quelles*) qui convient.
a. … horreur ! ◆ **b.** … beau paysage ! ◆ **c.** … bonnes notes ! ◆ **d.** … romans passionnants ! ◆ **e.** … heure matinale !

8 ✶✶ Transforme les phrases déclaratives en phrases exclamatives, selon le modèle.

> *Attention à l'accord de* quel(le).

Elle est sage. ➤ *Quelle sagesse !*
a. Adel est courageux.
b. Il est très patient.
c. Elle est vraiment paresseuse.
d. Ils sont très jeunes.
e. Nina est rêveuse.

9 ✶✶✶ Que dirais-tu dans les situations suivantes ? Écris une phrase exclamative.
a. On t'annonce que ton meilleur ami ne pourra pas venir à ton anniversaire.
b. Tes parents ont réservé un voyage pour toute la famille en Espagne.
c. Tu es seul et tu entends des pas dans la maison.
d. Un garçon t'a bousculé dans l'escalier.

À toi d'écrire !

10 ✶ Écris toutes les phrases exclamatives possibles d'après cette image.
Oh ! La belle rouge ! Mes oreilles ! …

11 ✶✶ Un orage violent a éclaté. Tu l'observes depuis ta fenêtre. Quelles phrases exclamatives pourrais-tu écrire ?
Que la pluie tombe fort ! Quel fracas !…

Grammaire

La forme affirmative et la forme négative

N'écoute pas

N'écoute pas
celui qui répète,
à part peut-être le ruisseau
qui murmure la vie.

Ne redis pas
ce que le vent t'a soufflé,
à part peut-être la liberté
puisqu'il court après.

Ne crains pas
les montagnes qui ne t'ont
pas cru,
à part peut-être ton cœur
qui bat pour l'heure.

Alain Serres, *N'écoute pas celui qui répète*, coll. « Poèmes pour grandir » © Cheyne éditeur.

▶ Relevez le premier vers de chaque strophe. À quel type appartiennent ces vers ? À quelle forme sont-ils ?
▶ Pouvez-vous les mettre à la forme affirmative ?

Chaque type de phrase peut prendre deux formes.

● **La forme affirmative :**

Le ruisseau murmure la vie. → Phrase déclarative à la forme affirmative.

● **La forme négative :**

N'écoute pas. → Phrase injonctive à la forme négative.
Il ne craint pas les montagnes. → Phrase déclarative à la forme négative.
N'écoute-t-il pas le vent ? → Phrase interrogative à la forme négative.

À la forme négative, on utilise les **adverbes de négation** : ne … pas, ne … rien, ne … personne, ne … plus, ne … jamais, ne … point, ne … aucun(e), ni … ni…

⚠ ne… guère et ne … que sont des négations partielles : *Je ne crains que le vent !*

Distinguer la forme des phrases

1 ★ Recopie les adverbes de négation.
ne… aucun, ne… là, ne… personne, ne … quelqu'un, ne … quelque chose, ne … rien, ne … plus, ne … souvent, ne… jamais, ne … toujours.

2 ★ Indique la forme de ces phrases.
a. Je ne regarde plus d'idioties à la télévision.
b. Lucas viendra-t-il déjeuner dimanche ?
c. Je ne lui fais aucune confiance.
d. Il faudrait racheter du fromage.
e. Que je déteste la pluie !

3 ★ Entoure les adverbes de négation.
a. Je n'ai pas faim.
b. Autrefois, on ne s'éclairait qu'à la chandelle.
c. On n'y voit vraiment rien !
d. Il n'y a point de fumée sans feu.
e. Nous n'avons vu aucune marmotte.

4 ** Indique le type et la forme de ces phrases.
a. La tortue est partie la première.
b. À quelle heure le lièvre est-il parti ?
c. Le lièvre ne s'est-il pas arrêté ?
d. Ne t'arrête pas en chemin !
e. La tortue ne s'est pas arrêtée une seule fois.

Utiliser la forme affirmative et la forme négative

5 * Mets ces phrases négatives à la forme affirmative.

Attention, tu devras changer certains mots.

Il n'y a plus de cerises.
> *Il y a encore des cerises.*
a. Les risques d'avalanche n'étaient pas nuls.
b. Léo n'est jamais d'accord avec personne.
c. Le soir, il n'y a plus personne dans les rues.
d. Il n'y a rien à faire.
e. Nous ne connaissons pas encore cet élève.

6 * Mets ces phrases déclaratives à la forme négative.

Attention, tu devras changer certains mots.

Blanche-Neige avait déjà mordu dans la pomme.
> *Blanche-Neige n'avait pas encore mordu dans la pomme.*
a. Sœur Anne voyait quelqu'un à l'horizon.
b. Cendrillon était toujours bien habillée.
c. Un roi et une reine avaient un enfant.
d. Peau d'âne a épousé son père.
e. Le Petit Chaperon rouge porte quelque chose à sa grand-mère.

7 ** Mets ces phrases injonctives à la forme négative.

Donne-m'en encore un peu.
> *Ne m'en donne plus.*
a. Va te promener avec Pauline.
b. Servez-vous.
c. Donnez-nous encore du gâteau.
d. Renvoie-les chez eux.
e. Allez-y.

8 ** Mets ces phrases interrogatives à la forme négative.

As-tu eu beau temps cet été ?
> *N'as-tu pas eu beau temps cet été ?*
a. Prévoit-on une nouvelle canicule ?
b. Est-ce un chanteur célèbre ?
c. La loi a-t-elle été votée ?
d. Pourquoi as-tu éteint la télévision ?
e. Es-tu fou ?

9 ** Réécris ces phrases de tournure familière pour qu'elles soient correctes à l'écrit.
a. J'ai pas compris.
b. Aie pas peur !
c. Fais pas ça !
d. J'en veux pas !

10 *** Recopie ce texte en disant le contraire du Petit Prince à l'aide de la forme affirmative ou de la forme négative.

– Non ! Non ! Je ne veux pas d'un éléphant dans un boa. Un boa c'est très dangereux, et un éléphant c'est très encombrant. Chez moi c'est tout petit. J'ai besoin d'un mouton. Dessine-moi un mouton.

Antoine de Saint Exupéry, *Le Petit Prince*, © Gallimard.

À toi d'écrire !

11 * Que peux-tu conseiller aux randonneurs afin de ne pas détruire la flore et la faune ? Utilise la forme négative et varie tes consignes.

Ne pas cueillir les fleurs. ou *Ne cueillez pas les fleurs.* ou *Il ne faut pas cueillir les fleurs.*

12 ** À la manière d'Alain Serres (*N'écoute pas*, p. 16), écris un poème contenant des vers injonctifs à la forme négative.

Ne crois pas… N'aie pas peur…

Grammaire

RÉVISIONS

● Une **phrase** commence par une **majuscule**, se termine par un **point**, a un **sens**.
Elle peut être **verbale** ou **non verbale**.
Les signes de ponctuation aident à comprendre une phrase ou un texte.

Maman ! Prête-moi ton parapluie, s'il te plaît.
phrase non verbale — phrase verbale

● Une phrase peut être de type **déclaratif** : *La pluie tombe depuis ce matin.*
interrogatif : *A-t-il pris son parapluie ?*
exclamatif : *Je suis trempé des pieds à la tête !*
injonctif : *Ne sors pas sous la pluie.*

● Chaque type de phrase peut être à la **forme affirmative** ou **négative**.
On met une phrase à la forme négative grâce aux **adverbes de négation** :
ne … pas, ne … plus, ne … jamais, ne … rien, ne … personne, ne … aucun(e)…

La pluie tombe. ➡ *La pluie **ne** tombe **plus**.*
forme affirmative — forme négative

Manipuler les phrases

1 ✶ **Recopie les phrases non verbales.**
a. Quel temps magnifique !
b. Nous enfourchons nos vélos.
c. Sarah n'est pas très rassurée dans la descente.
d. Patatras ! une chute !
e. Plus de peur que de mal.

2 ✶ **Remets les mots dans l'ordre pour que les phrases aient un sens.**
a. Remue bien la spatule avec la pâte.
b. J'ai oublié le four que j'avais mise dans la tarte !
c. L'imprimante de la panne est tombée en classe.
d. L'ordinateur a acheté que tu lui as conseillé Marianne.
e. Ces blagues de rire mourir me font.

3 ✶✶✶ **Réécris cette annonce avec des phrases verbales.**
Appartement 6ᵉ étage, 32 m². Cave. Ascenseur. Belle exposition. Prix : 20 000 €.

Distinguer le type et la forme des phrases

4 ✶ **Indique le type et la forme de chacune de ces phrases.**
a. A-t-il pensé à prendre sa trousse et ses crayons ?
b. Ne regarde surtout pas derrière toi.
c. N'avait-il jamais vu ce film ?
d. Nos voisins ont déménagé ce week-end.
e. Tu as encore taché ta chemise !
f. Emporte des bottes et un imperméable.

5 ✶ **Complète ces phrases avec le point qui convient.**
a. Quel joli petit jardin
b. Quel est le nom de cette plante
c. N'écrase pas les salades
d. Nous allons pique-niquer le dimanche
e. Ces arbres ne font-ils pas une ombre agréable
f. Comme j'aimerais être en vacances
g. Comment s'appelle-t-il

6 ★★ Transforme ces phrases déclaratives en phrases interrogatives selon le modèle.

Je dois prendre le pain. > Est-ce que je dois prendre le pain ? Dois-je prendre le pain ?

a. Tu écriras à ta grand-mère.
b. Vous avez vu ce film la semaine dernière.
c. Nous verrons les illuminations de Noël.
d. Elles habitent en Normandie.
e. Il ira en maternelle l'année prochaine.

7 ★★ Écris des phrases interrogatives correspondant à ces réponses.

Plusieurs solutions sont possibles.

a. À huit heures.
b. Au café de la poste.
c. 11 ans.
d. L'année prochaine.
e. Marine et Sophie.
f. En métro.

8 ★★ Transforme ces phrases déclaratives en phrases exclamatives. Varie leur construction en utilisant les mots *que, qu'* ou *comme*.

a. Cette pluie est froide.
b. Mes semelles sont fines.
c. J'ai les pieds mouillés.
d. Il faut courir vite.
e. Elle est trempée.

9 ★★ Mets ces phrases à la forme négative.

a. Il y a encore des loups dans les Alpes.
b. Je regarde souvent les documentaires animaliers.
c. Nous aimons toutes les émissions.
d. Tu as sûrement rencontré quelqu'un en route.
e. As-tu vu quelque chose de ta fenêtre ?

Utiliser la ponctuation

10 ★ Ajoute les majuscules et les points manquants.

a. comment as-tu accompli ce tour de magie
b. comme c'est surprenant
c. qu'elle est belle dans son costume de scène
d. quel numéro préférez-vous
e. les jongleurs utilisent des balles et des massues

11 ★★ Complète la ponctuation manquante et ajoute les majuscules.

le valet de Mme LaVaughn s'appelait Hans Ickman … il était à son service depuis qu'elle était enfant et lui tenait lieu de conseiller et de confident … elle lui faisait confiance en toute chose … avant d'être employé par la famille LaVaughn … Hans Ickman vivait dans une petite ville des montagnes avec sa famille … son père … sa mère et ses frères … ainsi qu'un chien exceptionnel … capable de franchir d'un bond la rivière qui serpentait dans le bois … à l'orée de la ville …

Kate DiCamillo, *L'Éléphant du magicien*, Tourbillon.

12 ★★ Complète ce dialogue par la ponctuation qui convient.

Judith rencontre Lalie … Elle lui demande …
… Veux-tu venir avec moi … Je vais à la boulangerie…
… Oh oui… J'achèterai mon goûter… répond Lalie…
… Que préfères-tu … Un croissant ou un pain au chocolat … interroge Judith…
… Hum… Ce que je préfère, c'est le croissant aux amandes … dit Lalie …
… Je prendrai plutôt un pain au chocolat … conclut Judith …

13 ★★★ Place la ponctuation manquante de ce dialogue.

N'oublie pas d'aller à la ligne et de placer des tirets à chaque changement de personnage.

Marine et Solal font les courses dans le Caddie ils ont déjà mis des céréales du chocolat en poudre du lait et du beurre faut-il prendre de la confiture dit Solal oui répond Marine laquelle demande Solal la confiture aux fruits rouges est excellente confirme Marine est-ce qu'il nous reste assez d'argent pour acheter du miel d'acacia s'inquiète Solal juste assez termine Marine

Grammaire

La phrase simple, la phrase complexe

La Terre est l'une des huit planètes du système solaire. La vie s'y est développée et a évolué jusqu'à l'homme grâce à la lumière du Soleil, à des températures ni trop élevées ni trop basses, à la présence d'eau et d'atmosphère. Nous ne sentons pas les mouvements de la Terre parce que nous sommes entraînés par elle. C'est une des raisons qui expliquent pourquoi les hommes et les scientifiques ont longtemps cru qu'elle était immobile, au centre de l'univers.

Sciences cycle 3, Magnard.

▸ Comptez les phrases de ce texte et comptez les verbes conjugués.
▸ Y a-t-il autant de phrases que de verbes conjugués ?
▸ Relevez une phrase contenant un seul verbe conjugué et une phrase ayant plusieurs verbes conjugués.

- Une **phrase verbale simple** ne contient qu'**un seul verbe conjugué**.

- Une **phrase verbale complexe** contient **plusieurs verbes conjugués**.

- Une phrase contient autant de **propositions** que de verbes conjugués. Une proposition est une suite de mots organisés autour d'un verbe.

    La Terre est l'une des huit planètes du système solaire.
    phrase verbale simple : une proposition

    [Nous ne sentons pas les mouvements de la Terre] [parce que nous sommes entraînés par elle.]
    phrase verbale complexe : deux propositions

- Une **proposition** est appelée **indépendante** quand elle ne dépend d'aucune autre proposition et qu'aucune proposition ne dépend d'elle.

    Le Terre est une planète du système solaire ; elle tourne autour du Soleil.
        prop. indépendante 1   prop. indépendante 2

Distinguer la phrase simple de la phrase complexe

1 ∗ Complète la règle.
a. Dans une phrase verbale, il y a autant de … que de verbes conjugués.
b. Une suite de mots organisés autour d'un verbe s'appelle une … .

2 ∗ Souligne les verbes conjugués et indique si les phrases sont simples ou complexes.
a. Malika était nerveuse, ses mains tremblaient.
b. Elle ne parvenait pas à maîtriser son trac.
c. Elle passait aujourd'hui une audition de piano.
d. Toutes les notes semblaient avoir disparu de son esprit et son cœur battait la chamade.
e. Enfin, l'heure tant redoutée arriva.

3 ✱ **Recopie les phrases simples.**
a. C'est une louve noire, couchée en boule au milieu de ses petits, et qui fixe le garçon en grondant.
b. Elle ne bouge pas mais, sous sa fourrure luisante, on la sent tendue comme un orage.
c. Ses babines sont retroussées au-dessus de ses crocs éblouissants.
d. Les extrémités de ses pattes frémissent.
e. Elle va bondir.
f. Un petit garçon de cette taille, elle n'en fera qu'une bouchée.

D'après Daniel Pennac, *L'Œil du loup*, Nathan Jeunesse.

Séparer les propositions

4 ✱ **Complète ces débuts de phrases pour en faire des phrases complexes.**
a. Martin n'avait que trois ans [quand…]
b. Je pense [que …]
c. Il a enfilé son manteau [et …]
d. Leïla emportera ce livre [qui …]
e. Prends ton parapluie [car …]
f. Moïra avait emporté son parapluie [mais …]

5 ✱✱ **Transforme ces phrases complexes en deux phrases simples.**
Les serres sont des abris qui permettent d'améliorer la production des plantes.
> *Les serres sont des abris. Elles permettent d'améliorer la production des plantes.*
a. Depuis plus d'un siècle, les activités humaines produisent beaucoup de gaz à effet de serre qui sont rejetés dans l'atmosphère.
b. Les planètes sont des astres qui tournent autour d'une étoile.
c. La lave est de la roche en fusion qui provient du magma.
d. Galilée a perfectionné la lunette astronomique et a observé les cratères de la Lune.
e. L'eau est un liquide d'une grande importance puisque la moitié du corps humain est constitué d'eau.
f. À l'intérieur d'un os long se trouve un canal rempli de moelle jaune qui sert de réserve de graisse.

D'après *Sciences cycle 3*, Magnard.

6 ✱✱ **Relie ces phrases simples pour en faire des phrases complexes.**
a. Au printemps, l'arbre fabrique une nouvelle couche de bois. Elle est appelée « cerne ».
b. La chouette est un rapace. Elle chasse la nuit.
c. Un satellite est un astre ou un objet construit par l'homme. Il tourne autour d'une planète.
d. Les ressources de notre planète ne sont pas inépuisables. Il est important de les préserver.
e. Le sel de cuisine et les engrais sont des exemples de sels minéraux. Ils peuvent se dissoudre dans l'eau.
f. L'arbre est un végétal. Il a besoin d'eau, de lumière et de gaz carbonique.
g. L'eau du robinet est liquide. La glace est de l'eau à l'état solide.

7 ✱✱✱ **Souligne les verbes conjugués et sépare les différentes propositions par des crochets […].**
Le Professeur et Émile s'installèrent devant la porte et s'entretinrent de leurs études et de leurs maîtres. Puis le Professeur expliqua à son compagnon comment on reconnaissait les différentes marques d'automobiles qui passaient devant eux. Enfin ils partagèrent un sandwich.

Erich Kästner, *Émile et les détectives*, trad. A. Georges, Le Livre de Poche Jeunesse.

À toi d'écrire !

8 ✱ **Liste avec des phrases verbales simples tes activités de la matinée.**

9 ✱✱ **Invente une courte histoire à partir de cette illustration. Utilise des phrases complexes.**

Grammaire

La phrase complexe : juxtaposition et coordination

Nicolas est invité à l'anniversaire de Marie-Edwige où il n'y a que des filles.

Mme Courteplaque nous a mis des chapeaux en papier sur la tête ; le mien était un chapeau pointu de clown, qui tenait avec un élastique. Toutes les filles ont rigolé en me voyant et moi j'ai eu encore plus chaud à la figure et ma cravate me serrait drôlement. Le goûter n'était pas mal : il y avait des petits biscuits, du chocolat, et on a apporté un gâteau avec des bougies et Marie-Edwige a soufflé dessus et elles ont toutes applaudi.

Sempé et Goscinny, *Le Petit Nicolas et les Copains*, IMAV Éditions.

- Par quoi sont séparées les propositions en rouge ?
- Quels éléments relient les propositions en vert ?

Dans une phrase complexe, on peut :

● **séparer deux propositions indépendantes** par une **virgule**, un **point-virgule** ou par un **deux-points**. On dit alors que ces propositions sont **juxtaposées**.

[Le goûter n'était pas mal] [: il y avait des petits biscuits.]
prop. indépendante 1   prop. indépendante 2 juxtaposée

● **relier deux propositions indépendantes** par une **conjonction de coordination** (*mais, ou, et, donc, or, ni, car*). On dit alors que ces deux propositions sont **coordonnées**.

[Toutes les filles ont rigolé en me voyant] [**et** moi j'ai eu encore plus chaud à la figure...]
prop. indépendante 1   conj. de coord.   prop. indépendante 2 coordonnée

---

Identifier les propositions

1 ∗ **Complète la règle.**
a. Dans une phrase complexe, on peut … ou … deux propositions … .
b. Deux propositions juxtaposées sont séparées par une …, un … ou par un … .
c. Deux propositions … coordonnées sont reliées par les … de coordination.
d. Les conjonctions de coordination sont : …, …, …, …, …, …, … .

2 ∗ **Indique si les propositions sont juxtaposées ou coordonnées.**
a. Il a plu toute la matinée ; les enfants pataugent dans les flaques.
b. Voulez-vous un dessert ou préférez-vous reprendre du fromage ?
c. Nous avons élu nos délégués car c'est bientôt le conseil des enfants.
d. Il faut faire les courses : il n'y a plus rien à manger.
e. Je connais ma leçon mais j'ai peur de l'évaluation.

3 ✳ **Souligne les verbes conjugués, entoure ce qui relie les propositions.**

a. En 1788-1789, le royaume est en crise : l'État dépense trop et l'argent manque.
b. Le 14 juillet 1789, les Parisiens s'emparent de la Bastille ; dans les campagnes, c'est la Grande Peur.
c. Les salaires sont bas et ne permettent pas de se soigner en cas de maladie.
d. Les ouvriers défendent leurs droits, protestent contre la misère et réclament de meilleures conditions de travail.
e. Ils s'organisent et se regroupent pour créer des syndicats.

Histoire cycle 3, Magnard.

Utiliser les propositions juxtaposées

4 ✳ **Recopie ces phrases juxtaposées en ajoutant la ponctuation demandée.**

a. La brise souffle les voiliers sortent du port les spectateurs les observent. (; ;)
b. J'ai apprécié le dîner il y avait des pâtes à la bolognaise. (:)
c. Quentin se lave prend son petit déjeuner s'habille puis fonce à l'école. (, ,)
d. L'orage arrive les randonneurs descendent vers le village. (;)

5 ✳ **Transforme ces propositions coordonnées en propositions juxtaposées. Varie la ponctuation.**

a. Il n'a pas pris la voiture car l'un des phares ne fonctionnait pas.
b. La bibliothèque est fermée et je n'ai pas rendu mes livres.
c. Le train était bondé et je n'ai pas pu m'asseoir.
d. Le directeur a rendu les livrets et il a donné des récompenses.

6 ✳✳ **Complète chaque phrase par une proposition juxtaposée. Varie les signes de ponctuation.**

a. Les grandes vacances arrivent …
b. Nous irons au bord de la mer …
c. Mon meilleur ami m'invite dans la Drôme …
d. Papa ne sera en congé qu'en août …
e. Maman a prévu une semaine de camping …

Utiliser les propositions coordonnées

7 ✳ **Complète ces phrases avec la conjonction de coordination qui convient.**

a. Nina a des coups de soleil … elle a oublié de mettre de la crème.
b. Séparer les blancs des jaunes d'œufs … battre les blancs en neige.
c. Eddie était fatigué… il refusait d'aller se coucher.
d. Mets ta capuche… prends ton parapluie.
e. Je n'avais pas assez d'argent … je n'ai pas pu acheter ton magazine.

8 ✳ **Transforme ces propositions juxtaposées en propositions coordonnées.**

a. La pluie tombe à verse ; je dois sortir malgré tout.
b. Ma grand-mère n'a pas ses lunettes : elle ne peut pas lire.
c. Ma cravate me serrait, mon costume me grattait.
d. Maman a acheté des petits pois, nous les écossons en famille.
e. J'adore le 14 juillet : les pétards et les fusées éclatent de tous côtés !

9 ✳✳ **Complète chaque phrase par une proposition coordonnée. Varie les conjonctions de coordination.**

a. Loïc a des ampoules au pied …
b. Je n'ai pas de devoirs à faire ce soir …
c. Ouvre ton livre de français …
d. Les agriculteurs moissonnent le blé …
e. Nous irons aux États-Unis …

À toi d'écrire !

10 ✳ **À la manière du Petit Nicolas, raconte une fête d'anniversaire en utilisant des propositions juxtaposées ou coordonnées.**

Grammaire

La phrase complexe : la proposition relative

Digestion

La digestion commence dans la bouche : les aliments sont broyés par les dents et ils subissent l'action de la salive. Elle continue dans l'estomac qui se contracte et où agit le suc gastrique. Elle se termine dans l'intestin grêle où interviennent d'autres sécrétions digestives (le suc intestinal, le suc pancréatique et la bile). C'est donc un processus mécanique et chimique.
La digestion complète d'un repas peut durer 18 heures !

Sciences cycle 3, Magnard.

▶ Observez les groupes nominaux en rouge et trouvez la proposition qui complète chacun d'eux.
▶ Par quels mots sont introduites ces propositions ?

- Une **phrase complexe** peut contenir une proposition relative.
La **proposition relative** est introduite par un **pronom relatif** (*qui, que, qu', dont, où, lequel, laquelle, lesquels, auquel, duquel…*).
Elle complète un nom ou un pronom qu'on appelle **antécédent** car il est placé avant dans la phrase.

Identifier la proposition relative

1 ✶ Reformule la règle.
Le pronom … introduit la proposition … . La … relative complète un … ou un … qu'on appelle l'… .

2 ✶ Mets chaque proposition relative entre crochets, entoure le pronom relatif et souligne son antécédent.
a. J'ai fini par visiter ce musée dont tu m'avais tellement parlé.
b. Mes amis italiens, qui venaient pour la première fois à Paris, ont adoré ce quartier.
c. Beaucoup de gens ont acheté le livre que mon grand-père a écrit.
d. La Picardie est la région où je suis née.
e. Les livres dont tu m'as parlé sont introuvables.

3 ✶ Recopie chaque phrase sans la proposition relative.
J'ai beaucoup aimé ce film que tu m'avais recommandé. ▸ *J'ai beaucoup aimé ce film.*
a. Le col que nous avons franchi était enneigé.
b. Le village où nous irons en classe de découverte est situé dans le sud de la France.
c. J'ai acheté des pêches qui n'avaient aucun goût.
d. Nous avons un chien dont le poil est blanc et noir.
e. Toute la toiture que la tempête avait arrachée a été réparée.

4 ★★ Recopie les phrases contenant une proposition relative.
a. Les poèmes que nous avons lus datent de la Renaissance.
b. La maîtresse apprécie que les cahiers soient propres et bien tenus.
c. Que penses-tu de ce film ?
d. J'aime porter les pulls que ma grand-mère tricote.
e. Dès qu'il fait beau et que la température monte, Martin met un short et des sandales.
f. Je préfère lire des romans qui se terminent bien.
g. J'avais tellement soif que j'ai englouti un litre d'eau !

5 ★★★ Relève les propositions relatives de ce texte.

Agnan, qui est le premier de la classe et le chouchou de la maîtresse, s'en va en Angleterre passer ses vacances dans une école où on va lui apprendre à parler l'anglais. Il est fou, Agnan. Alceste va manger des truffes en Périgord, où son papa a un ami qui a une charcuterie. Et c'est comme ça pour tous : ils vont à la mer, à la montagne ou chez leurs mémés à la campagne. Il n'y a que moi qui ne sais pas encore où je vais aller, et c'est très embêtant, parce qu'une des choses que j'aime le mieux dans les vacances, c'est d'en parler avant et après aux copains.

Sempé/Goscinny, *Les Vacances du Petit Nicolas*, IMAV Éditions.

Utiliser la proposition relative

6 ★ Complète ces phrases par le pronom relatif qui convient.
a. Les recettes … j'ai lues dans ce livre sont particulièrement appétissantes.
b. Les amis … viennent dîner ce soir sont tous musiciens.
c. La personne … je t'ai parlé va venir.
d. Te souviens-tu du nom de cet acteur … ne joue que des rôles de bandit ?
e. La région … j'ai acheté une maison est souvent ensoleillée.
f. Les efforts … tu as fournis ont amélioré tes résultats !

7 ★ Complète ces phrases par une proposition relative.
a. La ville où … possède de très beaux monuments.
b. J'ai beaucoup aimé le roman dont …
c. Les abricots que … sont mûrs à point.
d. J'ai trouvé des champignons qui …
e. La route sur laquelle … est très sinueuse.

8 ★★ Complète le nom ou le pronom en gras par une proposition relative.
a. Ceux … pourront descendre dans la cour.
b. J'habite dans **une rue** … .
c. La maison … a une vue imprenable.
d. Pouvez-vous me prêter **une agrafeuse** … ?
e. Ces fleurs … sont de la famille des orchidées.

9 ★★★ Relie les couples de phrases en utilisant un pronom relatif pour éviter la répétition.

Tu devras supprimer, remplacer ou changer l'ordre des mots.

a. La vendeuse emballe le livre. Je viens d'acheter le livre.
b. J'observe le paysage au travers des vitres. Les vitres ne sont pas très propres.
c. L'événement a eu lieu la semaine dernière. Vous parlez d'un événement.
d. Nous avons visité l'appartement. Il y a eu une inondation dans l'appartement l'an dernier.
e. Je pense à une région. La région est montagneuse.

À toi d'écrire !

10 ★ Relis le texte de l'exercice 5. Imagine où vont les autres copains du Petit Nicolas en vacances. Utilise des propositions relatives.

Alceste va manger des truffes en Périgord où son papa a un ami qui a une charcuterie.

Grammaire

RÉVISIONS

- Une **phrase simple** contient un seul verbe conjugué alors qu'une **phrase complexe** en contient plusieurs.
Dans une phrase, il y a autant de **propositions** que de **verbes conjugués**.

- Deux propositions indépendantes peuvent être :
– **juxtaposées** (séparées par une virgule, un point-virgule ou un deux-points) ;
– **coordonnées** (reliées par l'une des conjonctions de coordination *mais, ou, et, donc, or, ni, car*) :

[Quentin passe un blouson], [attrape ses clefs] [et file hors de l'appartement.]
proposition — proposition juxtaposée — proposition coordonnée

- La **proposition relative** est introduite par un **pronom relatif** et complète un nom nommé l'**antécédent** :

La cabine téléphonique [*qui* est à l'angle de la rue] est libre.
antécédent — pronom relatif — proposition relative

Distinguer une phrase simple d'une phrase complexe

1 ⭑ **Ne recopie que les phrases simples.**
Quentin ne comprend pas pourquoi il ne peut pas crier. Il est paralysé par la peur, glacé par elle. Il hurle pourtant dans sa tête. Il appelle son père, comme il l'a souvent fait dans ses cauchemars. Cette fois, le cauchemar est la réalité et son cri reste muet.
Sa confrontation avec le tueur n'a pas duré plus de trois secondes. La forme en imperméable lui a tourné le dos, presque naturellement, et s'est mise à courir pour se laisser absorber par la pluie et la nuit dans lesquelles elle s'est dissoute.
Quentin a eu le temps de voir les yeux de l'assassin. Sa mémoire en a gravé l'étrange fixité.
Didier Convard, *Les Trois Crimes d'Anubis*, Magnard Jeunesse.

2 ⭑ **Ne recopie que les phrases complexes.**
Comme il le lui a promis le vendredi soir, Quentin, à la sortie de ses cours, vient retrouver son ami Diogène. La pluie a repris et le vieil ermite est à l'intérieur de la citerne qui lui sert d'habitation. Il accueille le garçon avec plaisir et curiosité, impatient d'apprendre les nouveaux rebondissements de l'enquête concernant le meurtre des deux égyptologues.
Didier Convard, *Les Trois Crimes d'Anubis*, Magnard Jeunesse.

3 ⭑⭑ **Construis deux phrases simples à partir d'une phrase complexe : tu devras modifier ou ajouter certains mots.**

Attention à l'ordre logique des phrases.

a. Nous avons dégusté avec plaisir les petits pois que nous avions cueillis.
b. Quentin a une mémoire étonnante et s'amuse à résoudre des énigmes.
c. Comme il a beaucoup plu, nos chaussures sont pleines de boue.
d. J'ai trouvé une carte postale qui datait de 1912.
e. Les enfants sont sortis jouer alors qu'il pleuvait.

4 ★★ Complète ces phrases simples pour qu'elles deviennent complexes.
a. Nous avons toujours cru [que …].
b. [Pendant que …], j'ai fait mes devoirs et appris mes leçons.
c. [Comme …], Myriam a préféré aller au cinéma.
d. La jupe [que …] ira très bien avec mon chemisier rose.
e. Mes parents vont souvent dans le village [où …].
f. Mes voisins ont adopté un chiot [qui …].
g. [Quand …], Thomas apprendra le chinois.

Distinguer les propositions juxtaposées des propositions coordonnées

5 ★ Relie les propositions par un signe de ponctuation (, ; :) afin qu'elles deviennent juxtaposées.
a. Clément attrape sa veste. Il claque la porte. Il descend l'escalier.
b. Chaque matin, je prends mon chocolat. Je file sous la douche. Je m'habille pour aller à l'école.
c. La température monte. Nous allons nous rafraîchir à la piscine.
d. Ce film m'a fait très peur. Je n'ai pas dormi de la nuit.
e. Mathieu est en CM2. Il apprend l'anglais.
f. Nous avons changé d'ordinateur. Celui-ci est plus puissant.
g. Paul avait très faim. Il a repris trois fois des pâtes.

6 ★ Relie les propositions par une conjonction de coordination afin qu'elles deviennent coordonnées.
a. Nous n'avons pas pu faire de canoë sur la rivière. Le courant était trop fort.
b. Jules avait très faim. Il n'a pas touché à son assiette. Il n'aimait pas les courgettes.
c. Nous n'avons vu aucun chamois. Nous avons pu caresser les chevaux.
d. Mon chat s'appelle Zorro. Mon chien se nomme Dingo.
e. Mets tes bottes. Va jouer dans le jardin.
f. Nous allons souvent à la campagne le week-end. Nous restons à la maison quand il pleut.

7 ★★★ Souligne les verbes conjugués, sépare les propositions par des crochets puis indique si elles sont juxtaposées ou coordonnées.

Puis la portière de la jeune fille s'ouvre, deux jambes apparaissent, accrochent un filet de la lumière d'un réverbère lointain, se posent sur le trottoir trempé.
La silhouette attend.
La jeune fille est sortie de la voiture.
Elle se retourne sur son conducteur et lui envoie un baiser en soufflant dans la main. La voiture redémarre, descend la rue et disparaît.
Didier Convard, *Les Trois Crimes d'Anubis*, Magnard Jeunesse.

Identifier la proposition relative

8 ★ Complète ces propositions par une proposition relative. Varie le pronom relatif.
a. Nous avons recueilli un chien…
b. Avez-vous vu le petit garçon… ?
c. Éléna choisira un film…
d. La personne … n'a pas laissé son numéro.
e. L'un de mes amis … est allé en Chine.

9 ★★★ Sépare les différentes propositions par des crochets puis souligne les propositions relatives.

Quentin passe un blouson en toute hâte, attrape ses clefs et file hors de l'appartement.
Il dévale les escaliers, traverse la cour en quelques enjambées et débouche dans la rue, où il manque de renverser un voisin. La cabine téléphonique qui est à l'angle de l'avenue de la Porte Brancion et du boulevard Lefebvre est libre. Il s'y enferme et compose un numéro, le cœur battant, impatient et nerveux.
Didier Convard, *Les Trois Crimes d'Anubis*, Magnard Jeunesse.

À toi d'écrire !

10 ★ Écris la suite du texte de l'exercice 9 en utilisant des phrases complexes.

Grammaire

Le verbe et son sujet

CHERCHONS

Étaient-ils vraiment des barbares ?
Les Romains ont nommé « barbares » ces intrus qui ne parlaient pas latin, n'écrivaient pas, ne construisaient pas de villes. Le nom, issu du grec, signifiait « étranger ». En réalité, depuis le IVe siècle, de nombreux Germains combattaient dans les armées impériales. Une fois installés, ils s'allient avec les grandes familles romaines et adoptent leurs coutumes. De cette fusion naît une nouvelle culture, qui prend son essor au Moyen Âge.

Dokéo l'encyclopédie, Nathan Jeunesse.

▶ Relevez les verbes conjugués de ce texte.
▶ Trouvez le sujet de ces verbes. Comment avez-vous fait ?
▶ Que remarquez-vous dans la phrase interrogative ? Une autre phrase contient un verbe dont le sujet est inversé, laquelle ?

● Il existe deux types de verbes :
– les **verbes d'action** *(parler, écrire, construire …)* ;
– les **verbes d'état** *(être, paraître, sembler, rester, devenir, demeurer)*.
Le verbe s'accorde toujours avec son sujet.

● Le **sujet** est un mot ou un groupe de mots qui indique qui fait l'action ou qui se trouve dans l'état exprimé par le verbe :
  De nombreux Germains **combattaient** *dans les armées impériales.* (verbe d'action)
  Les Germains **étaient** *des « barbares ».* (verbe d'état)

● Le sujet est souvent placé avant le verbe mais aussi après, on dit alors qu'il est **inversé** : *Étaient-ils vraiment des barbares ?*

● Le sujet peut être :
– un **nom propre** : *Les Germains* **combattaient**.
– un **pronom** : *Ils* **s'allient** *avec les grandes familles romaines.*
– un **groupe nominal** : *Une nouvelle culture* **naît** *de cette fusion.*
– un **infinitif** (ou un groupe infinitif) : *Parler latin* **devient** *une nécessité.*

⚠ Pour identifier le sujet, on pose la question *Qui est-ce qui ?* devant le verbe.
Une nouvelle culture **naît**. → Qui est-ce qui **naît** ? C'est *une nouvelle culture*.
→ *Une nouvelle culture* est le sujet du verbe **naître**.

Distinguer les verbes

1 ✱ **Écris vrai ou faux.**
a. Les verbes d'état sont *être, paraître, sembler, rester, devenir, demeurer*.
b. *Dormir* est un verbe d'action.
c. *Ressembler* est un verbe d'état.

2 ✱ **Recopie les verbes d'action en vert et les verbes d'état en bleu.**
mettre ♦ être ♦ assembler ♦ sembler ♦ venir ♦ survenir ♦ devenir ♦ disparaître ♦ paraître ♦ rester

Identifier le sujet du verbe

3 ✱ **Complète ces affirmations.**
a. Le sujet indique qui fait ..... .
b. Le verbe ... avec le sujet.
c. Quand le sujet est après le verbe, on dit qu'il est ... .
d. Le sujet peut être un nom ..., un groupe ..., un ... ou un ... .

4 ✱ **Encadre les verbes conjugués en rouge, souligne leurs sujets en vert.**

> Un sujet peut commander plusieurs verbes et un verbe peut avoir plusieurs sujets.

a. La marée noire a souillé toutes les plages.
b. Les poissons de ce commerçant ne me semblent pas très frais.
c. À l'approche de l'embouteillage, les automobilistes freinaient, ralentissaient puis s'arrêtaient définitivement.
d. Où se cachent les crabes à marée basse ?
e. Les journalistes, les photographes et les policiers s'affairaient sur les lieux du crime.

Identifier la nature du sujet

5 ✱✱ **Relève le sujet de chaque phrase. Indique ensuite la nature de chaque sujet.**
a. Atteindre ce sommet paraît impossible.
b. Les emballages nous intriguent.
c. Nous aimons sentir l'odeur du papier neuf.
d. Marie écarquille les yeux de surprise.
e. « Vous écrirez votre nom sur chacun des cahiers », dit le maître.

6 ✱ **Complète les phrases suivantes avec le sujet demandé.**
a. Veux-*(pronom personnel)* un autre morceau de fromage ?
b. *(groupe nominal)* ont relevé leurs filets.
c. En haut des tours de Notre-Dame se bousculent *(groupe nominal)*.
d. *(nom propre)* apprendra à faire du roller pendant les vacances.
e. *(groupe nominal)* désherbent puis arrosent les plates-bandes du jardin.

Inverser le sujet

7 ✱✱ **Transforme ces phrases déclaratives en phrases interrogatives pour que le sujet soit inversé.**
a. Il va pleuvoir.
b. Vous avez déjà eu soif dans le désert.
c. Les chameaux boivent beaucoup.
d. On voit des scorpions dans le désert.
e. Tu aimes les dattes.

8 ✱✱✱ **Transforme les phrases pour que le sujet soit inversé.**
Une souris surgit du placard.
> *Du placard surgit une souris.*
a. Jean de La Fontaine naquit ici.
b. Louis XIV régna de 1643 à 1715.
c. Quelques hirondelles se pressent encore sur les fils.
d. Roméo et Juliette vivaient à Vérone.
e. Un vieil immeuble se dressait sur ce terrain.

À toi d'écrire !

9 ✱✱ **Le jeu du suspense : afin de ménager du suspense, écris plusieurs phrases contenant un sujet inversé.**
Du fond du couloir surgit un monstre !

Le complément d'objet direct

Pique de mer

As-tu déjà **vu** l'oursin, cette boule d'épines piquantes qui vit sur les bords de la Méditerranée et de l'Atlantique ? Pour se déplacer, **ce drôle d'animal utilise** ses épines comme des échasses. **Les scientifiques** l'**étudient** avec attention : c'est un excellent indicateur de la pollution des côtes. **Les gastronomes préfèrent** le mettre dans leurs assiettes : sa saveur fortement iodée est – pour les amateurs – un véritable délice.

Hélène et Robert Pince, *L'Encyclo à malices nature*, Petite plume de carotte.

▶ Posez la question *qui ?* ou *quoi ?* après les sujets et les verbes en rouge.
▶ Quels mots ou groupes de mots répondent à ces questions ? Pouvez-vous donner leur nature ?
▶ Pouvez-vous supprimer ou déplacer ces groupes de mots ?

● Le **complément d'objet direct (COD)** se rattache directement au verbe sans préposition. On ne peut ni le déplacer ni le supprimer.
On le trouve en posant la question *qui ?* ou *quoi ?* après le sujet et le verbe.

Ce drôle d'animal utilise ses épines comme des échasses.
(quoi ?) COD du verbe *utiliser*

⚠ Les verbes d'état n'ont jamais de COD.

● Le COD peut être :
– un **nom propre** : *L'oursin habite la Méditerranée.*
– un **groupe nominal** : *J'ai vu un oursin.*
– un **pronom** : *Les scientifiques l'étudient.*
– un **infinitif** ou un **groupe infinitif** : *Les gastronomes préfèrent le mettre dans leurs assiettes.*
– une **proposition** : *On sait que l'oursin est un excellent indicateur de pollution.*

Identifier le COD

 ★ Écris vrai ou faux.
a. Les verbes d'action peuvent avoir un COD.
b. Il faut poser la question *à qui ?* ou *à quoi ?* après le verbe pour trouver le COD.
c. Un COD peut être déplacé.
d. Un COD peut être un groupe nominal.
e. Un COD ne peut pas être une proposition.
f. Un COD peut être un infinitif.
g. Un COD n'est jamais un pronom.

2 ✽ Recopie les phrases qui contiennent un COD.
a. Je connais tous les invités.
b. Je ne resterai pas longtemps.
c. Les enfants aiment qu'on leur raconte une histoire.
d. Notre chien déteste la foule.
e. Le dernier numéro de mon magazine me paraît plus intéressant que le précédent.

3 ✽✽ Encadre le verbe conjugué en rouge puis souligne le COD en bleu.
a. La météo annonce qu'il va pleuvoir.
b. Cette galerie expose des peintres anglais.
c. Il faut protéger la flore et la faune.
d. Quelle bonne idée tu as eue !
e. À la fonte des neiges, les torrents arrachent les rives et les inondent.
f. Nous avons cueilli des cèpes et nous les avons mangés.

4 ✽✽ Relève les verbes qui acceptent un COD.
a. manger
b. dire
c. penser
d. se souvenir
e. paraître
f. apporter
g. sembler
h. se plaindre

5 ✽✽ Indique si le groupe de mots en gras est un COD ou un sujet.
a. Ce village accueille **de nombreux visiteurs**.
b. Sous les arbres règne **une fraîcheur agréable**.
c. Alicia a apporté **des châtaignes et des noix** pour la classe.
d. L'accident a bloqué **la circulation**.
e. Sous le pont passe **une péniche**.

Identifier la nature du COD

6 ✽ Recopie les phrases dont le COD est un groupe nominal puis souligne-le.
a. Où as-tu rangé les outils ?
b. Pendant l'été, la gardienne arrosera les plantes des locataires absents.
c. Le professeur fait l'appel chaque matin.
d. Qui préviendra Marina ?
e. Ouvrez vos livres à la page 102.

7 ✽✽ Recopie les phrases dont le COD est un pronom et souligne-le.
a. Nous te porterons si tu es fatiguée.
b. Élisabeth va bien ; je l'ai vue hier.
c. Je préfère attendre ici.
d. Le professeur de mathématiques trouve que ses élèves ont progressé.
e. Il me rejoindra vite.
f. Frédéric nous a rejoints rapidement.

8 ✽✽ Complète les phrases par un COD de la nature demandée.
a. Quand il a faim, Victor mange … (*groupe nominal*).
b. Les visiteurs du musée … (*pronom personnel*) écoutaient.
c. Pour Noël, je voudrais … (*groupe infinitif*).
d. De son bras tendu, elle nous a montré … (*nom propre*) du doigt.
e. Nous croyons … (*proposition*).
f. Chaque matin, Louis boit … (*groupe nominal*).

9 ✽✽✽ Relève les COD et précise leur nature.
a. Mamie dit que le fondant au chocolat est mauvais pour sa ligne.
b. Julien n'a pas retrouvé Clara.
c. Les bouquetins aiment les lieux escarpés.
d. Elle est prête pour le match ; elle le gagnera !
e. Mon chien aime se rouler dans la boue.
f. Mon cousin préfère écouter du rap.

À toi d'écrire !

10 ✽ Choisis quelques personnages de contes et écris ce qu'ils font en utilisant des COD.
Que fait la Belle au Bois Dormant ?
Elle attend son Prince Charmant.

Grammaire

Le complément d'objet indirect

CHERCHONS

J'ai dit adieu

Lasse de bercer ma poupée,
De lui chanter de vieilles rondes,
J'ai dit adieu à tout le monde :
À mon écureuil empaillé,
À mon vieux chien, à mes pigeons,
À mon jardin, à ma maison,
À mes voisins, à mes parents,
À moi-même finalement.
Je faisais cela pour jouer
Et, sans savoir pourquoi, soudain,
J'ai pris ma tête entre les mains
Et je me suis mise à pleurer.

Maurice Carême, *Les Plus Beaux Poèmes de Maurice Carême*, Fondation Maurice Carême.

▸ À qui cette petite fille dit-elle adieu ? Imaginez à qui elle pourrait encore dire adieu et trouvez de nouvelles phrases.
▸ Quel petit mot utilisez-vous à chaque fois ?

● Le **complément d'objet indirect (COI)** est séparé du verbe par une **préposition** (*à, de*) ou un **article défini contracté** (*au, aux, du, des*).
On ne peut ni le déplacer ni le supprimer.
On le trouve en posant les questions *à qui ? à quoi ? de qui ? de quoi ?* après le sujet et le verbe. *Je me suis mise à pleurer.*
                                                            COI

● Quand il est accompagné d'un COD, le COI est appelé **complément d'objet second (COS)**. *J'ai dit adieu à mon écureuil empaillé.*
                   quoi ?   à qui ?
                   COD   COS du verbe *dire*

● Un COI ou COS peut être :
– un **nom propre** : *J'ai dit adieu à Sarah.*
– un **groupe nominal** : *J'ai dit adieu à mon vieux chien.*
– un **pronom personnel** : *Je vous dis adieu.*
– un **infinitif** ou un **groupe infinitif** : *Je me suis mise à chanter.*

Identifier le COI et le COS

1 ✶ Reformule la règle.
a. Le COI répond aux questions … .
b. Un COI peut être … .
c. Quand il est accompagné d'un …, le COI s'appelle alors un … .

2 ✶ Encadre le verbe conjugué en rouge puis souligne les COI en noir.
a. Ismaël parle souvent de l'Afrique.
b. Un marteau sert à planter des clous.
c. Des années après, Antoine se souvient encore de l'Égypte.
d. Je penserai à t'acheter du chocolat.

3 ✳ **Relève les COI et donne leur nature.**
a. J'ai téléphoné à ma meilleure amie.
b. Il leur parle en italien.
c. Ma tante se souvient très bien de M. Dulac.
d. Ce couvert sert à manger le poisson.
e. Grand-père souffre de ses rhumatismes.

4 ✳ **Indique si les groupes nominaux en gras sont des COI ou des COS.**
a. Le facteur a distribué le courrier **à tous les gens du quartier**.
b. Les personnes âgées se souviennent **de leur jeunesse**.
c. Il n'avait pas parlé **de sa mauvaise note**.
d. Demande le code d'entrée **à ton père**.
e. Il **leur** donnera des livres de la bibliothèque.
f. Le médecin convient **d'un rendez-vous** avec le patient.

5 ✳✳ **Relève les verbes qui acceptent un COI ou un COS.**
a. donner
b. apporter
c. distribuer
d. demander
e. dire
f. accepter
g. observer
h. répondre

Distinguer les compléments d'objet

6 ✳ **Sépare d'un trait le sujet, le verbe, le COD, le COS.**
a. J'ai emprunté un livre à mon copain.
b. Les bénévoles apportent des repas aux personnes âgées.
c. Des volontaires ont proposé des couvertures aux sauveteurs.
d. N'oublions pas d'écrire une carte postale à Lucie.
e. Elle a distribué des cahiers neufs aux élèves.

7 ✳✳ **Souligne les COD d'un trait bleu et les COI ou COS d'un trait noir.**
a. Agnès confie son cartable à Maud.
b. Ils se plaignaient souvent de leurs problèmes de santé.
c. Je donne un os à mon chien.
d. Malgré sa colère, il lui a tendu la main.
e. Pense à aspirer aussi sous les meubles !

Manipuler le COI

8 ✳✳ **Ajoute à chaque phrase le COI ou COS demandé.**
a. Je demanderai une trousse neuve … *(groupe nominal)*.
b. Aymeric … *(pronom personnel)* recommande chaudement ce livre.
c. Pourquoi as-tu donné ce vieux chapeau … *(nom propre)* ?
d. À la tombée de la nuit, ils continuaient … *(infinitif)*.
e. Demain, tu penseras … *(groupe infinitif)*.

9 ✳✳ **Complète les phrases avec les compléments demandés.**
a. Je viens de … *(COI groupe infinitif)*.
b. Nous demandons toujours *(COD groupe nominal)* à … *(COS groupe nominal)*.
c. Thomas a pensé à … *(COI pronom personnel)*.
d. Mariana … *(COD pronom personnel)* distribue … *(COS groupe nominal)* tous les matins.
e. Ma grand-mère … *(COS pronom personnel)* donne … *(COD groupe nominal)* chaque semaine.
f. Je me souviens très bien … *(COI nom propre)*.

10 ✳✳✳ **Remplace les compléments d'objet en gras par des pronoms personnels.**
*Il donne **des fleurs** **à ses parents**.*
> *Il les leur donne.*
a. Elle a offert **un DVD** / **à Maxime**.
b. On avait apporté **un bouquet** / **aux jeunes mariés**.
c. Karima enverra **une carte postale** / **à son voisin**.
d. Ne demande pas **de bonbons** / **à ta sœur**.
e. Distribue **ces biscuits** / **à tes amis**.
f. Achèteras-tu **un téléphone mobile** / **à Théo** ?

À toi d'écrire !

11 ✳ **Écris un court poème à la manière de Maurice Carême (p. 32). Au lieu de dire *adieu*, imagine que tu dis *bonjour*.**

Grammaire

L'attribut du sujet

CHERCHONS

La trogne ridée du gardien s'éclaira.
Ses yeux devinrent subitement tout humides d'émotion.
Un sourire, à peine esquissé, sortit du fouillis de sa barbe.
« Avant, petit, j'étais jongleur !
– Vous faisiez des tours ? Vous connaissiez des chansons ?
demanda Martin en s'approchant jusqu'à frôler le manteau.
– J'allais de château en château et je jouais du luth.
– Vous aviez un ours ?
– Oh ! non. Je n'étais pas assez riche pour acheter un ours, mais il n'y avait pas, en Languedoc, de meilleur conteur que moi. »

Jean-Côme Noguès, *Le Faucon déniché*, Nathan Jeunesse.

▸ Relevez les verbes d'état du texte. Cherchez le sujet de ces verbes.
▸ Relevez les mots qui donnent des informations sur ces sujets.

● **L'attribut du sujet** donne une information sur le sujet.
Il est relié au sujet par un **verbe d'état** : *être, paraître, devenir, demeurer, sembler, rester*.

*Ses yeux **devinrent** humides.*
   sujet   verbe   attribut
           d'état   du sujet

● L'attribut du sujet est le plus souvent un **adjectif qualificatif**, un **nom** (commun ou propre) ou un **groupe nominal**.

Je n'étais pas assez riche. J'étais jongleur.
              adjectif   nom
           qualificatif commun

● L'attribut du sujet **s'accorde en genre et en nombre avec le sujet**.

Ses yeux devinrent humides.
  sujet   attribut du sujet
masc. pluriel   masc. pluriel

Identifier les verbes d'état et les attributs du sujet

1 ✱ Complète ces affirmations.
a. L'attribut du sujet est séparé du sujet par un … .
b. Les verbes d'état sont … .
c. L'attribut du sujet s'accorde avec le … .
d. Un attribut du sujet peut être … .
e. L'attribut du sujet donne une … sur le sujet.

2 ✻ Recopie les phrases contenant un verbe d'état et un attribut du sujet.
a. Tu parais bien fatigué ce matin.
b. Le petit Marco a de la fièvre.
c. Hanna devait faire un exposé.
d. Timothé resta faible longtemps après sa grippe.
e. Ses yeux deviennent tout rouges à la piscine.
f. La petite Marine ressemble beaucoup à son frère.

3 ✻ Souligne les verbes d'état en rouge, leur sujet en vert et l'attribut du sujet en noir.
a. Clovis fut le premier roi mérovingien.
b. L'un des maîtres de l'impressionnisme est Claude Monet.
c. Élias n'est pas devenu vétérinaire : il est devenu médecin !
d. En début d'année, mon maître me paraissait sévère mais il me semble maintenant très gentil !
e. Edmond Dantès demeura prisonnier au château d'If de longues années.
f. Les contes de Perrault demeurent un grand classique de la littérature enfantine.

4 ✻✻ Souligne les COD en noir et les attributs du sujet en rouge.
a. Ma mère est une fine cuisinière.
b. Elle me donne des leçons de cuisine.
c. J'adore faire de la pâtisserie.
d. Je deviens bonne pâtissière !
e. Ouf, mes amis paraissent enfin rassasiés !
f. Le gâteau à la carotte est une de mes spécialités.
g. Plus tard, je prendrai des cours de cuisine chez un grand chef.

5 ✻✻ Ajoute un verbe d'état au GN pour que les adjectifs deviennent des attributs du sujet.
le crayon bien taillé.
▸ *Le crayon est bien taillé.*
a. l'écorce rugueuse
b. les fillettes naïves
c. ce gros roman passionnant
d. ses yeux tristes et larmoyants
e. leurs joues rouges et fraîches
f. mes cheveux longs et emmêlés

Accorder l'attribut du sujet

6 ✻ Complète chaque phrase avec un attribut du sujet bien accordé.
a. Marie-Antoinette et Marie de Médicis étaient … .
b. Louis XVI a été … .
c. Victor Hugo et Honoré de Balzac furent … .
d. Pierre et Marie Curie devinrent … .
e. Jeanne d'Arc paraissait … .

7 ✻ Complète chaque phrase avec un adjectif qualificatif attribut du sujet.
a. Ces chattes sont …, mais elles ne sont pas … .
b. Mon frère est devenu … et ma sœur est devenue … .
c. Ces romans ne semblent pas … à lire.
d. Ma maison paraissait … dans le lointain.
e. Cette leçon me paraît toujours aussi … .

8 ✻✻ Complète chaque phrase avec l'attribut du sujet demandé.
a. Quand je serai *(adjectif qualificatif)*, je serai *(nom commun)*.
b. Notre président de la République est *(nom propre)*.
c. Nous avons été *(adjectif qualificatif)* tout le week-end.
d. Le roi de France qui a régné le plus longtemps est *(nom propre)*.
e. Les joueurs paraissent *(adjectif qualificatif)* en fin de match.

9 ✻✻ Écris les phrases au singulier ou au pluriel.
a. Je suis déçue et mécontente.
b. Le meuble était recouvert de poussière.
c. Tu deviendras sûrement footballeur.
d. Elles paraissent très heureuses.
e. Nos voisins demeurent d'excellents amis.

À toi d'écrire !

10 ✻ Choisis deux personnages de dessins animés et écris un court texte contenant des attributs du sujet pour les décrire.

Grammaire

Les compléments circonstanciels

CHERCHONS

Depuis les années 1960, les autoroutes forment, autour de Paris, un réseau en étoile qui s'est développé en direction du reste du territoire français.
Depuis les années 1990, ce réseau s'étend progressivement à l'ensemble de la France car les autoroutes ont été construites pour contourner Paris ou pour améliorer les liaisons est-ouest, notamment dans le Massif central.

Géographie cycle 3, Magnard.

▶ Relevez les groupes de mots qui répondent aux questions suivantes : *Où les autoroutes forment-elles un réseau en étoile ? Quand ce réseau a-t-il commencé à s'étendre à l'ensemble de la France ? Comment ce réseau s'étend-il à l'ensemble de la France ?*
▶ Pouvez-vous déplacer ou supprimer ces groupes de mots dans la phrase ?

● Les **compléments circonstanciels (CC)** enrichissent les phrases.
Ils renseignent sur le **temps**, le **lieu** et la **manière de l'action** etc.
On peut les **déplacer** et les **supprimer**.
– Le **CC de lieu** répond à la question *où ?* posée après le sujet et le verbe.
– Le **CC de temps** répond à la question *quand ?* posée après le sujet et le verbe.
– Le **CC de manière** répond à la question *comment ?* posée après le sujet et le verbe.

  Les autoroutes ont formé un réseau en étoile autour de Paris.
                                              (où ?) CC de lieu

  Elles ont été construites progressivement depuis les années 1960.
                              (comment ?)   (quand ?)
                              CC de manière   CC temps

● Un complément circonstanciel peut être :
– un **groupe nominal introduit par une préposition** :
  Les autoroutes forment un réseau autour de Paris.
– un **adverbe** :
  Le réseau s'étend progressivement.
– une **proposition** :
  Depuis que des autoroutes ont été construites, on peut contourner Paris.

Identifier les CC

1 ✳ **Recopie les phrases correctes.**
a. Le CC de manière répond à la question *pourquoi ?*.
b. Le CC de lieu répond à la question *où ?*.
c. La question *quand ?* permet de trouver le CC de temps.
d. Un CC peut être une préposition.
e. Le CC peut être un groupe nominal introduit par une préposition.

2 ✳ **Recopie les CC de lieu en vert, les CC de temps en bleu, les CC de manière en noir.**
a. Pour mon anniversaire, j'inviterai tous mes copains.
b. À la nuit tombante, les grenouilles se sont mises à coasser dans l'étang.
c. Avez-vous remarqué ce gros dirigeable publicitaire dans le ciel ?
d. À la piscine, ne courez pas sur les rebords glissants ; marchez calmement.
e. Le vieil homme avance prudemment sur le verglas.

3 ✳ **Recopie les CC et précise s'ils indiquent le temps, le lieu ou la manière.**
a. Tous les dimanches, nous allons chez mes grands-parents.
b. Quand le facteur arrive, le chien aboie férocement.
c. Nous avons planté des arbres fruitiers dans le pré.
d. Quand les filles seront rétablies, nous les emmènerons au parc d'attractions.
e. Cathy et Julie avaient soigneusement préparé leur exposé le week-end précédent.

Manipuler les CC

4 ✳ **Complète chaque phrase par un groupe nominal CC de lieu introduit par une préposition puis entoure la préposition.**
a. J'ai garé la voiture … .
b. Je vais faire mes courses … .
c. … , ils ont trouvé un trésor.
d. Les touristes se précipitaient … .
e. Ma sœur est partie … .

5 ✳ **Ajoute un adverbe CC de manière à chacune de ces phrases.**
a. Nous terminerons … les exercices pour aller jouer.
b. Les poules couvent … leurs œufs.
c. Les cyclistes dévalent la pente … .
d. … , l'animatrice a soigné mon genou.

6 ✳ **Ajoute à chacune des phrases le CC demandé.**
a. … je ferai mes courses dans ce nouveau centre commercial. *(CC de temps)*
b. … les trains fonctionnaient encore au charbon. *(CC de temps)*
c. Toute la famille se promènera … , … . *(CC de temps) (CC de lieu)*
d. C'est … qu'a eu lieu la pire bataille. *(CC de lieu)*
e. … nous n'avions pas la télévision. *(CC de temps)*

7 ✳✳ **Recopie les phrases de l'exercice 2 en changeant les CC de place.**

8 ✳✳✳ **Recopie les phrases sans les CC.**
a. En 1917, les États-Unis entrent en guerre aux côtés de la France et de l'Angleterre.
b. En 1918, les Allemands reprennent les offensives mais ne peuvent résister.
c. Le 11 novembre 1918, l'Allemagne est vaincue.

Histoire cycle 3, Magnard.

À toi d'écrire !

9 ✳ Il a beaucoup neigé pendant la nuit et la journée. Raconte tes difficultés ou celles des passants pour se déplacer. Utilise le maximum de CC.

Grammaire

RÉVISIONS

> Le **verbe** est le mot le plus important de la phrase. Autour de lui, on trouve les groupes de mots suivants :
> – le **sujet** du verbe : *L'enfant joue.*
> – le **COD** : *Elle répare sa voiture.*
>   (quoi ?) COD
> – le **COI** : *Il parle à son voisin.*
>   (à qui ?) COI
> – le **COS** : *Nous donnons des nouvelles à nos parents.*
>   COD   (à qui ?) COS
> – l'**attribut du sujet** (après un verbe d'état) : *Elle est resplendissante.*
> – les **compléments circonstanciels** :
>   *La neige tombe massivement sur Paris depuis ce matin.*
>   (comment ?)   (où ?)   (quand ?)
>   CC de manière CC de lieu CC de temps

Identifier les différents groupes dans la phrase

1 ★ Complète les phrases.
a. Le COD répond aux questions … .
b. Les COI et COS répondent aux questions … .
c. Le CC de manière répond à la question … .
d. Le CC de temps répond à la question … .
e. Le CC de lieu répond à la question … .

2 ★ Sépare d'un trait les sujets, les verbes et les compléments de ce texte.
Vers quatre heures de l'après-midi, les nuages se déchirent et le soleil apparaît. Les deux petites saisissent leur panier et partent à la chasse aux escargots. Les chemins sont détrempés par la pluie, la boue colle aux bottes, mais les fillettes sont heureuses : elles peuvent courir et jouer. Bientôt le panier est plein !

3 ★ Indique si les mots en gras sont des COD ou des attributs du sujet.
a. Les enfants n'oublient jamais **leurs billes** pendant la récréation.
b. Le professeur resta **inflexible** : « pas de sortie de fin d'année ! »
c. Autrefois, on pensait que la terre était **plate**.
d. Nous donnons toujours **du pain** aux oiseaux pendant l'hiver.
e. Mathieu croit **que Notre-Dame est une reine du Moyen Âge** !

4 ★★ Souligne les verbes d'état en rouge, leur sujet en vert et leur attribut du sujet en noir.
– Quand je serai roi, déclara Hugo, j'interdirai les punitions.
– Mais tu ne deviendras jamais roi, voyons, il n'y a plus de roi en France !
– Eh bien alors, je serai président !
– Tu sembles bien sûr de toi. Et comment comptes-tu t'y prendre ?
– Ça, je ne sais pas encore, il faut que j'y réfléchisse…

5 ★ Indique si les mots en gras sont des CC de temps, de lieu ou de manière.
a. **Jadis**, les châteaux forts servaient de refuge **pendant les attaques**.
b. **Sur mon balcon** fleurissent des géraniums.
c. **Chaque jour**, la gardienne met le courrier **sous ma porte**.
d. **Dans le bus**, les voyageurs parlent **plus facilement** que **dans le métro**.

6 ★★ Classe les mots et groupes de mots en gras dans le tableau.

sujet	COD	COS	CC	attribut du sujet

a. **Au milieu du tumulte** survinrent **les pompiers**.
b. Vous laisserez **les bottes et les cirés mouillés** / **dans l'entrée**.
c. Ma grand-mère était **couturière** et cousait **de jolies robes**.
d. Pourquoi as-**tu** mis **les fruits** / **dans le réfrigérateur** ?
e. **Le directeur** / **leur** a donné **une punition**.
f. **Patiemment**, le maître **lui** a réexpliqué la leçon.

7 ★★ Indique la fonction des groupes de mots en gras : sujet/COD/COI/COS/CC/attribut du sujet.
a. **La fête** était installée **sur la place du village** / **depuis samedi**.
b. **Des feux d'artifice** explosaient **bruyamment** / **dans le ciel**.
c. Les forains vendaient **des friandises** / **aux enfants**.
d. Les petits semblaient **émerveillés**.
e. Toute la nuit, la musique et les pétards retentirent **avec force**.

8 ★★★ Écris la nature et la fonction des mots ou groupes de mots en gras.
a. **Le maître de ce commerce** était **très grand**, **très maigre** et **très sale**. Il portait **une barbe grise**, et **des cheveux de troubadour** sortaient **d'un grand chapeau d'artiste**.
b. Les maîtres **nous** lisaient **des contes d'Andersen ou d'Alphonse Daudet**, puis nous allions jouer dans la cour **pendant la plus grande partie de la journée**.
c. **Vers le 10 août**, les vacances furent interrompues, **pendant tout un après-midi**, par un orage, qui engendra, comme c'était à craindre, **une dictée**.

Marcel Pagnol, *La Gloire de mon père*, éditions De Fallois.

Manipuler les groupes dans la phrase

9 ★ Complète ces phrases par des CC de ton choix.

Tu peux les placer en début ou en fin de phrase.

a. Le soleil a brillé.
b. Le jeune public écoutait la conteuse.
c. Mathieu reviendra.
d. J'aime me reposer.
e. Alix a lu son livre.

10 ★★ Ajoute les compléments demandés aux phrases suivantes.
a. Ils ne croient plus … *(COI groupe nominal)*.
b. J'apporte toujours … *(COD groupe nominal)* quand je suis invitée.
c. Mamie … *(COS pronom personnel)* a promis de faire un crumble aux pommes.
d. Tout à coup, quelqu'un demanda … *(COD groupe nominal)* … *(COS nom propre)*.
e. Il devient … *(attribut du sujet adjectif qualificatif)*.

11 ★★ Change le genre et le nombre du sujet comme demandé et transforme la phrase.
a. *(féminin-pluriel)* Le joueur paraît fatigué.
b. *(masculin-singulier)* Les actrices semblaient concentrées.
c. *(féminin-singulier)* Les princes ne furent pas délivrés.
d. *(masculin-pluriel)* La prisonnière restera captive.

À toi d'écrire !

12 ★ Écris des phrases selon les modèles indiqués.

Tu peux utiliser des pronoms compléments ; ils peuvent modifier l'ordre demandé.

a. sujet ◆ verbe ◆ COD ◆ COS
b. sujet ◆ verbe d'état ◆ attribut du sujet
c. CCL ◆ sujet ◆ verbe ◆ CCM

Grammaire

Le groupe nominal

CHERCHONS

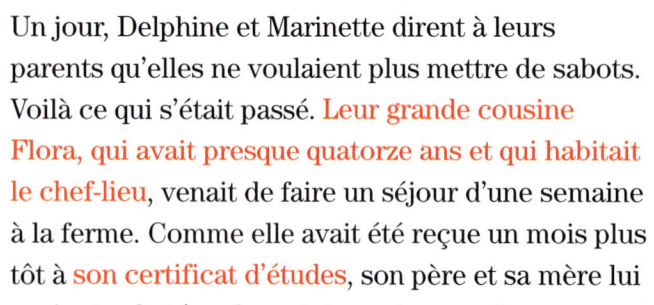

Un jour, Delphine et Marinette dirent à leurs parents qu'elles ne voulaient plus mettre de sabots. Voilà ce qui s'était passé. Leur grande cousine Flora, qui avait presque quatorze ans et qui habitait le chef-lieu, venait de faire un séjour d'une semaine à la ferme. Comme elle avait été reçue un mois plus tôt à son certificat d'études, son père et sa mère lui avaient acheté un bracelet-montre, une bague en argent et une paire de souliers à talons hauts.

Marcel Aymé, « Le paon », in *Les Contes du chat perché*, © Gallimard.

▶ Relevez les noms communs de ce texte.
▶ Relevez les noms propres de ce texte : à quoi les reconnaissez-vous ?
▶ Quel est le nom noyau des groupes nominaux en rouge ?
▶ Remplacez les groupes nominaux en rouge par d'autres groupes nominaux construits de la même manière.

● Le **nom propre** commence toujours par une **majuscule** : Delphine, Flora

● Le nom a un **genre** (masculin ou féminin) et un **nombre** (singulier ou pluriel) :
  Marinette — nom propre féminin singulier
  sabots — nom commun masculin pluriel

● Un **groupe nominal (GN)** est constitué au minimum d'un **déterminant** et d'un **nom commun** : leurs parents, sa mère

● Le nom est le noyau du groupe nominal : son **certificat** d'études

● On peut compléter le groupe nominal avec :
  – un **adjectif qualificatif** : leur **grande** cousine
  – un **complément du nom** : une bague **en argent**
  – une **proposition relative** : leur grande cousine Flora **qui avait presque quatorze ans**

Distinguer les noms communs des noms propres

1 ✱ Trouve un nom propre correspondant au nom commun.
une région : le Languedoc
a. une ville
b. un pays
c. un continent
d. un fleuve
e. une chaîne de montagnes
f. un département

Identifier les groupes nominaux

2 ✶ **Complète la règle.**
a. Un groupe nominal est formé au minimum d'un … et d'un … .
b. Un groupe nominal a un genre (…, …) et un … (singulier, pluriel).
c. Le nom est le … du groupe nominal. On peut le compléter avec un …, un … ou une … .

3 ✶ **Relève les GN de ce texte.**
Le roi Shahriyar vivait dans un somptueux palais, avec des cours ombragées et des tours innombrables qui pointaient vers le ciel ; il passait ses journées à gouverner son royaume, après quoi il buvait du jus de fruits glacé, au son de la musique, en compagnie de sa ravissante épouse ; elle avait de longs cheveux noirs qui dégringolaient dans son dos jusqu'au sol, et son visage à l'ovale parfait était blanc comme la lune.
Fiona Waters, *Nuits d'Orient : contes extraits des Mille et Une nuits*, trad. M. Nikly, Albin Michel Jeunesse.

4 ✶ **Souligne le nom noyau de chaque GN.**
a. des petits lutins farceurs
b. cette jolie princesse à la robe couleur de lune
c. le méchant ogre qui mange les petits enfants
d. la méchante sorcière du placard à balais
e. un énorme dragon qui crache du feu

5 ✶✶ **Souligne les éléments qui complètent le nom noyau.**
a. le Petit Chaperon rouge
b. la petite fille aux allumettes
c. les habits neufs de l'empereur
d. les six compagnons qui viennent à bout de tout
e. le Chat botté
f. le stoïque Soldat de plomb

Classer des groupes nominaux

6 ✶ **Recopie les GN pluriels en bleu et les GN singuliers en vert.**
a. plusieurs ordinateurs ◆ b. quelques feuilles de classeur ◆ c. cet arbre exotique ◆ d. un témoin sérieux ◆ e. d'innombrables chansons ◆ f. un puits ◆ g. trois radis roses ◆ h. ce parcours ◆ i. la dernière fois ◆ j. une paire de ciseaux

7 ✶ **Souligne les GN féminins en rouge et les GN masculins en vert.**

En cas de doute, vérifie dans le dictionnaire.

a. des pétales roses ◆ b. des pédales de vélo ◆ c. des omoplates ◆ d. l'humour ◆ e. l'hélice ◆ f. des soldes intéressants ◆ g. l'appétit ◆ h. l'interview ◆ i. des invasions ◆ j. des intrus ◆ k. l'espèce humaine ◆ l. l'astérisque

8 ✶✶ **Complète les phrases avec des GN ayant le genre et le nombre qui conviennent.**
a. … ont toutes des ceintures de sécurité.
b. Sur ce sentier se croisent … .
c. … sont allés cueillir des jonquilles.
d. … est tombé dans la boue.

9 ✶✶✶ **Classe ces GN dans le tableau.**

nom + adjectif	nom + complément du nom	nom + proposition relative
	a	

a. une cour de récréation
b. un bonbon qui fond dans la bouche
c. une tarte aux fraises
d. des exercices faciles
e. un film qui fait peur

À toi d'écrire !

10 ✶ **Il sort de drôles de choses du chapeau du magicien. Continue l'énumération à l'aide de groupes nominaux.**
une bombe de crème chantilly, une poupée qui dit maman…

11 ✶ **À la manière du texte de l'exercice 3, écris un portrait de la fille du roi Shahriyar contenant au moins trois groupes nominaux.**

Grammaire

Les déterminants (1)

CHERCHONS

Vous avez dû entendre parler de moi : je suis **la** plus célèbre cinéaste de **l'**île **des** Souris, spécialisée dans **les** films d'hor-r-r-r-reur ! D'ailleurs, ce jour-là, je devais recevoir **le** Premier Prix du Festival du Film d'Horreur ! Mon réveil-crâne joua **une** lugubre marche funèbre. Minuit, **l'**heure **du** réveil !
Ici, à Chateaucrâne, tout **le** monde se lève à minuit pile !
Je m'étirai dans mon lit à baldaquin **aux** draps violets.

Geronimo Stilton, vol. 55, *Kidnapping chez les Ténébrax !*
trad. T. Plumederat, Albin Michel Jeunesse.

▶ Pouvez-vous donner la nature des mots en vert ? Relevez les noms qu'ils accompagnent.
▶ Quels sont le genre et le nombre de ces déterminants ?
▶ Remplacez le nom *réveil* par le nom *sonnerie*. Que se passe-t-il ?

Le **déterminant** est un mot placé devant le nom. Il **indique le genre et le nombre** de ce nom. Il existe plusieurs sortes de déterminants :

● les **articles indéfinis** *(un, une, des)* renvoient à un élément qui n'est pas encore connu.

> **une** lugubre marche funèbre

⚠️ Quand l'article indéfini pluriel est séparé du nom par un adjectif, on écrit *de* ou *d'* à la place de *des* : des cinéastes ➡ **de** célèbres cinéastes.

● les **articles définis** *(le, la, l', les)* renvoient à un élément précis.
Devant une voyelle, on utilise l'**article défini élidé l'** : l'île, l'heure

⚠️ Attention aux articles définis contractés :
à + le = au   à + les = aux   de + le = du   de + les = des
un lit **aux** draps violets   l'île **des** Souris   l'heure **du** réveil

---

Identifier les articles

1 ✱ Recopie les affirmations justes.
a. Le déterminant indique le genre et le nombre du nom.
b. *le, la, les* sont des articles définis.
c. *l'* est un article défini élimé.
d. *au, aux, du, des* sont des articles définis décontractés.
e. *un, une, des* sont des articles indéfinis.

42

2 ⭑ Relève l'intrus de chaque série de déterminants.
a. le ◆ d' ◆ la ◆ les
b. un ◆ une ◆ les ◆ des
c. du ◆ au ◆ aux ◆ un
d. là ◆ le ◆ l' ◆ les

3 ⭑ Souligne les articles définis en bleu et les articles indéfinis en vert.
Les camions de pompiers encombraient la rue. Les flammes sortaient par les fenêtres et une épaisse fumée noire commençait à se répandre dans la rue. Les passants mettaient des mouchoirs sur leur nez mais restaient sur place, interloqués. Heureusement, il n'y eut pas un blessé.

4 ⭑⭑ Souligne le ou les article(s) de ces GN puis écris leur nature.
a. des amis inséparables
b. le vieux jean usé
c. une tarte au citron meringuée
d. les petites fraises des bois
e. l'homme qui a marché sur la Lune
f. la jupe courte à pois rouges.

5 ⭑⭑ Relève les articles de ces phrases et classe-les dans un tableau.

article indéfini	article défini	article défini contracté	article défini élidé

a. Il a des plumes et un bec : l'oiseau.
b. Une hirondelle s'est posée sur le toit.
c. Je n'irai pas au cinéma ce soir.
d. Reprenez des épinards : c'est bon pour la santé !
e. Nous lancerons du pain aux pigeons.

6 ⭑⭑⭑ Indique si l'article *des* est un article indéfini ou un article défini contracté.
a. Je parle souvent des copains de la classe.
b. Nous avons acheté des tartes aux pommes pour le dîner.
c. Des moineaux ont picoré toutes les graines.
d. Nous nous souvenons des contes de notre enfance.
e. Je mange des céréales au petit déjeuner.

Manipuler les articles

7 ⭑ Recopie les phrases en choisissant le déterminant qui convient.
a. *(Le / Un)* médecin qui est venu hier a diagnostiqué *(l' / une)* angine à Clémence.
b. Nous avons terminé *(le / un)* repas par *(une / la)* tarte *(au / aux)* citron meringuée.
c. Il n'a pas voulu prendre *(le / l')* autobus pour se rendre *(au / aux)* musée.
d. J'ai rencontré *(des / les)* amis dans *(la / une)* rue *(du / des)* Four.

8 ⭑⭑ Complète les phrases avec l'article qui convient.
a. J'ai recueilli … oisillon qui était tombé de … arbre.
b. Mon goûter préféré : … pain et de … confiture.
c. Pour … anniversaire de mon frère, nous avons préparé … gougères … fromage.
d. J'ai très mal … pieds dans ces chaussures.
e. … mer … Sargasses est … large … Antilles.

9 ⭑⭑ Réécris chaque phrase en remplaçant le nom en gras par le nom entre parenthèses.
a. Les Dupré vont à la **campagne** chaque week-end. *(cinéma)*
b. Mettez de la **confiture** sur vos tartines. *(beurre)*
c. J'ai rendu mes livres à la **bibliothécaire**. *(bibliothécaires)*
d. Achète du **sel** au magasin. *(farine)*
e. J'ai nettoyé la cage du **hamster**. *(perruche)*

À toi d'écrire !

10 ⭑ Écris une phrase avec chacun de ces groupes nominaux : *une souris, la souris, des souris, les souris*.

Grammaire

Grammaire

Les déterminants (2)

CHERCHONS

– Je suis venue vous parler de Matilda, madame la directrice. C'est une enfant extraordinaire. Puis-je vous expliquer ce qui vient de se passer dans ma classe ?
– Je suppose qu'elle a mis le feu à votre jupe et brûlé votre culotte ! répliqua Mlle Legourdin, hargneuse.
– Non, non ! s'écria Mlle Candy. Matilda est un génie.
À la mention de ce mot, Mlle Legourdin devint violette et tout son corps parut s'enfler comme celui d'un crapaud-bœuf.
– Un génie ! hurla-t-elle. Quelles âneries me débitez-vous ? Vous avez perdu la tête ! Son père m'a garanti que sa fille était un vrai gibier de potence !

Roald Dahl, *Matilda*, trad. H. Robillot, © Gallimard, © Roald Dahl Nominee Ltd.

▸ Relevez les déterminants qui précèdent les noms en rouge et expliquez quels renseignements ils leur apportent.
▸ Le mot en vert est un déterminant : quel type de phrase introduit-il ?

Il existe encore d'autres sortes de déterminants :
- **Les déterminants possessifs :**

mon	ma	mes	notre	nos
ton	ta	tes	votre	vos
son	sa	ses	leur	leurs

  Son père la connaît depuis sa naissance.

- **les déterminants démonstratifs :** ce, cet, cette, ces.
  Vous avez vu cette petite fille une demi-heure.

- **Les déterminants exclamatifs et interrogatifs :** quel, quels, quelle, quelles.
Ils introduisent souvent une phrase exclamative ou une phrase interrogative.
Ils s'accordent en genre et en nombre avec le nom qu'ils accompagnent :
  Quelles âneries me débitez-vous ?

Distinguer les déterminants possessifs et démonstratifs

1 ✱ Relève l'intrus de chaque série.
a. mes ♦ tes ♦ ses ♦ ces
b. ma ♦ ta ♦ sa ♦ la
c. son ♦ se ♦ sa ♦ ses
d. ses ♦ ces ♦ cet ♦ cette

2 ✱ Souligne en vert les déterminants possessifs et en bleu les noms qu'ils accompagnent.
a. Elle a laissé son manteau dans la cour.
b. La monitrice leur a donné leurs goûters.
c. Nos voisins nous ont invités dans leur nouvel appartement.
d. Mes amis sont venus hier.

3 ✶ Recopie les déterminants démonstratifs avec le nom qu'ils accompagnent.
a. Ces fenêtres se sont ouvertes cette nuit.
b. Cet événement a choqué le monde entier.
c. Ces histoires drôles me font rire à chaque fois !
d. Théo n'a rien compris à la règle de ce jeu.
e. J'ai épousseté les étagères de cette armoire.

4 ✶✶ Recopie les phrases en mettant les groupes nominaux au pluriel.
a. Il a laissé son jouet dans sa poche.
b. Nous avons emporté notre cartable.
c. Il prendra en charge cette réparation.
d. Connaissez-vous cet élève ?

Distinguer les déterminants interrogatifs et exclamatifs

5 ✶ Indique si le déterminant en gras est exclamatif ou interrogatif.
a. **Quels** bons moments nous avons passés !
b. Vers **quelle** heure passeras-tu au garage ?
c. **Quel** code as-tu noté dans ton calepin ?
d. **Quels** beaux immeubles !

6 ✶✶ Réécris ces phrases en remplaçant le nom en gras par le nom entre parenthèses.

Attention aux accords !

a. Quel **chemisier** vas-tu mettre ? (jupe)
b. Quelles sont les **valises** de Noé ? (bagages)
c. Quels gentils **voisins** ! (voisine)
d. Quelle **opération** allons-nous faire ? (calcul)
e. Quel agréable **hôtel** ! (stations balnéaires)

Distinguer les différentes sortes de déterminants

7 ✶ Indique la nature des déterminants en gras.
a. Comment **cet** élève s'est-il fait mal ?
b. Des dauphins suivaient **notre** voilier.
c. L'humour de **cette** comédie est irrésistible.
d. **Quel** menu choisis-tu ?
e. J'ai acheté **du** pain **aux** noix.

8 ✶✶ Relève les déterminants et précise leur nature.
a. Il faut parfois du courage pour sortir de son lit.
b. À la première sonnerie, Alice grogne puis se rendort.
c. Quel est l'infernal inventeur du radio-réveil ?
d. Ce matin, sa mère doit la réveiller.
e. Quelle horreur !

9 ✶✶ Réécris les phrases en mettant les GN au singulier. Attention aux accords.
a. Ferme vite ces portes pour éviter les courants d'air.
b. Il a rangé ses livres et ses cahiers dans les casiers.
c. Quelles photos mettras-tu dans les albums ?
d. Prenez vos shorts et des maillots de bain.
e. Nous avons mangé de délicieuses tartes aux abricots.

10 ✶✶✶ Relève tous les déterminants de ce texte et indique leur nature.

Depuis ce maudit soir où mon père m'avait annoncé la fin du Muséum, je passais tout mon temps libre dans ces salles, ruminant mes idées noires, et me demandant en vain quel stratagème échafauder pour repousser le spectre de ce bouleversement, de cette trahison.
Philippe Delerm, *Sortilège au Muséum*, Magnard Jeunesse.

À toi d'écrire !

11 ✶ Tout ce que contient cette pièce t'appartient ou appartient à un membre de ta famille. Écris des phrases indiquant le possesseur de chaque élément.

Ce chien appartient à ma sœur…

Grammaire

L'adjectif qualificatif

CHERCHONS

Kathy voit son frère Arthur tomber d'un arbre. C'est alors qu'il y eut un grand crac ! Horrifiée, Kathy vit Arthur dégringoler comme une masse, sa main agrippant désespérément la ceinture qui s'était détachée du tronc. Heureusement pour lui, les multiples sous-étages de végétation ralentirent sa chute. L'atterrissage n'en fut pas moins rude. Un choc sourd que Kathy ressentit jusque dans la plante des pieds.

Stéphane Tamaillon, *Kroko*, Seuil Jeunesse.

▶ Relevez les adjectifs qui qualifient les noms en rouge.
▶ Avec quels autres adjectifs pourriez-vous qualifier ces noms ?
▶ Où se placent ces adjectifs qualificatifs par rapport au nom ?

● **L'adjectif qualificatif** est un mot qui **qualifie le nom qu'il accompagne**. Il **s'accorde toujours** en genre et en nombre avec le nom :
  Les **multiples** étages de végétation.
  　adjectif　　nom

● Selon la place qu'il occupe dans la phrase, l'adjectif qualificatif peut avoir **plusieurs fonctions** :
– Il est **épithète** lorsqu'il est placé à côté du nom qu'il qualifie.
  un choc **sourd** ➜ adjectif qualificatif épithète du nom *choc*

– Il est **apposé** au nom qu'il qualifie quand il en est **séparé par une virgule**.
  Horrifiée, Kathy vit Arthur dégringoler. ➜ adjectif qualificatif apposé au nom *Kathy*

– Il est **attribut du sujet** quand il est séparé du nom qu'il qualifie par un verbe d'état (être, sembler, paraître…).
  L'atterrissage fut très **rude**. ➜ adjectif qualificatif attribut du sujet *l'atterrissage*
  　　　　　verbe
  　　　　　d'état

Identifier et utiliser l'adjectif épithète

1 ✱ **Complète la règle.**
a. L'adjectif peut avoir plusieurs … .
b. Il est … quand il est juste à côté du … .
c. Il est … quand il est séparé du nom par un verbe d'état.
d. Il est … quand il est séparé du nom par une virgule.

2 ✳ Souligne le nom noyau de chaque GN en rouge et les adjectifs qualificatifs épithètes en vert.
a. une rivière sinueuse et tumultueuse
b. deux petits bonbons à la menthe
c. du chocolat onctueux qui coule
d. mon magnifique bouquet de fleurs
e. un gros roman passionnant

3 ✳ Ajoute un ou plusieurs adjectifs épithètes à chaque GN.

Pense aux accords !

a. des éléphants
b. un zébu
c. deux lionnes
d. la gazelle
e. ce flamant
f. des crocodiles

4 ✳✳ Accorde les adjectifs épithètes entre parenthèses.
a. Le cycliste *(tenace)* grimpe le col *(abrupt)*.
b. Quelques arbres *(centenaire)* ombragent le jardin.
c. Une mésange *(bleu)* chante sur le toit.
d. Les étudiantes *(sérieux et appliqué)* révisent leurs *(difficile)* examens.
e. L'aigle aux yeux *(perçant)* guette sa proie.

Identifier et utiliser l'adjectif attribut du sujet

5 ✳✳ Transforme les adjectifs épithètes en adjectifs attributs. Varie le verbe d'état.

le fin brouillard ▸ Le brouillard est fin.

a. le lourd colis
b. la porte fermée
c. ces gros nuages noirs
d. mon chat affectueux et joueur
e. ses plumes lisses et brillantes

6 ✳✳ Transforme les adjectifs attributs en adjectifs épithètes.

Le chocolat est chaud. ▸ le chocolat chaud

a. Cet homme est petit.
b. Mon armoire semble grande.
c. L'océan paraît vaste et profond.
d. Ces exercices étaient difficiles.
e. Tes deux jupes sont longues.

7 ✳✳✳ Souligne en vert les adjectifs attributs du sujet et en bleu les adjectifs épithètes.
a. Paul restait insensible aux cris de colère du petit garçon.
b. À l'arrivée du marathon, les coureurs sont épuisés.
c. Un charmant jardin se niche au fond de cette rue paisible.
d. De majestueuses montagnes couronnées de neige se dessinaient dans le lointain.
e. Sophie ne semble pas inquiète de la rentrée prochaine.

Identifier et utiliser l'adjectif apposé

8 ✳ Modifie la phrase pour que les adjectifs apposés deviennent épithètes.
a. Effrayé, le chevreuil bondit vers la forêt.
b. Tordu par le vent, l'arbre domine la colline.
c. Légère et délicate, la ballerine évoque un cygne.
d. Bruyantes et agitées, des corneilles survolaient le donjon.
e. Déçus, les joueurs regagnèrent le car.

9 ✳✳ Déplace les adjectifs épithètes pour qu'ils deviennent apposés.
a. La vendeuse excédée maltraite les touches de sa caisse.
b. Des éclairs fulgurants déchirent le ciel.
c. Les mains sèches et ridées de la sorcière hypnotisaient la jeune fille.
d. Les délicieuses spécialités de ce restaurant me font saliver.
e. Le coureur épuisé franchit la ligne d'arrivée.

À toi d'écrire !

10 ✳ Décris ces personnages en utilisant des adjectifs. Varie la place des adjectifs.

Grammaire

Les degrés de l'adjectif qualificatif

CHERCHONS

Persée doit éliminer les trois dangereuses Gorgones et rapporter la tête de l'une d'elles : Méduse.

Les trois formes ne bougèrent pas. Il se répéta leurs noms : Sthéno, Euryale, Méduse. Sthéno et Euryale étaient immortelles. Inutile d'essayer de les éliminer. Seule Méduse était mortelle, mais elle était aussi la plus dangereuse. Il ne devait pas se tromper. Laquelle était Méduse ?
Il les observa avec attention.
La réponse était facile à trouver : Méduse était celle-ci, la plus laide. Celle dont la couronne de serpents était la plus impressionnante. Celle qui avait sur le visage un rictus à vous glacer le sang. […]
Son bras fut plus rapide que sa pensée. Il abattit la lame de son épée sur la tête de Méduse et la trancha d'un seul coup.

Hélène Montardre, *Persée et le regard de pierre*, Histoires noires de la mythologie, Nathan Jeunesse.

◗ Relève l'adjectif qui dit en quoi Méduse est supérieure aux deux autres Gorgones. Quel autre adjectif du texte concernant Méduse est construit de la même façon ?

◗ Lequel, du bras ou de la pensée de Persée, est le plus rapide ? Quels mots l'indiquent ?

Pour comparer des qualités exprimées par un adjectif qualificatif, on utilise :

- **le comparatif** : *Euryale est **moins** dangereuse **que** Méduse.* → infériorité
  *Sthéno est **aussi** dangereuse **qu'**Euryale.* → égalité
  *Méduse est **plus** dangereuse **que** Sthéno et Euryale.* → supériorité

- **le superlatif** : *C'est **la plus** laide de toutes.* → supériorité
  *C'est **la moins** laide de toutes.* → infériorité

! Les adjectifs *bon* et **mauvais** ont un comparatif et un superlatif irréguliers.
bon / meilleur que / le meilleur ➡ *Son gâteau est **meilleur** que le mien.*
mauvais / pire que / le pire ➡ *C'est **le pire** de tous !*

Identifier le comparatif et le superlatif

1 ✶ Associe les adverbes aux degrés de comparaison.

a. le plus …
b. moins … que
c. le moins …
d. plus … que
e. aussi … que

1. comparatif de supériorité
2. superlatif de supériorité
3. comparatif d'infériorité
4. superlatif d'infériorité
5. comparatif d'égalité

2 ✶ Indique si les adjectifs en gras sont employés au comparatif ou au superlatif.

a. Maxence est plus **âgé** que Mila.
b. Le salon de cet appartement est aussi **lumineux** que la chambre.
c. Les moins **chers** de tous ces jouets sont fabriqués en Chine.
d. Ce roman est le plus **intéressant** de la pile.

3 ✶ Recopie les phrases qui contiennent un adjectif au comparatif.

a. Mon frère est le plus grand de sa classe.
b. Le gâteau de ta mère semble meilleur que celui du pâtissier.
c. Yann est aussi timide que sa sœur.
d. Le temps est encore pire qu'hier.
e. Le 21 juin est le jour le plus long de l'année.

4 ✶ Recopie les phrases qui contiennent un adjectif au superlatif.

a. Il est moins tard que tu ne le pensais.
b. James est le meilleur coureur de son groupe.
c. Martin paraît plus poli que Jules.
d. C'est le livre le plus palpitant que j'aie lu.
e. Cette marque est la moins chère de toutes.

5 ✶✶ Souligne les adjectifs au comparatif puis indique leur degré d'intensité.

a. Cette année, l'hiver a été moins froid que l'an passé.
b. Cet ordinateur est plus cher que celui-ci.
c. Mes confitures sont meilleures que celles de Noémie.
d. Cet été, tes lunettes de soleil te seront aussi utiles que la crème solaire.
e. La robe bleue semblait plus élégante que la verte.

Utiliser le comparatif et le superlatif

6 ✶✶ Mets les adjectifs au comparatif en respectant le sens.

L'hiver est (froid) que l'été.
> *L'hiver est plus froid que l'été.*

a. Le mont Blanc est … *(haut)* que l'Everest.
b. Les frites sont … *(gras)* que les légumes.
c. Au niveau de l'équateur, il fait … *(chaud)* qu'au niveau du cercle polaire.
d. Les bananes sont … *(sucré)* que les citrons.
e. Les tarentules sont … *(dangereux)* que les mygales.

7 ✶✶ Complète ces phrases avec le comparatif demandé en utilisant l'adjectif entre parenthèses.

a. Lucie est *(grand)* que toi. *(comparatif de supériorité)*
b. Ton cartable est *(lourd)* que le mien. *(comparatif d'égalité)*
c. Les roses sont *(cher)* que les tulipes. *(comparatif de supériorité)*
d. Son écriture était *(beau)* que celle de son frère. *(comparatif d'infériorité)*
e. Ces joueurs sont *(rapide)* que ceux de l'équipe adverse. *(comparatif d'infériorité)*

8 ✶✶✶ À l'aide des mots proposés, écris une phrase dont l'adjectif est au superlatif.

roman, intéressant, série > *Ce roman est le plus/ le moins intéressant de la série.*

a. restaurant, cher, rue.
b. meubles, magasin, contemporains.
c. jardin, fraises, sucrées.
d. équipe, filles, rapides.
e. oiseau, coloré, forêt tropicale.

À toi d'écrire !

9 ✶ Compare les deux derniers films que tu as vus (ou les deux derniers romans que tu as lus) en utilisant des comparatifs et des superlatifs.

Grammaire

Le complément du nom et la proposition relative

CHERCHONS

Wiggins est un jeune détective londonien du 19ᵉ siècle.
Wiggins abaissa sa lanterne pour scruter le sol. Les **traces** de la carriole étaient nettement visibles sur le bas-côté. Il évalua avec soin la largeur des roues, examina chaque pouce de terrain et chaque brin d'herbe, souleva des **cailloux** qui paraissaient avoir été bousculés au cours de la lutte. Rien, il ne trouva rien d'intéressant.

Béatrice Nicodème, *Wiggins et la nuit de l'éclipse*, Gulf Stream Éditeur.

▸ Quels sont les mots qui précisent les noms *traces* ?
▸ Quels sont les mots qui précisent le nom *cailloux* ?
▸ Remplacez chacun de ces mots ou groupes de mots par d'autres du même type.

● Un **groupe nominal** peut être **complété** par un **adjectif qualificatif**, mais aussi par un **complément du nom** ou une **proposition relative**.
Ce sont des expansions du nom.

● Le **complément du nom** est introduit par une préposition : *à, de, par, pour, sans, dans, avec, en*… ou par un article défini contracté : *au, aux, du, des*.
  les traces *de la carriole* → complément du nom *traces*

● La **proposition relative** est introduite par un pronom relatif : *qui, que, dont, où, lequel*…
  des cailloux *qui* avaient roulé sur le chemin

Identifier et utiliser le complément du nom

1 ✶ Souligne le complément du nom et entoure la préposition qui l'introduit.
a. un tas de sable
b. un voyage en bateau
c. une tarte à l'orange
d. un régime sans sel
e. une soupe au potiron
f. une défaite par forfait
g. une nuit sans sommeil
h. le sabre du pirate
i. une sauce aux champignons

2 ✶✶ Relève les compléments du nom de ce texte.

Il laissa de côté la clé en argent de sa bicyclette, la clé ronde de son magasin, la petite clé dorée de son coffre-fort, la clé argentée à tête carrée de son casier de vestiaire au gymnase, la clé ovale de son classeur à dossiers, et trouva enfin la clé en cuivre à double panneton de son appartement.

M. Hoeye, *Hermux Tantamoq*, Tome 1, trad. M. de Pracontal, Albin Michel Jeunesse.

3 ** Transforme les adjectifs qualificatifs en compléments du nom.

un enfant asiatique > un enfant d'Asie

a. une spécialité savoyarde
b. un gaz inodore
c. un bracelet métallique
d. une journée hivernale
e. un soir brumeux
f. le massif alpin

Identifier et utiliser la proposition relative

4 * Complète ces GN par une proposition relative.

a. un magazine que …
b. des villages où …
c. cette recette dont …
d. la fillette qui …
e. le canapé que …
f. mes peluches qui …

5 * Souligne la proposition relative et entoure le pronom relatif qui l'introduit.

a. des pastilles qui fondent sous la langue
b. une sucette rose que j'ai croquée
c. une barbe à papa dont je me souviens encore
d. la confiserie où j'achète des friandises
e. une dragée bleue qu'on suce lentement
f. des caramels qui collent aux dents

6 ** Transforme les propositions relatives en compléments du nom.

un film qui n'a aucun intérêt
> un film sans intérêt

a. un bijou qui n'a pas de valeur
b. un bonbon où il n'y a pas de sucre
c. un appartement qui possède un balcon
d. une tarte qui contient des mirabelles
e. la boîte où l'on met les lettres
f. une tante qui vient de Bretagne

Distinguer les différentes expansions du nom

7 * Complète la règle.

a. Un groupe nominal peut être complété par un …, un … ou une… .
b. Le complément … est introduit par une … .
c. La proposition … est introduite par un … .
d. *qui, que, quoi, dont, où* sont des …

8 ** Place les éléments de ces GN dans le tableau.

dét. + nom	adj. qual.	compl. du nom	prop. rel.
La maison	grande	du coin de la rue	

la grande maison du coin de la rue

a. un téléphone portable qui sonne
b. un grand manteau sombre
c. un moulin à café désuet
d. la vieille sorcière avec un balai

9 *** Donne la nature des expansions du nom en gras puis remplace-les par des éléments du même type.

« Dans ce coin-là, poursuivit M. Wonka en traversant la salle à pas **vifs**, dans ce coin, je suis en train d'inventer une toute **nouvelle** espèce **de caramels** ! » Il s'arrêta près d'une **grande** casserole. La casserole était pleine d'une mélasse **violâtre**, **bouillonnante** et **moussante**. Le petit Charlie se hissa sur la pointe **des pieds** pour mieux la voir.
« C'est du caramel **qui fait pousser les cheveux** ! cria M. Wonka. Il suffit d'en avaler une toute **petite** pincée et, au bout d'une demi-heure exactement, il vous pousse sur toute la tête une **superbe** crinière ! […] »

Roald Dahl, *Charlie et la chocolaterie*, trad. É. Gaspar, © Gallimard Jeunesse, © Roald Dahl Nominee Ltd.

À toi d'écrire !

10 * Caramel qui fait pousser les cheveux… on vend de drôles de bonbons dans cette chocolaterie (exercice 9). Invente toi aussi le nom de bonbons étranges.

Grammaire

Les pronoms personnels

CHERCHONS

Hori et Ahmosé sont des apprentis scribes* de l'Égypte ancienne qui jouent aux détectives.
– Il faut tout avouer à ton **oncle Ithou**. Il saura ce qu'il faut faire. Montre-lui l'amulette et explique-lui l'histoire depuis le début.
Hori regarda Ahmosé, abasourdi :
– Tu plaisantes ? Tu penses qu'il nous croirait ? Et même si on réussissait à le convaincre, mon pauvre oncle serait complètement affolé, il irait tout raconter à la police !

* Scribe : chez les Égyptiens de l'Antiquité, celui qui écrivait à la main les textes officiels.

Béatrice Egémar, Hori scribe et détective, Le Scarabée du cœur (tome 1), Fleurus.

▶ Relevez les mots qui remplacent l'*oncle Ithou*.
▶ Transformez le texte : il faut tout avouer à tante Cléopâtre, puis à oncle Ithou et à tante Cléopâtre !

● Un **pronom** est un mot qui **remplace un nom** ou un **groupe nominal**.
Les pronoms permettent d'**éviter les répétitions** :
Si nous racontons tout à **oncle Ithou**, **oncle ithou** *ira tout dire à la police.*
➡ *Si nous* **lui** *racontons tout,* **il** *ira tout dire à la police.*

● Il existe plusieurs sortes de **pronoms personnels** :

	personnes	pronoms sujets	pronoms COD	pronoms COI/COS	autres
singulier	1re	je	me	me	moi
	2^e	tu	te	te	toi
	3^e	il, elle, on	le, l', la	lui	lui, elle
pluriel	1re	nous	nous	nous	nous
	2^e	vous	vous	vous	vous
	3^e	ils, elles	les	leur	eux, elles

Identifier les pronoms

1 ✶ **Complète la règle.**
a. *Je, tu, il, …* sont des pronoms … .
b. *Le, la, l', les* sont des pronoms … .
c. *Lui* et *leur* sont des pronoms … .
d. Un pronom remplace un … ou un … … .
e. Un pronom sert à éviter les … .

2 ✶ Relève les pronoms qui désignent *Rose, Corrie* et *Ronnie*.
Rose parle à sa copine Corrie de sa soirée à venir :
– Je vais demander à Ronnie de m'accompagner. Tu te souviens, il était avec moi en CM2 ? Le garçon étrange aux cheveux roux et bouclés. Maintenant, il a tellement grandi que tu ne le reconnaîtrais plus, et il est beaucoup plus gentil. Je le trouve mignon !

Kit Pearson, Le Jeu du chevalier, Albin Michel.

3 ★★ **Recopie en vert les pronoms qui représentent les dieux et les déesses, et en bleu les pronoms qui représentent Zeus.**

Zeus s'adresse aux dieux et déesses de l'Olympe.
– Dieux et déesses de l'Olympe, fit-il. Écoutez-moi ! Vous m'avez choisi pour chef et je vous gouvernerai. Mais souvenez-vous, quand je suis venu vous chercher, quand je vous ai proposé de me suivre : je vous ai promis en échange que vous conserveriez vos privilèges.

Hélène Montardre, *Zeus à la conquête de l'Olympe*, Histoires noires de la mythologie, Nathan Jeunesse.

4 ★★ **Indique si le mot en gras est un article défini ou un pronom personnel.**
a. Voici **les** nouveaux livres de lecture : nous vous **les** distribuerons demain.
b. Charlotte timbre **la** lettre à sa grand-mère et **la** poste.
c. Il ouvrit **la** porte et **la** referma doucement.
d. **Le** pantalon de Jérémy est décousu, je **le** recoudrai demain.

5 ★★ **Indique si le mot en gras est un déterminant possessif ou un pronom personnel.**
a. Ils avaient pris **leurs** cirés et nous **leur** avons prêté des bottes.
b. Nous **leur** dirons d'apporter **leurs** cartes et **leur** jeu de Monopoly.
c. Tous les matins, les voisins ouvrent **leur** porte ; **leur** chien sort et **leur** ramasse le journal.
d. **Leurs** livres **leur** ont fait passer le temps.

Utiliser les pronoms personnels

6 ★ **Complète ce texte avec les pronoms suivants :** *la, elle, les, eux, leur.*
La buse variable est un rapace. … occupe les lisières des forêts. L'hiver, on … rencontre dans des espaces dégagés. … est généralement brune mais son plumage varie. … chasse de petits rongeurs et … guette sur une branche. … fond sur … et … attrape à l'aide de ses serres. … ne … laisse aucune chance.

7 ★★ **Réécris les phrases en utilisant un pronom personnel pour éviter la répétition.**
a. J'ai lu ce roman en deux jours et j'ai beaucoup aimé **ce roman**.
b. Anatole donne du pain aux pigeons. Parfois, il donne aussi des graines **aux pigeons**.
c. Quand Théo aura compris et résolu le problème, **Théo** recopiera **le problème** au propre.
d. Mattéo et moi ferons la vaisselle puis **Mattéo et moi** essuierons **la vaisselle**.
e. Arthur a fini de jouer avec ses puzzles et maintenant il range **ses puzzles**.
f. Assya distribue les cahiers du jour aux élèves puis elle distribuera les fichiers **aux élèves**.

8 ★★ **Remplace les pronoms personnels en gras par des groupes nominaux.**

L'ordre des mots peut changer !

a. Pauline a rangé son armoire avec **elles**.
b. Que **leur** avez-vous dit ?
c. Nous sommes restés dîner chez **eux**.
d. Sophie partira en voiture avec **lui**.
e. Zoé **l'**enferme toujours avant de partir.
f. Alexandre **la** regarde avec attention.
g. Nous **le** tenons toujours par la main.

9 ★★★ **Indique la fonction des pronoms personnels en gras.**
a. **Il nous** a fait essayer son nouvel ordinateur.
b. Comme **il** aimait ce livre, **nous le lui** avons offert.
c. **Lui** prépareras-**tu** sa valise ?
d. **Nous leur** avons donné de vos nouvelles.
e. **Elle vous** a demandé d'acheter le pain.
f. **Je** ne **vous** ai pas remercié de cette excellente soirée : les autres invités étaient-**ils** contents ?

À toi d'écrire !

10 ★ **La sorcière Croulebarbe est tout le contraire des sorcières habituelles. Fais son portrait. Utilise des pronoms personnels.**
On la trouve timide, elle déteste voler sur un balai…

Grammaire

Grammaire

Les pronoms possessifs et les pronoms démonstratifs

CHERCHONS

Cet avertissement est destiné à ceux qui auraient envie d'acheter un animal exotique pour la maison. D'abord, se préoccuper du régime alimentaire de l'animal en question. Celui du serpent par exemple est assez particulier : il se nourrit de souris vivantes. Se renseigner sur son espérance de vie : celle du perroquet est de 20 à 30 ans. Le singe pourrait être un compagnon agréable. Mais il est plein de puces et il y a peu de chance pour que tes parents en veuillent à la maison ! Les miens m'ont déjà dit non !

▶ Quel groupe nominal chacun des pronoms en vert remplace-t-il ?
▶ Que remplace le pronom en bleu ? Qui se cache derrière le pronom en rouge ?
▶ Quels renseignements ces pronoms ajoutent-ils au groupe nominal remplacé ?

● Les pronoms possessifs et démonstratifs remplacent un nom ou un groupe nominal.

● Les **pronoms possessifs** indiquent **à qui appartient** ce dont on parle :
*Tes parents veulent-ils un singe ? **Les miens** ont déjà dit non.*

	singulier		pluriel	
1re personne	le mien le nôtre	la mienne la nôtre	les miens les nôtres	les miennes les nôtres
2e personne	le tien le vôtre	la tienne la vôtre	les tiens les vôtres	les tiennes les vôtres
3e personne	le sien le leur	la sienne la leur	les siens les leurs	les siennes les leurs

● Les **pronoms démonstratifs** désignent **quelque chose que l'on montre ou dont on a déjà parlé** : *Le régime alimentaire du chien est plus simple que celui du serpent.*
Ils peuvent avoir deux formes :
– une **forme simple** : *celui, celle, ceux, celles, ce, c', ça, ceci, cela.*
– une **forme composée** : *celui-ci, celle-ci, ceux-ci, celles-ci, celui-là, celle-là, ceux-là, celles-là.*

Identifier les pronoms démonstratifs et possessifs

1 ✶ Complète avec la nature du pronom.
a. *Celle-ci* est un pronom … … .
b. *Le nôtre* est un pronom … .
c. *Ceux* est un pronom … … .
d. *Les leurs* est un pronom …
e. *Cela* est un pronom …

❷ ★ Relève les pronoms possessifs et les pronoms démonstratifs et classe-les dans le tableau.

pronoms possessifs	pronoms démonstratifs

a. Je vais mettre les valises dans la voiture. Celles-là aussi sont à prendre ?
b. Je n'aime pas trop mon dessert, le tien a l'air meilleur.
c. Je ne retrouve plus mes stylos. Avez-vous les vôtres ?
d. Ceux qui n'essayent pas n'y arriveront jamais !
e. Cela ne me regarde pas.
f. Ses chaussettes sont rangées dans le tiroir du bas et les miennes dans le tiroir du haut.

Distinguer le déterminant du pronom

❸ ★ Souligne en vert les déterminants possessifs et en rouge les pronoms possessifs.

N'oublie pas que les déterminants précèdent un nom.

a. J'ai perdu ma balle, prête-moi la tienne.
b. Nos vacances ont été merveilleuses : comment se sont passées les vôtres ?
c. Notre voiture tombe souvent en panne ; la leur fonctionne comme une horloge.
d. J'emprunterai son vélo car le mien n'a plus d'éclairage.
e. Mes gants de jardinage sont troués : prête-moi les tiens s'il te plaît !

❹ ★ Souligne en vert les déterminants démonstratifs et en rouge les pronoms démonstratifs.

a. N'achète pas ces fruits, achète plutôt ceux-là.
b. Parmi toutes ces affaires, quelles sont celles de ton frère ?
c. Quels sont ceux d'entre vous qui n'ont pas vu ce film ?
d. Cette robe est moins chère que celle-ci.
e. Cet appareil photo semble perfectionné, mais je préfère acheter celui qui est plus simple.

Utiliser les pronoms

❺ ★★ Remplace le groupe nominal en gras par un pronom possessif qui convient.

a. Rends-moi cette gomme. C'est **ma gomme** !
b. Ces dessins sur le bureau sont **nos dessins**.
c. Nos cartables sont dans le préau ; **leurs cartables** sont dans le couloir.
d. Ce manteau ressemble **à ton manteau**.
e. La voiture garée devant la porte est **la voiture de mon frère**.

❻ ★★ Réécris les phrases en utilisant un pronom démonstratif pour éviter la répétition.

Ma rue est plus calme que la rue où habite Henri.
*> Ma rue est plus calme que **celle** où habite Henri.*

a. Prends cette image-ci, je garde cette image-là.
b. J'ai acheté ce livre mais c'est ce livre-là qu'elle préférait.
c. Les randonnées que je préfère sont les randonnées en montagne.
d. La matière que je préfère est la géographie, mais la matière que j'aime le moins est l'histoire.

❼ ★★★ Complète les phrases par le pronom possessif qui convient.

a. Ces chaussures sont à moi, … sont sur l'étagère.
b. Notre ballon est un peu vieux, vous pouvez nous prêter … ?
c. Quand j'oublie mon équerre, Tom me prête … .
d. Notre chambre est au premier étage, … est au deuxième.

À toi d'écrire !

❽ ★ Compare ces deux chiens en utilisant des pronoms démonstratifs et possessifs.

Grammaire

Les pronoms interrogatifs et les pronoms relatifs

CHERCHONS

1. Lequel de ces animaux pond des œufs ?
a. l'ornithorynque
b. le lapin
c. le phacochère

2. Laquelle de ces plantes n'est pas grimpante ?
a. le lierre
b. le liseron
c. la tulipe

3. Que mange la baleine bleue ?
a. du plancton
b. des oiseaux
c. des otaries

4. Qu'appelle-t-on un animal « ovipare » ?
a. un animal qui pond des œufs
b. un animal qui mange des œufs
c. un animal en forme d'œuf

(1a, 2c, 3a, 4a)

D'après P. Martin, *Super Quizzzzzz !* Astrapi n°770 du 15 avril 2012, © Bayard Presse.

▶ Quel est le type des quatre phrases en gras ? Par quels mots sont-elles introduites ?
▶ Quel mot les mots en rouge remplacent-ils ?

● Les pronoms interrogatifs ou relatifs remplacent un nom ou un groupe nominal.

● Les **pronoms interrogatifs** servent à poser une **question** :
qui ? que ? quoi ? lequel ? laquelle ? lesquels ?...
    Lequel de ces animaux pond des œufs ?

● Les **pronoms relatifs** introduisent une **proposition relative**.
– Le nom qu'ils remplacent s'appelle l'**antécédent** :

<u>Un animal</u>   **qui** pond des œufs.
antécédent   ↑
            pronom relatif introduisant une proposition relative

– Les pronoms relatifs sont : *qui, que, dont, où, lequel, laquelle, lesquels, auquel, duquel...*

Identifier et utiliser les pronoms interrogatifs

1 ★ **Relève les pronoms interrogatifs.**
a. Qui a pris mon trousseau de clés ?
b. Lequel d'entre vous est sorti sans éteindre la lumière ?
c. À quoi penses-tu ?
d. Que veux-tu manger à midi ?
e. Laquelle de ces écharpes peut aller avec mon manteau ?
f. Où aimerais-tu partir en vacances l'été prochain ?
g. Qui peut bien frapper à la porte ?

2 ✳ Complète les phrases suivantes par un pronom interrogatif.
a. … t'arrive-t-il ?
b. … de tes camarades de classe habite le même immeuble que toi ?
c. Parfum vanille ou chocolat : … préfères-tu ?
d. Avec … as-tu fabriqué cette maquette ?
e. De tous les livres que tu as lus, … t'ont le plus plu ?
f. … de tes cousines a eu son baccalauréat cette année ?

3 ✳✳ Complète avec *lequel, laquelle, lesquels* ou *lesquelles*.
a. À … de tes sœurs es-tu le plus attaché ?
b. Parmi tes activités, … préfères-tu ?
c. … d'entre vous a mangé le reste de tarte ?
d. … de tes amis te connaissent depuis la maternelle ?
e. Mon manteau était sur un banc : mais sur … ai-je bien pu le poser ?

Identifier et utiliser les pronoms relatifs

4 ✳ Entoure le pronom relatif et souligne son antécédent.
a. L'ami que j'ai rencontré s'appelle Yanis.
b. Ma sœur, qui vient d'avoir son bac, est partie aux États-Unis.
c. Nous retournons souvent dans le village où nous sommes nés.
d. Le roman dont la libraire parle a reçu le prix de l'Imaginaire.
e. Cette bague est le bijou auquel je tiens le plus.

5 ✳ Complète les phrases suivantes par un pronom relatif.
a. L'oiseau … a fait son nid dans la gouttière est un merle.
b. Le chanteur … on a beaucoup parlé vient de sortir un disque.
c. Le dessert … je préfère est le clafoutis aux cerises.
d. Nous avons retrouvé un ancien camarade avec … nous avons beaucoup joué.
e. La colonie à … tu t'es inscrit se situe sur l'île d'Oléron.

6 ✳✳ Complète chaque GN en gras par une proposition relative. Varie les pronoms relatifs.

La voiture est tombée en panne. ➤ La voiture que nous avions fait réviser est tombée en panne.

a. **Le paquebot** s'appelle *le Titanic*.
b. **Le criminel** s'est enfui.
c. Notre randonnée passe par **ce hameau**.
d. **Ma cousine** est inscrite dans **une école**.

7 ✳✳ Forme une seule phrase en utilisant un pronom relatif.

Nous avons rapporté du nougat. Le nougat vient de Montélimar. ➤ Nous avons rapporté du nougat qui vient de Montélimar.

a. Nous avons acheté du fromage. Le fromage est aux noix.
b. Nous nous sommes promenés dans une forêt. La forêt est plantée d'épicéas.
c. Cette maison est vendue. Amira a habité dans cette maison.
d. Myriam a vu une émission. Cette émission parlait des baleines.

8 ✳✳✳ Classe les pronoms du texte dans un tableau à cinq colonnes : **personnels, possessifs, démonstratifs, interrogatifs** et **relatifs**.

Les séances de piscine vont bientôt reprendre. Celles-ci auront lieu le mardi pour les CM2. Cependant, ceux qui ont horreur de l'eau préféreraient faire de la gymnastique ! Le moniteur sait que ceux-là oublieront leur maillot ! Moi, je n'oublierai pas le mien, la natation est mon sport favori. Qui dit mieux ?

À toi d'écrire !

9 ✳ Tu dois interroger un archéologue : quelles questions vas-tu lui poser ? Utilise le plus de pronoms interrogatifs possible.

Grammaire

RÉVISIONS

> - Le **groupe nominal** (GN) est constitué au minimum :
>   – d'un **déterminant** et d'un **nom** : *le loup*
>   – d'un **nom propre** : *Delphine*
>
> - On peut lui ajouter différentes expansions :
>   – un **adjectif qualificatif épithète** : *le loup gris, le loup le plus gris*
>   – un **complément du nom** : *le loup du Mercantour*
>   – une **proposition relative** : *le loup qui hurle*
>
> - Le **nom**, propre ou commun, est le **noyau du GN**.
>
> - Pour **éviter les répétitions**, le GN peut être remplacé par différentes sortes de **pronoms** (pronoms personnels, démonstratifs, possessifs, interrogatifs, relatifs).

Identifier les éléments du GN

1 ★ Relève le nom noyau de chacun de ces GN.
a. une histoire qui fait frémir
b. tous les enfants de l'école
c. de longues vacances à l'étranger
d. le petit Gaston qui est le frère de Marie
e. de magnifiques cadeaux emballés de papier rouge

2 ★ Relève l'intrus de chaque série.
a. quel ◆ lequel ◆ quels ◆ quelle ◆ quelles
b. son ◆ sa ◆ ces ◆ ses ◆ notre
c. un ◆ une ◆ des ◆ aucun
d. des ◆ au ◆ du ◆ de ◆ aux
e. ces ◆ ce ◆ se ◆ cette ◆ cet

3 ★★ Relève les déterminants de chaque phrase et donne leur nature.
a. Le professeur a donné un rendez-vous à mes parents.
b. Cet animal ne fait pas partie des mammifères.
c. Quel chemin prends-tu pour aller à l'école ?
d. Cette tarte aux fraises était délicieuse : quel régal !
e. Des fourmis sont entrées sous ma chemise !

4 ★ Place chaque élément du GN dans le tableau.

déterminant	nom	adj. qual.
une	explosion	effroyable

a. *une effroyable explosion*
b. les lucarnes étroites
c. ces personnages étranges
d. un problème difficile
e. d'étranges lumières bleutées
f. trois petites fées ailées

5 ★★ Classe les GN dans le tableau.

nom + adjectif	nom + c. du nom	nom + prop. rel.
	a	

a. *une cour de récréation*
b. une cour bruyante
c. un film qui fait peur
d. des exercices de grammaire difficiles
e. un roman de science-fiction
f. le roman dont tout le monde parle

6 ⁂⁂ **Associe chaque GN à sa composition.**
a. ce majestueux paquebot
b. un paquebot de croisière
c. un hiver interminable
d. un hiver qui n'en finit pas
e. le livre que j'ai déjà lu
f. le livre de sciences

1. déterminant + nom + adjectif qualificatif
2. déterminant + nom + complément du nom
3. déterminant + nom + proposition relative

7 ⁂⁂⁂ **Entoure le nom noyau de chaque GN, souligne son ou ses expansion(s) et indique leur nature.**
des (traces) de pas (complément du nom)
a. une chanson qui me trotte dans la tête
b. le difficile contrôle de mathématiques que j'ai raté
c. des nouvelles tardives de nos amis
d. certains arbres de la forêt qui étaient vieux
e. mes élégantes tenues de soirée

8 ⁂⁂⁂ **Classe les GN de ce texte dans le tableau.**

dét. + nom	dét. + nom + adj.	dét. + nom + c. du nom	dét. + nom + prop. rel.

Une montagne ? la voilà. Une troupe de mendiants ? les voici. Des acrobates, une cascade, une forêt de pins, trois grenouilles, une lutte au bâton, une femme qui se peigne, un vieillard qui bâille, un chien dans la neige, un grillon, un paysan sous la pluie ? Ils naissaient tous à l'instant sous les rapides coups du pinceau.

François Place, *Le Vieux fou de dessin*, © Gallimard Jeunesse.

Enrichir le GN

9 ⁂ **Enrichis le GN *un loup* du plus grand nombre de façons possible.**
Un grand méchant loup… Un loup qui hurle…

10 ⁂⁂ **Complète les GN en gras avec l'élément demandé.**
a. **La plage** (complément du nom) a été recouverte par **la marée** (adjectif qualificatif).
b. Théo n'a pas pu aller à **son entraînement** (complément du nom) aujourd'hui.
c. On a repeint **les volets** (proposition relative).
d. Pendant **cette** (adjectif qualificatif) **tempête** (proposition relative), des milliers de gens ont été évacués.

Remplacer le GN

11 ⁂ **Remplace chacun des pronoms personnels en gras par un GN.**

La place des mots peut changer.

a. **Ils** n'ont pas eu le temps de finir.
b. Nicolas **les** emmène à l'école.
c. On **lui** a prescrit du sirop contre la toux.
d. Que **leur** prépares-tu à dîner ?
e. J'irai à la poste avec **elles**.

12 ⁂⁂ **Remplace les GN en gras par le pronom personnel qui convient.**
a. J'adore cette série : je regarde souvent **cette série**.
b. Lauriane a téléphoné à ses parents ; elle donne des nouvelles **à ses parents**.
c. Mehdi et Brahim sont originaires du Maroc ; **Mehdi et Brahim** nous ont montré des photographies de Fès.
d. J'aime tellement mon canari que je chante des chansons **à mon canari**.

13 ⁂⁂⁂ **Relève les pronoms de chaque phrase et donne leur nature.**
a. Lequel de ces fruits contient un noyau ?
b. L'oiseau que tu as soigné était une tourterelle.
c. Mon canapé est plus confortable que le vôtre.
d. Elle n'a pas retrouvé ses bijoux : ceux-ci avaient disparu !

Grammaire

Grammaire

Les conjonctions de coordination

CHERCHONS

Joann Sfar, *Petit Vampire va à l'école*, Éditions Delcourt.

▶ Le mot *et* est utilisé plusieurs fois dans ces bulles. Quel est son rôle dans une phrase ?
▶ Un autre mot a le même usage dans la première bulle, lequel ?

Les **conjonctions de coordination** *(mais, ou, et, donc, or, ni, car)* sont des **mots invariables** qui servent à relier **deux éléments de même nature** : deux propositions, deux noms propres, deux adjectifs qualificatifs, deux verbes, deux groupes nominaux…

*Tu vas aller retrouver ce garçon **et** tu vas me l'amener.* → deux propositions

*Héloïse **et** Clara sont de bonnes amies.* → deux noms propres

*Nous sommes rentrés fatigués **et** affamés de cette randonnée.* → deux adjectifs qualificatifs

*Cet élève rêve **ou** s'amuse en classe !* → deux verbes

*Tu penseras à acheter du pain **et** du chocolat pour le goûter.* → deux groupes nominaux

Identifier les conjonctions de coordination

1 ✱ **Complète la règle.**
a. Les conjonctions de … servent à relier deux éléments de même … .
b. Elles sont sept : …, …, …, …, …, …, … .
c. Elles sont … .

2 ✱ **Relève les conjonctions de coordination.**
a. Pour le pique-nique, je ne mangerai que du pain et du fromage.
b. Les élèves ne sont pas allés en récréation car il pleuvait.
c. Prendrez-vous du thé ou du café ?
d. Kirikou est petit mais il est vaillant.
e. Mathilde ne supporte ni le lait ni les laitages.

3 ✱ **Ne recopie que les conjonctions de coordination.**
hors ◆ mais ◆ ou ◆ et ◆ est ◆ donc ◆ mes ◆ dont ◆ or ◆ ni ◆ car ◆ où ◆ ne ◆ quart

4 ✱✱ **Entoure les conjonctions de coordination et souligne les éléments de même nature qu'elles relient.**
a. Que voulez-vous ? Manger à la maison ou aller à la pizzeria ?
b. Mme Albert a écouté la météo et a pris son parapluie.
c. Alice a mis ses cahiers et sa trousse dans son cartable.
d. Louise et Pablo sont des amis de mes parents.
e. J'ai enfilé un pull car il faisait froid dans la maison.

Utiliser les conjonctions de coordination

5 ✱ **Rassemble les paires de mots de même nature par une conjonction de coordination.**
brûlant ◆ je sors dans le jardin ◆ dehors ◆ des cerises rouges ◆ ma belle-sœur ◆ des fraises juteuses ◆ aller au cinéma ◆ Obélix ◆ j'arrache les mauvaises herbes ◆ mon beau-frère ◆ travailler à la maison ◆ Astérix ◆ dedans ◆ glacé

6 ✱ **Complète les phrases par une conjonction de coordination qui convient.**
a. Mathieu est arrivé en retard hier matin … il n'avait pas réglé son réveil.
b. Aujourd'hui, mes parents ont fait les courses … la cuisine ensemble.
c. Il faut acheter de la lessive … de l'assouplissant.
d. J'avais préparé mon sac de piscine … je l'ai oublié à la maison.
e. Boire … conduire, il faut choisir.

7 ✱✱ **Indique la nature des groupes de mots reliés par la conjonction de coordination et.**
a. Le vent soufflait et sifflait dans la cheminée.
b. Emma semblait pressée et énervée.
c. Après la randonnée, une bonne douche et un repas chaud !
d. Sonia et Daphné sont amies depuis longtemps.
e. Nous irons à l'anniversaire de Célia et nous lui offrirons un recueil de contes.

8 ✱✱ **Complète les phrases par une conjonction de coordination suivie d'un élément de la même nature que les mots en gras.**
a. Ils ont **faim** …
b. **Nous ne partirons pas en vacances** …
c. **Bavarder** … n'est pas du goût de notre maître !
d. **Océane** … sont cousines.
e. Je ne trouve … **mon crayon** …

À toi d'écrire !

9 ✱ **Écris, parmi les films, romans ou BD que tu connais, les noms de couples célèbres.**
Tintin et Milou…

10 ✱ **Que mets-tu dans ta valise ? Écris des couples de mots de même nature reliés par des conjonctions de coordination.**
– des chaussures qui marchent toutes seules et un maillot de bain qui flotte
– mon maillot deux pièces et mes chaussures de randonnée

Grammaire

Les prépositions

CHERCHONS

Jean Jaurès (1859-1914) est, avant la Première Guerre mondiale, un des chefs du parti socialiste français. Il s'oppose au colonialisme et à la guerre. Mais…
Le soir du 31 juillet 1914, Jean Jaurès finit de dîner avec quelques amis au café du Croissant, **à** Paris.
Jaurès est placé **à côté d'**une fenêtre entrouverte donnant sur la rue Montmartre. Un homme, armé d'un revolver, s'arrête **sur** le trottoir. Il observe Jaurès **pendant** quelques secondes et, tout à coup, il s'agenouille sur le rebord **de** la fenêtre, passe son bras **dans** l'ouverture et tire à trois reprises sur le leader socialiste qui s'écroule aussitôt. Un cri fuse : « On a tué Jaurès ! »

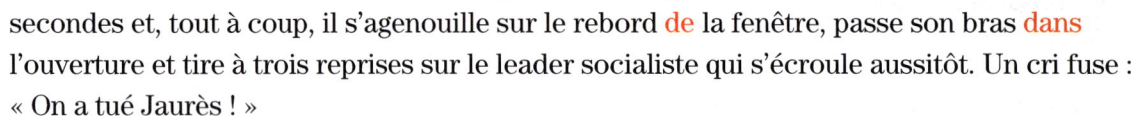

Pauline Piettre, *Petites histoires de l'Histoire de France*, Mango Jeunesse.

▶ Relevez les compléments introduits par les mots en rouge. Pouvez-vous les nommer ?
▶ L'orthographe des mots en rouge peut-elle changer ?

Les **prépositions** sont des **mots invariables** qui introduisent des compléments :
à, de, par, pour, sans, sur, sous, avec, en, dans, pendant, à côté de, loin de…
  Un homme s'arrête **sur** le trottoir.
         CC de lieu du verbe *s'arrêter*

⚠ Les **articles définis contractés** sont constitués d'une **préposition** et d'un **article défini** :
au = à + le   aux = à + les   du = de + le   des = de + les

Identifier les prépositions

1 ✶ **Complète la règle.**
Les … sont des mots … qui servent à introduire les … . Les … définis … sont composés d'une … et d'un article … .

2 ✶ **Ne recopie que les prépositions.**

> Une préposition peut être suivie d'un groupe nominal : *sur mon lit*.

sur ◆ depuis ◆ hier ◆ sous ◆ de ◆ que ◆ bientôt ◆ sans ◆ dans ◆ parmi ◆ ensuite ◆ malgré ◆ puisque ◆ alors ◆ en ◆ un ◆ depuis que ◆ comme ◆ après ◆ enfin ◆ pourquoi ◆ derrière

3 ✶ **Relève les prépositions des phrases suivantes.**
a. Depuis l'année dernière, Jérôme suit des cours de natation.
b. Nous nous sommes installés dans la banlieue parisienne.
c. Marianne s'est cachée derrière le canapé du salon.
d. Je me suis souvenue au dernier moment de mon rendez-vous chez le coiffeur.
e. Nos amis londoniens sont venus en France pendant leurs vacances.

4 ★★ **Relève les prépositions de ce texte.**

Idriss, le nez écrasé sur la vitre de l'atelier, regarde le vieil homme peindre des lettres sur une pancarte posée sur un chevalet. Collées par le bout de leur soie, alignées sur un pan de mur, des brosses, des grosses, des fines, des grandes, des petites, voisinent avec des pots de peinture sur une grande table en bois, maculée d'une multitude de taches colorées.

Robert Gaillot, *Idriss petit apprenti*, © Magnard.

5 ★★ **Relève les articles définis contractés et indique comment ils sont composés.**

a. Je vais souvent au cinéma le week-end.
b. Mme Leroy a demandé aux élèves de se lever.
c. Il faudra prendre du lait au magasin.
d. Mon grand-père se souvient très bien des années 1940.

6 ★★ **Relève les prépositions et indique si elles précisent le temps ou le lieu.**

a. Tous les mercredis, Sarah va à la piscine.
b. Nous avons pique-niqué parmi les fleurs.
c. Les CM2 déjeunent après 13 heures.
d. Devant la maison se gare toujours une camionnette.
e. Pendant les vacances, Léo lit beaucoup.

7 ★★★ **Entoure les prépositions puis précise quel complément elles introduisent.**

a. Je pratique le patin à glace depuis deux ans.
b. Mes voisins viennent de province.
c. M. Dubreuil jardine avec énergie.
d. Je pense souvent à mon ancienne école.
e. Nous serons là avant huit heures.

Utiliser les prépositions

8 ★ **Complète ce texte avec les prépositions ou les articles contractés manquants :** *sur, à (deux fois), de, pour, au, des, avec.*

J'étais assise … une branche de tilleul, … trois mètres du sol. Invisible … milieu … feuilles … mon tee-shirt vert et mon vieux jean. … là-haut, le monde extérieur se réduisait … quelques pièces de puzzle en désordre. Idéal … rêvasser en paix.

Hélène Kerillis, *Le Miroir de l'invisible*, Magnard Jeunesse.

9 ★ **Remplace chaque préposition en gras par une autre de sens contraire.**

a. J'ai rangé la valise **sous** le lit.
b. Cette voiture roulait **devant** nous.
c. Mes parents ont loué un appartement **sans** balcon.
d. N'arrivez pas **après** 20 heures !
e. Mon chien court toujours **près de** moi.

10 ★★ **Complète le groupe nominal en gras par un complément du nom introduit par une préposition.**

a. La table est bancale.
b. Cet appartement donne sur **les jardins**.
c. Le noyau est rond et dur.
d. Nous nous sommes mis **au régime**.
e. Océane a mis **un pantalon**.

11 ★★ **Complète les phrases avec les compléments demandés introduits par une préposition.**

a. Clara a demandé un peu d'argent de poche *(COS)*.
b. Le lait et la viande étaient rares et chers *(CCT)*.
c. Julien pose toujours ses clés *(CCL)*.
d. Zoé n'arrête pas de nous parler *(COI)*.
e. Nous arriverons tous *(CCT)*.

À toi d'écrire !

12 ★ **Où es-tu placé(e) dans la classe ? Explique-le en utilisant des prépositions.**

Je suis à côté de , devant…

13 ★★ **Décris la scène en utilisant le plus de prépositions possible.**

Grammaire

Grammaire

Les adverbes

CHERCHONS

Pour éviter les caries, il faut impérativement :
– se laver les dents matin et soir, et si possible après le déjeuner ;
– éviter de grignoter trop souvent des produits sucrés comme les bonbons et les pâtisseries ;
– éviter au maximum de consommer des boissons sucrées.

Sciences cycle 3, Magnard.

▶ Relevez les mots dont le sens est modifié ou renforcé par le mot en rouge.
▶ Lequel de ces mots en rouge est un CC de manière ? Lequel est un CC de temps ?
▶ Remplacez-les par d'autres mots synonymes.

● Un **adverbe** est un **mot invariable** qui modifie le sens :
– d'un **verbe** : *Il faut impérativement se laver les dents.*
– d'un **adjectif qualificatif** : *Il faut éviter les produits très sucrés.*
– d'un **autre adverbe** : *Il faut éviter de grignoter trop souvent.*

● Les adverbes peuvent indiquer le **lieu** (ici, là…), le **temps** (aussitôt, toujours, souvent…), la **manière** (entièrement, brusquement, bien), la **quantité** ou le **degré** (beaucoup, peu, très…), la **négation** (ne … pas, ne … plus)…

Identifier l'adverbe

1 ★ Écris vrai ou faux.
a. L'adverbe est un mot invariable.
b. Un adverbe peut modifier le sens d'un nom ou d'un groupe nominal.
c. Un adverbe peut modifier le sens d'un verbe, d'un adjectif ou d'un autre adverbe.
d. Un adverbe peut indiquer le lieu, le temps, la manière.
e. Un adverbe peut se conjuguer comme un verbe.
f. *Impérativement* est un adverbe de manière.
g. *Ici* est un adverbe de temps.

2 ★ Classe les adverbes dans le tableau.
mal ♦ courageusement ♦ tard ♦ jadis ♦ ici ♦ poliment ♦ derrière ♦ bien ♦ vite ♦ autrefois

adverbes de lieu	adverbes de temps	adverbes de manière

3 ★ Indique si les adverbes précisent la quantité, la manière ou la négation.
trop ♦ ne … jamais ♦ assez ♦ rapidement ♦ beaucoup ♦ ne … rien ♦ tellement ♦ gentiment ♦ très ♦ régulièrement

4 ★ **Encadre le verbe en rouge, souligne l'adverbe qui le modifie.**
a. Cet élève de CP lit couramment.
b. Bastien mange peu.
c. Quand il est fatigué, Romain conduit mal.
d. La neige a complètement fondu.

5 ★★ **Indique si le mot en gras est un adverbe ou un adjectif qualificatif.**

> *Pour le savoir, remplace-le par un autre adverbe ou un autre adjectif.*

Il parle fort. ▸ *Il parle sérieusement.*
Donc *fort* est ici un adverbe.
a. Ces **faux** bijoux ne valent rien.
b. Mon cousin Vladimir chante **faux**.
c. Ce boxeur est vraiment très **fort**.
d. La pluie tombe trop **fort** pour sortir.

6 ★★ **Entoure l'adjectif qualificatif puis souligne l'adverbe qui le modifie.**
a. Cette robe est trop chère.
b. À cause du vent, se déplacer était presque impossible.
c. La rue était complètement déserte.
d. Je ne vous laisserai pas regarder ce film : il est trop violent.
e. Es-tu assez grand pour atteindre l'étagère ?

7 ★★ **Souligne les adverbes. Indique d'une croix celui qui modifie le sens de l'autre.**

Il mange trop peu.
         x
a. Il a couru trop vite.
b. Nous allons au cinéma assez souvent.
c. Ils l'ont très gentiment aidée à se relever.
d. La maison a presque entièrement brûlé.

8 ★★★ **Relève les adverbes de ce texte et précise ce qu'ils indiquent.**

La fenêtre du grenier permet de voir le passé. Bientôt nous sommes au grenier, et devant nous la petite fenêtre est là. Nous commençons par en nettoyer méticuleusement les carreaux, afin de ne rien perdre de ses surprenantes qualités. Puis nous guettons.

Francisco Arcis, *Le Mystère du marronnier*, Magnard.

Utiliser un adverbe

9 ★ **Retrouve l'ordre de ces phrases en t'aidant des adverbes de temps en gras.**
a. Mon père est **soudain** entré dans la chambre quand il a entendu le bruit.
b. **Puis** nous nous sommes précipités dans ma chambre.
c. **D'abord** nous avons mangé tous les bonbons que ma mère avait achetés.
d. **Enfin** nous avons tous été punis et j'ai été privé de télévision pendant huit jours.
e. **Après**, nous avons sauté si fort sur les lits que les ressorts ont cassé.

10 ★ **Complète les phrases avec l'adverbe demandé.**
a. Il est … habile de ses mains. *(degré)*
b. Il … partira … à Londres. *(négation)*
c. Léa mange … quand elle revient de la piscine. *(quantité)*
d. …, nous reprendrons le chemin de l'école. *(temps)*
e. Quand on roule …, on risque un accident. *(manière)*

11 ★★ **Remplace chaque adverbe en gras par un adverbe de sens contraire.**
a. Tous les plats sont rangés **ici**.
b. Papa est rentré **tôt** toute la semaine.
c. Il a **beaucoup** mangé ce midi.
d. Eliott tient son cahier **salement**.
e. Il pleut **faiblement** dans cette région.

À toi d'écrire !

12 ★ **Raconte la dernière kermesse de l'école. Utilise des adverbes de temps, de quantité et de manière.**

D'abord, nous avons joué au chamboule-tout…

Grammaire

La nature et la fonction

CHERCHONS

[…] le chef nous a dit de revenir tous dans le *compartiment*, et ça a été toute une histoire pour retrouver le bon *compartiment*, parce que tous les types étaient sortis de leurs *compartiments*, plus personne ne savait quel était son *compartiment*, et tout le monde courait et ouvrait des portes.

Sempé et Goscinny, *Les Vacances du Petit Nicolas*, IMAV Éditions.

▸ Quelle est la nature du mot *compartiment* ?
▸ Pouvez-vous donner les différentes fonctions de ce mot dans le texte ?

● Les mots ont en général une seule **nature** (on dit aussi **classe grammaticale**).
– *compartiment* est un **nom** ;
– *son* est un **déterminant possessif** ;
– *revenir* est un **verbe** ;
– *bon* est un **adjectif qualificatif** ;
– *nous* est un **pronom personnel**.

● Les mots peuvent avoir une **fonction** différente selon le rôle qu'ils jouent dans la phrase. Un **nom** peut être **sujet, complément**…

> *Le compartiment est bondé.* → sujet du verbe *être*
> *Il cherche son compartiment.* → COD du verbe *chercher*
> *Il sort de son compartiment.* → CC de lieu du verbe *sortir*

● Faire l'**analyse grammaticale** d'un mot, c'est indiquer tous les renseignements que l'on a sur ce mot : sa **classe grammaticale** (ou « nature »), son **genre**, son **nombre** et sa **fonction**.

Identifier la nature des mots

1 ✶ Donne la nature des mots de chaque série.
a. incorporer ◆ remuer ◆ battre ◆ hacher ◆ frire
b. curieux ◆ possible ◆ impulsif ◆ nouveau ◆ frêle
c. pâtissier ◆ épicier ◆ quincaillier ◆ boulanger ◆ charcutier ◆ poissonnier
d. vers ◆ depuis ◆ pendant ◆ sur ◆ sous
e. mon ◆ ta ◆ ses ◆ leur ◆ votre ◆ nos

2 ✶ Donne la nature des mots de chaque série puis relève l'intrus.
a. prier ◆ ouvrier ◆ travailler ◆ plier ◆ s'écrier ◆ renier
b. mais ◆ ou ◆ est ◆ donc ◆ or ◆ ni ◆ car
c. hameau ◆ ville ◆ habiter ◆ village ◆ bourg ◆ agglomération
d. ce ◆ cet ◆ cette ◆ ces ◆ ses
e. je ◆ il ◆ nous ◆ tu ◆ vous ◆ celles

3 ⁑ **Souligne en rouge les noms communs et en bleu les adjectifs qualificatifs.**

Une grosse lune ronde éclairait la campagne, et les deux jeunes gens admiraient mélancoliquement le paysage à travers les vitres du taxi qui les menait à Espagnet. C'était tout à la fois délicieux et inquiétant de rouler ainsi vers l'aventure alors que tout le monde les croyait endormis dans leur chambre.

Éric Boisset, *Arkandias contre-attaque*, Magnard Jeunesse.

Identifier la fonction des mots

4 ⁑ **Souligne le nom noyau de chaque groupe nominal puis donne sa fonction.**

Oz ordonna qu'on expose **la montgolfière** sur le parvis de son palais, **aux regards curieux de son peuple**. **L'Homme en Fer blanc** avait abattu **un gros tas de bois auquel il mit le feu**, et Oz tint l'orifice du ballon **au-dessus de ce feu** de manière qu'il se remplisse d'air chaud.

L. Frank Baum, *Le Magicien d'Oz*, trad. M. Costa, Le Livre de Poche Jeunesse.

5 ⁑ **Trouve dans le texte les mots ou groupes de mots qui ont les fonctions suivantes.**

un sujet du verbe ◆ un COD ◆ un CC de lieu ◆ un CC de temps ◆ un CC de manière ◆ un attribut du sujet

Théophile enjamba lestement la grille du parc, en faisant bien attention de ne pas s'y embrocher. Il se réceptionna sur l'herbe et s'enfonça aussitôt dans les fourrés. Quelques instants plus tard, on entendit un faible meuglement de caribou. C'était le signal.

Éric Boisset, *Arkandias contre-attaque*, Magnard Jeunesse.

6 ⁂ **Souligne les COD de ce texte en bleu et les COI ou COS en noir.**

Mathilde sortit d'une toile deux volailles déjà plumées. Ils enveloppèrent ensemble, dans des feuilles, des morceaux de viande et des oignons, et placèrent le tout dans la fosse de cuisson. Tout autour, ils disposèrent les navets que Wat avait donnés à Perle. Puis ils recouvrirent de mottes de terre ce four improvisé, et attendirent la cuisson de leur repas.

Mathilde alors sortit sa guiterne et se mit à chanter.

Dorothy Van Woerkom, *Perle et les ménestrels*, trad. R.-M. Vassalo, Flammarion.

7 ⁂ **a) Donne la fonction des mots ou groupes de mots en gras.**
b) Recopie les phrases en remplaçant ces mots en gras par un groupe ayant la même fonction.

a. **Les gardiens du parc** ont observé **des hardes de chamois**.
b. **Sur les bords de la rivière** flânent **de nombreux promeneurs**.
c. **Tous les jours**, **Lou** téléphonait **à sa mère**.
d. **Lisa** deviendra **une excellente cuisinière**.

Faire l'analyse grammaticale d'un mot

8 ⁂ **Donne la classe grammaticale, le genre, le nombre et la fonction des mots en gras.**

On sollicite rarement les **services** d'un **détective** privé dans le quartier de Fulham. Le **jour** où cette **histoire** débuta était un **mauvais** jour. Les **affaires** étaient si **molles** que tout s'écroulait autour de nous. Le **matin** même, on venait de nous couper le gaz, et l'électricité n'allait pas tarder à suivre.

A. Horowitz, *Les Frères Diamant*, vol. 1, Le Livre de Poche Jeunesse.

À toi d'écrire !

9 ⁎ **Écris une phrase dans laquelle chaque GN aura la fonction demandée.**
a. cette sculpture *(sujet du verbe)*
b. mon anniversaire *(CC de temps)*
c. la maîtresse *(COI ou COS)*
d. les prochaines vacances *(COD)*
e. les Alpes *(CC de lieu)*

10 ⁑ **Écris deux phrases dans lesquelles chaque GN aura une fonction différente.**

le retour du printemps :
> Le retour du printemps est attendu avec impatience. (sujet)
> Les hirondelles annoncent le retour du printemps. (COD)

a. une grosse tempête **b.** la mer Méditerranée
c. cet adorable chat **d.** la redoutable sorcière

Conjugaison

Passé, présent, futur

CHERCHONS

Mammouth et rhinocéros laineux à vendre à Paris
Les derniers mammouths ont disparu de la Terre il y a 4 000 ans. Mais celui mis en vente est un *Mammouth primegenius*. Il a vécu il y a plus de 12 000 ans. Il mesure 3,40 mètres de long et 4,50 mètres de haut. Il faudra payer au moins 170 000 € pour se l'offrir ! Quant au rhinocéros laineux, il a environ 10 000 ans, selon les spécialistes. Prix : 70 000 € au minimum !

Mon quotidien, 25 septembre 2012, Playbac Presse.

▸ Observez les verbes en rouge de ce texte.
▸ Devant lesquels pouvez-vous écrire *hier, aujourd'hui, demain* ?

● Les verbes expriment des actions qui se situent :
– dans le **passé** : *Il y a 4 000 ans, les mammouths ont disparu.*
– dans le **présent** : *Aujourd'hui, il coûte 70 000 €.*
– ou dans le **futur** : *Demain, il faudra payer une forte somme.*

● Pour situer les événements dans le temps, on utilise aussi des **indicateurs de temps** :
– les **adverbes** de temps : *hier, autrefois, avant, maintenant, aujourd'hui, demain…*
– les **compléments circonstanciels** de temps : *il y a une semaine, dans un mois, au siècle dernier, l'année prochaine…*

Reconnaître et utiliser les indicateurs de temps

1 * **Complète la règle.**
a. Les actions exprimées par le … peuvent indiquer le …, le … ou le … .
b. Les … de … permettent de situer les événements dans le temps : ce sont des … de … ou des … … .

2 * **Cherche l'intrus de chaque liste et indique pourquoi il est intrus.**
a. aujourd'hui ◆ en ce moment ◆ demain
b. la semaine prochaine ◆ avant ◆ après
c. hier ◆ il y a peu de temps ◆ la semaine dernière ◆ avant-hier ◆ bientôt
d. il y a longtemps ◆ au siècle passé ◆ autrefois ◆ après-demain ◆ jadis ◆ auparavant

3 * **Complète chaque phrase par un complément circonstanciel de temps.**
Demain, tu pourras mettre ton kimono.
a. … Rosine habite ici.
b. … on découvrira de nouvelles galaxies.
c. … nous avons entendu cette chanson à la radio.
d. … un orage effroyable éclata sur le causse.
e. … vous attendez leur arrivée.

Reconnaître le temps grâce aux verbes

4 ✱ **Classe les phrases dans le tableau.**

passé	présent	futur
a.		

a. *Je jouais du piano.*
b. Tu seras magicien !
c. Chut ! Il dort !
d. Il a conduit les enfants à l'école.
e. Irez-vous en Sologne ?
f. Ils furent les premiers à y aller.
g. La Lune est un satellite de la Terre.

5 ✱ **Indique pour chaque liste si les actions sont au présent, au passé, ou au futur.**

a. nous mangions ◆ vous avez rencontré ◆ ils voyagèrent ◆ j'avais souhaité
b. tu finiras ◆ elle viendra ◆ ils partiront ◆ j'irai
c. elle saute ◆ ils franchissent ◆ tu peux ◆ je reçois
d. je vais plonger ◆ nous plongerons ◆ tu vas nager ◆ il nagera
e. viens ◆ vas-y ◆ pars ◆ sors ◆ cours
f. tu as couru ◆ vous pouviez ◆ ils étaient allés ◆ elle fut

6 ✱ **Recopie le verbe qui est conjugué au temps demandé.**

a. **passé** : je vais dormir ◆ tu dormiras ◆ j'ai dormi
b. **passé** : nous finissons ◆ vous finissez ◆ nous finissions
c. **futur** : il voyait ◆ il vit ◆ il verra
d. **futur** : nous courons ◆ nous courrons ◆ nous courions
e. **présent** : ils remplissent ◆ ils remplissaient ◆ ils rempliront
f. **présent** : je paierai ◆ j'ai payé ◆ nous payons

7 ✱✱ **Encadre le verbe et indique s'il est au passé, au présent ou au futur.**

a. Vous jouiez de la flûte à bec.
b. Ils ont réussi leur examen.
c. Nicolas apprendra le solfège.
d. Elles finissaient leur stage.
e. Je t'écoute avec plaisir.
f. Nous pourrons écouter de la musique.

Retrouver la chronologie d'un texte

8 ✱ **Remets à chaque fois les phrases dans l'ordre chronologique.**

a. Il repartira demain. ◆ Il est arrivé hier. ◆ Aujourd'hui, il passe la journée avec nous.
b. En ce moment, tu mesures cinquante centimètres de plus. ◆ Il y a six ans, tu mesurais un mètre. ◆ Bientôt, tu seras plus grand que moi.
c. À Noël, les stations de ski ouvriront. ◆ L'été dernier, les fleurs égayaient les alpages. ◆ Dès septembre, la neige couvre les sommets.

9 ✱✱ **Remets les phrases du texte dans l'ordre chronologique.**

a. En 1949, l'Allemagne est divisée en deux pays.
b. Il faut attendre la fin des années quatre-vingt pour que ce mur soit détruit et que tous les Allemands puissent se retrouver dans un même pays.
c. La situation s'aggrave, l'Allemagne est séparée en deux par un mur au début des années soixante.
d. À la fin de la Seconde Guerre mondiale, l'Allemagne est vaincue.

Utiliser les différents temps

10 ✱✱✱ **Conjugue le verbe entre parenthèses au temps qui convient.**

a. Il y a vingt ans, le téléphone portable n'(exister) pas.
b. Jadis, les femmes ne (porter) pas de pantalon.
c. Dans un an, Fanny (savoir) lire.
d. En ce moment, un robot (parcourir) Mars.
e. L'an prochain, nous ne (retourner) pas là-bas.

À toi d'écrire !

11 ✱ **Raconte comment on communiquait autrefois (à l'époque de tes grands-parents), comment on communique maintenant et comment tu penses que l'on communiquera dans 20 ou 30 ans.**

Conjugaison

L'infinitif du verbe : groupe, radical, terminaison

CHERCHONS

Recette de la mousse de pommes

Peler 1,5 kg de pommes. Les épépiner et les couper en lamelles. Les mettre dans une casserole. Ajouter 200 g de sucre et un verre d'eau. Cuire à feu moyen environ 15 minutes. Ajouter le jus d'un citron et laisser refroidir. Battre 4 blancs d'œufs en neige ferme et les incorporer délicatement à la compote. Disposer la mousse dans des ramequins individuels. Saupoudrer de cannelle et servir aussitôt.

▸ Relevez les verbes à l'infinitif de ce texte.
▸ Comment pouvez-vous les classer ?
▸ Trouvez d'autres verbes se rapportant à la cuisine et ajoutez-les au classement.

● **Un verbe se compose de deux parties : le radical et la terminaison.**

mélanger ➡ mélang/er
radical / terminaison

nous rempl/issons
radical / terminaison

● **Pour trouver un verbe dans le dictionnaire, il faut connaître son infinitif.**

nous saupoudrons ➡ verbe **saupoudrer** (infinitif)

● **Les verbes à l'infinitif se classent en trois groupes.**
– Les verbes ayant un **infinitif en -er** sont des verbes du **1er groupe** : vers**er**
– Les verbes ayant un **infinitif en -ir** et se terminant par **-issons** à la 1re personne du pluriel du présent sont des verbes du **2e groupe** : tiéd**ir** ➡ nous tiéd**issons**
– Les **autres verbes** appartiennent au **3e groupe**. La terminaison de l'infinitif peut être **-ir**, **-oir** ou **-re** : reven**ir**, prév**oir**, fai**re**...

⚠ Le verbe *aller* est un verbe du 3e groupe ; les verbes *être* et *avoir* sont des auxiliaires.

Distinguer radical et terminaison

1 ✱ Associe chaque terminaison de l'infinitif à son groupe.

-oir •
-ir •
-re •
-er •

• 1er groupe (sauf *aller*)
• 2e groupe
• 3e groupe

2 ✱ Sépare d'un trait le radical de la terminaison de ces verbes à l'infinitif.
a. chanter ◆ manger ◆ avancer ◆ envoyer ◆ appeler ◆ jeter ◆ jouer
b. bondir ◆ sortir ◆ cueillir ◆ venir ◆ saisir ◆ sentir
c. lire ◆ faire ◆ construire ◆ croire ◆ écrire ◆ apprendre ◆ craindre
d. voir ◆ apercevoir ◆ avoir ◆ s'asseoir ◆ décevoir ◆ percevoir

3 ✻ **Sépare d'un trait le radical de la terminaison de ces verbes conjugués.**

a. je joue ◆ tu jouas ◆ il jouera ◆ nous jouions ◆ joué ◆ jouant
b. il nage ◆ tu nageais ◆ vous nagiez ◆ nous nageâmes ◆ elle nagera ◆ nageant
c. nous réunissons ◆ elles réunissent ◆ je réunis ◆ on réunit ◆ réuni ◆ réunissant
d. je cours ◆ nous courions ◆ couru ◆ courant ◆ ils courront ◆ elles coururent
e. ils construisaient ◆ construit ◆ vous construisîtes ◆ je construirai ◆ construisant ◆ tu construis

Identifier le groupe du verbe

4 ✻ **Conjugue les verbes à la 1ʳᵉ personne du pluriel du présent. Classe-les ensuite dans le tableau selon leur groupe.**

2ᵉ groupe	3ᵉ groupe
saisir	

saisir ▸ nous saisissons

cueillir ◆ rougir ◆ venir ◆ tenir ◆ fleurir ◆ resplendir ◆ courir ◆ accomplir ◆ partir ◆ raccourcir ◆ dormir

5 ✻ **Trouve l'intrus de chaque liste et explique ton choix.**

a. mélanger ◆ verser ◆ saupoudrer ◆ aller ◆ dénoyauter
b. frémir ◆ revenir ◆ tiédir ◆ remplir ◆ blanchir
c. servir ◆ pétrir ◆ sentir ◆ bouillir ◆ desservir
d. cuire ◆ boire ◆ réduire ◆ frire ◆ nourrir
e. hacher ◆ ciseler ◆ moudre ◆ couper ◆ trancher
f. boire ◆ voir ◆ avoir ◆ décevoir ◆ asseoir

6 ✻ **Écris l'infinitif et le groupe des verbes.**

> *Aide-toi de la première personne du pluriel du présent.*

il salira ▸ salir ; nous salissons ▸ 2ᵉ groupe

a. je rangeai
b. elles ont fini
c. ils serviraient
d. je tiendrai
e. il sortira
f. vous aviez blanchi
g. tu liais
h. nous accrochâmes
i. tu mettras
j. ils supplieront

7 ✻ **Classe ces infinitifs dans le tableau.**

1ᵉʳ groupe	2ᵉ groupe	3ᵉ groupe

soigner ◆ mourir ◆ louer ◆ nourrir ◆ partir ◆ franchir ◆ lire ◆ lier ◆ apprendre ◆ apercevoir ◆ aller ◆ admettre ◆ servir ◆ serrer ◆ faire ◆ écrire ◆ surgir ◆ frémir ◆ sentir ◆ freiner

8 ✻✻ **Complète chacun des verbes avec la terminaison -ir ou -ire. Donne le groupe de chaque verbe.**

blott… ◆ sour… ◆ grav… ◆ sort… ◆ écr… ◆ l… ◆ pâl… ◆ ten… ◆ lu… ◆ se souven… ◆ fr… ◆ offr… ◆ sent…

9 ✻✻✻ **Relève les verbes à l'infinitif de ce texte puis classe-les dans un tableau selon leur groupe.**

Quelques mois plus tard, Vendredi avait appris assez d'anglais pour comprendre les ordres de son maître. Il savait aussi défricher, labourer, semer, herser, repiquer, sarcler, faucher, moissonner, battre, moudre, pétrir et cuire le pain.
Il savait traire les chèvres, faire du fromage, ramasser les œufs de tortue, en faire une omelette, raccommoder les vêtements de Robinson et cirer ses bottes.

Michel Tournier, *Vendredi ou la Vie sauvage*, © Gallimard.

À toi d'écrire !

10 ✻ **Tu as certainement déjà entendu ce slogan : *Boire ou conduire, il faut choisir !* Invente trois autres slogans sur le même modèle en utilisant des verbes à l'infinitif.**

Pleurer ou rire, il faut choisir !

11 ✻✻ **Rédige une recette de cuisine (réelle ou imaginaire) en utilisant des verbes à l'infinitif.**

Conjugaison

Conjuguer un verbe : personne, temps, mode

CHERCHONS

Conjugaison de l'oiseau

J'écris *(à la pie)*   Écris ! *(au sirli)*
J'écrivais *(au geai)*   Que j'écrive *(à la grive)*
J'écrivis *(au courlis)*   Que j'écrivisse *(à l'ibis)*
J'écrirai *(au pluvier)*   Écrivant *(au bruant)*
J'écrirais *(au roitelet)* Écrit *(au pipit)*

Luc Bérimont, *L'Esprit d'enfance*, éditions de l'Atelier.

- Relevez toutes les formes du verbe *écrire* dans ce poème : quelles sont leurs terminaisons ?
- À quelle personne le verbe est-il conjugué dans les cinq premiers vers ?
- À quels temps le verbe est-il conjugué dans les quatre premiers vers ?
- Quel est le mode utilisé dans ces quatre vers ?
- Quels sont le temps et le mode utilisés dans le sixième vers ?

- **La terminaison du verbe varie selon la personne, le temps et le mode :**

  J'écrivis → verbe écrire, 1re personne du singulier, passé simple, mode indicatif

  ⚠ Le **radical** du verbe peut changer selon la **personne** et le **temps** : *je vais, il ira (verbe aller)*

- Il existe **six personnes** de conjugaison :

	1re personne	2e personne	3e personne
singulier	je	tu	il, elle, on
pluriel	nous	vous	ils, elles

- Le verbe peut être conjugué à un **temps simple** (un seul mot) ou à un **temps composé** (auxiliaire *être* ou *avoir* conjugué à un temps simple suivi du participe passé du verbe) : *j'écris* (présent) → *j'ai écrit* (passé composé)

- Il existe plusieurs **modes** qui font également varier le verbe. Les modes les plus utilisés sont l'**indicatif** et l'**infinitif**. Les autres modes sont le **participe**, l'**impératif**, le **conditionnel** et le **subjonctif**.

Reconnaître les personnes de la conjugaison

1 ＊ Complète la règle.

a. La terminaison du verbe varie selon la … , le … et le … .

b. Il existe … personnes de la conjugaison : …, …, … ou … ou …, …, …, … ou … .

c. Le verbe peut se conjuguer à un temps … ou à un temps … .

d. Il existe plusieurs modes : l'… , l'…, le …, le …, l'… et le … .

2 ✳ **Pour chaque phrase, indique la personne du verbe conjugué.**

Attention aux phrases interrogatives.

a. Demain, ils ratisseront le gazon.
b. Es-tu allé chercher le pain ?
c. Je ne veux pas répondre à cette question.
d. Quand nous montrerez-vous ce livre ?
e. Elle rangea sa chambre.
f. Aviez-vous vu ce film ?

3 ✳ **Complète chaque phrase par la personne qui convient.**

Il peut y avoir plusieurs solutions.

a. Prendrez-… du thé ?
b. … passent toujours après dîner.
c. … n'écoute ni radio ni musique le matin.
d. … faites un très bon café.
e. … prendrons l'autoroute pour venir.
f. N'as-… pas honte ?
g. Viendront-… passer la journée avec nous ?
h. … suivrai ton conseil.

Reconnaître le temps et le mode du verbe

4 ✳ **Classe les verbes dans le tableau.**

temps simples	temps composés
tu tombes	tu es tombé

j'ai fini ◆ vous aviez répondu ◆ tu partiras ◆ tu savais ◆ ils auraient rêvé ◆ il avait plu ◆ tu gagnas ◆ nous avons eu ◆ elles sont revenues ◆ chante ◆ elles seront descendues ◆ elles apprennent ◆ il aura ◆ je sais ◆ tu te lèves ◆ tu auras mangé ◆ ils eurent connu ◆ nous sommes

5 ✳✳ **Écris le temps de chaque verbe : présent, futur, imparfait, passé simple.**

Aide-toi des tableaux de conjugaison, p. 208-215.

je vois ➤ présent

je fus ◆ je fis ◆ je fais ◆ je fume ◆ je ferai ◆ nous fûmes ◆ ils firent ◆ elle fumait ◆ tu faisais ◆ vous faites ◆ vous fîtes ◆ vous fûtes ◆ je fumerai

6 ✳ **Relève les verbes conjugués et indique s'ils sont au mode indicatif ou au mode impératif.**

a. Ils prendront la route ce soir.
b. Fermez bien la porte en partant.
c. Nous n'avançons plus dans cet embouteillage.
d. Connaissais-tu ce garçon ?
e. Ne cueille pas ces fruits !
f. Arrêtons-nous ici.

7 ✳✳ **Classe ces formes des verbes *écrire* et *aller* dans le tableau.**

mode indicatif	mode impératif	mode participe	mode infinitif
	écrivez		

a. *écrivez* ◆ écrivant ◆ écrire ◆ j'écrirai ◆ il a écrit ◆ écrit ◆ tu écrivais ◆ tu écris ◆ écris ◆ nous écrivions
b. je vais ◆ aller ◆ allez ◆ tu iras ◆ ils sont allés ◆ allé ◆ va ◆ nous allons ◆ allant ◆ allons ◆ elle allait

8 ✳✳✳ **Relève les verbes conjugués de ce texte. Indique leur infinitif, leur personne, leur temps et leur mode.**

– Je deviendrai chanteuse d'opéra, Marie-Agnès me l'a promis. Et je gagnerai beaucoup d'argent. Je vous enverrai des cadeaux, des lettres tous les jours…
Elle baissa soudain la tête, songeuse :
– Mais je sais que vous me manquerez tous…

Florence Reynaud,
Un chant sous la terre,
Flammarion Jeunesse.

À toi d'écrire !

9 ✳ **Écris un poème à la manière de Luc Bérimont (*Cherchons*, p. 72) dans lequel on parle aux animaux.**

Nous parlons (aux girafons)
Il s'adresse (à la tigresse)…

Conjugaison

Le présent des verbes des 1ᵉʳ et 2ᵉ groupes

CHERCHONS

Les stars des étangs

Les poules d'eau, de petite taille, présentent une tache rouge au-dessus du bec.
Les foulques, un peu plus grosses, arborent une éclatante tache blanche exactement au même endroit.
La grenouille verte fréquente mares et étangs. Vorace, elle se nourrit d'insectes qu'elle guette à la surface. Son joli chant retentit pendant toute la belle saison.

G. Feterman et C. Leclère, *Rivières et étangs*, Actes Sud.

▸ À quel temps ce texte est-il écrit ? Qu'indique ce temps ?
▸ Relevez les verbes du texte. Quelles terminaisons observez-vous ?
▸ Donnez l'infinitif et le groupe de ces verbes.

● Le **présent** exprime :
– un **fait qui se déroule au moment où on le rapporte** : *La grenouille coasse.*
– une **habitude** : *Je me lève tous les matins.*
– une **vérité générale** : *Les foulques présentent une tache blanche au-dessus du bec.*

● On forme le présent des verbes du **1ᵉʳ groupe** (tels que *chanter*) en ajoutant :
-e, -es, -e, -ons, -ez, -ent au radical.

> ❗ Certains verbes du **3ᵉ groupe** (tels que *ouvrir, couvrir, découvrir, offrir, souffrir, cueillir…*) se conjuguent au présent comme des verbes du 1ᵉʳ groupe.

1ᵉʳ groupe		3ᵉ groupe	
je chant**e**	nous regard**ons**	j'ouvr**e**	nous souffr**ons**
tu aim**es**	vous observ**ez**	tu cueill**es**	vous couvr**ez**
il, elle, on parl**e**	ils, elles jou**ent**	il, elle, on offr**e**	ils, elles accueill**ent**

> ❗ Au présent, devant la terminaison **-ons** (1ʳᵉ personne du pluriel), les verbes en **-cer** s'écrivent avec **ç** et les verbes en **-ger** s'écrivent avec **ge** :
> *lancer* ➡ *nous lançons*   *manger* ➡ *nous mangeons*

● On forme le présent des verbes du **2ᵉ groupe** (tels que *finir*) en ajoutant :
-is, -is, -it, -issons, -issez, -issent au radical.

2ᵉ groupe	
je fin**is**	nous réuss**issons**
tu chois**is**	vous applaud**issez**
il, elle, on fourn**it**	ils, elles réun**issent**

Conjuguer les verbes du 1er groupe et les verbes du 3e groupe comme ouvrir

1 ✶ **Reformule la règle.**
a. Le présent exprime un fait …, une … ou une … .
b. Les terminaisons du présent des verbes du 1er groupe sont : … et celles du 2e groupe sont : … .

2 ✶ **Mets les verbes entre parenthèses au présent.**
a. Chaque automne, nous *(cueillir)* des champignons.
b. Paolo et Zoé *(ramasser)* des feuilles.
c. J'*(aimer)* les belles couleurs de l'automne.
d. *(Trouver)*-ils des cèpes ?
e. Antoine *(découvrir)* un nid de cloportes sous une vieille souche.
f. Vous *(manger)* souvent des châtaignes grillées en automne.

3 ✶✶ **Écris les verbes au présent à la personne demandée.**
a. cueillir des fleurs et les offrir.
(1e pers. du singulier)
b. attaquer le château et escalader les remparts.
(2e pers. du singulier)
c. ouvrir la porte et accueillir les invités.
(3e pers. du singulier)
d. observer le modèle et dessiner.
(1re pers. du pluriel)
e. découvrir cette région et la visiter.
(2e pers. du pluriel)
f. recueillir un chat et l'adopter.
(3e pers. du pluriel)

4 ✶✶ **Mets les verbes entre parenthèses au présent.**
Je m'*(élancer)* vers les toilettes, là j'*(ouvrir)* en grand le vasistas. Je n'ai jamais utilisé cette issue, mais l'idée me *(chatouiller)* depuis des lustres. […] Je *(monter)* sur la lunette et me *(hisser)* à travers l'ouverture… Mon corps *(passer)* tout juste. Je *(forcer)*, me *(contorsionner)* et *(arriver)* finalement à m'extraire du rectangle pour fuir à l'extérieur.

Dominique Zay, *Magic mic mac*, Magnard Jeunesse.

Conjuguer les verbes en -cer, -ger

5 ✶ **Réécris ces phrases en remplaçant *tu* par *nous* puis par *vous*.**
a. Tu effaces le tableau et tu rinces l'éponge.
b. Tu plonges et tu nages jusqu'à l'île.

6 ✶ **Mets les verbes entre parenthèses au présent de l'indicatif.**
a. Le joueur *(lancer)* la balle.
b. Le maître *(interroger)* un élève.
c. Nous *(grimacer)* devant la glace.
d. Nous *(charger)* le coffre de la voiture.

Conjuguer les verbes du 2e groupe

7 ✶ **Complète les phrases au présent avec les terminaisons qui conviennent.**
a. Vous sais… l'occasion quand elle se présente.
b. Marine nourr… son lapin deux fois par jour.
c. Tu chois… ton dessert.
d. Les tomates roug… au soleil.

8 ✶ **Conjugue le verbe au présent à la personne demandée.**

> *haïr* perd son tréma aux trois personnes du singulier : *je hais, tu hais, il hait.*

a. bondir *(1re pers. du singulier)*
b. agir *(3e pers. du singulier)*
c. haïr *(1re pers. du singulier)*
d. blanchir *(2e pers. du singulier)*
e. hennir *(3e pers. du singulier)*

9 ✶ **Réécris la phrase avec le sujet entre parenthèses.**
a. Il choisit toujours les mêmes CD. *(elle)*
b. Je raccourcis ton pantalon. *(tu)*
c. Tu franchis la ligne d'arrivée. *(vous)*
d. Le chevalier périt dans la bataille. *(ils)*

10 ✶✶✶ **Écris ces phrases au présent de l'indicatif.**
a. J'ai saisi tout le texte sur mon ordinateur.
b. Fanny rougissait souvent.
c. Nous avons franchi le ruisseau.
d. Finiras-tu ce reste de purée ?
e. Vous avez obéi sans rechigner.

Conjugaison

Conjugaison

Le présent des verbes en *-yer*

● Au **présent de l'indicatif**, le *y* des verbes en *-oyer*, *-uyer* se change en *i* devant un *e* muet.

nettoyer
je nettoie
tu nettoies
il, elle, on nettoie
nous nettoyons
vous nettoyez
ils, elles nettoient

essuyer
j'essuie
tu essuies
il, elle, on essuie
nous essuyons
vous essuyez
ils, elles essuient

● Les verbes en *-ayer* acceptent le *y* ou le *i* devant un *e* muet.

payer
je paie / je paye
tu paies / tu payes
il, elle, on paie / il, elle, on paye
nous payons
vous payez
ils, elles paient / ils, elles payent

⚠ Au présent de l'indicatif, il ne faut pas oublier les **terminaisons muettes** (*-e, -es, -ent*) des verbes en *-ier, -uer, -ouer* : *je crie, tu remues, il joue, ils louent*.

Conjuguer les verbes en *-ier, -uer, -ouer*

1 ✶ **Reformule la règle.**
a. Les verbes en *-ayer* prennent … ou … devant un *e* muet.
b. Les verbes en *-oyer, -uyer* prennent … devant un *e* muet.

2 ✶ **Conjugue ces verbes à la 1ʳᵉ puis à la 2ᵉ personne du singulier au présent de l'indicatif.**
a. Copier la leçon et étudier les mots nouveaux.
b. Distribuer les cartes et jouer au rami.
c. Secouer les tapis et éternuer.
d. Trier et plier les vêtements.
e. Confier le colis et expédier le courrier.

3 ✶ **Conjugue ces verbes au présent de l'indicatif, à la 3ᵉ personne du singulier puis du pluriel.**
a. Scier et clouer des planches.
b. Parier et jouer aux dés.
c. Saluer les invités et remercier l'hôte.
d. Distribuer les cahiers et copier le texte.
e. Nouer et dénouer une cravate.

4 ✶ **Mets les verbes entre parenthèses au présent de l'indicatif.**
a. *(remuer)* Les branches … pendant l'orage.
b. *(crier)* Nora … pour qu'on lui envoie le ballon.
c. *(continuer)* Nous … nos efforts.
d. *(oublier)* Tu … toujours d'acheter le pain.
e. *(photographier)* Je … les jeunes mariés à la sortie de la mairie.

5 ✶ **Écris les verbes à la personne demandée.**
a. plier ◆ remuer ◆ nouer (1ʳᵉ pers. du singulier)
b. trier ◆ suer ◆ louer (2ᵉ pers. du singulier)
c. confier ◆ muer ◆ trouer (3ᵉ pers. du singulier)
d. expédier ◆ diminuer ◆ avouer (3ᵉ pers. du pluriel)

6 ✶✶ **Écris les verbes de ces phrases à la personne du singulier correspondante.**
a. Vous coloriez une carte de France.
b. Les jours diminuent en automne.
c. Nous nouons les lacets des chaussures.
d. Elles trient les feutres usagés.
e. Ils secouent les couvertures.

Conjuguer les verbes en -yer

Dans les exercices 7 et 10, il y a parfois deux solutions.

7 ✶ **Complète la fin des verbes.**
a. je netto…, tu essu…, il essa…
b. nous pa…, vous appu…, nous bala…
c. ils tuto…, elles effra…, ils ennu…

8 ✶ **Écris les deux formes de ces verbes à la personne demandée.**
a. payer ◆ déblayer (1ʳᵉ pers. du singulier)
b. rayer ◆ bégayer (2ᵉ pers. du singulier)
c. balayer ◆ effrayer (3ᵉ pers. du singulier)
d. essayer ◆ égayer (3ᵉ pers. du pluriel)

9 ✶ **Écris l'infinitif de ces verbes.**
a. j'essaie ◆ je balaie ◆ j'effraie
b. elles payent ◆ elles bégayent ◆ elles rayent
c. elle rougeoie ◆ elle tournoie ◆ elle verdoie
d. tu envoies ◆ tu broies ◆ tu nettoies
e. ils essuient ◆ ils ennuient ◆ ils appuient

10 ✶ **Conjugue les verbes au présent de l'indicatif.**
a. Mon chat (effrayer) les oiseaux du jardin.
b. Ton chien (aboyer) dès que j'arrive.
c. J'(appuyer) sur l'accélérateur : j'(essayer) de doubler ce gros camion.
d. Nous (balayer) les miettes et (essuyer) la poussière.

11 ✶✶ **Conjugue les verbes au présent de l'indicatif.**

Certains verbes acceptent deux solutions.

a. Les élèves (nettoyer) la cage de leur lapin nain toutes les semaines.
b. Gaspard (pagayer) plus vite que les autres concurrents, il va gagner la course de kayak !
c. Mes yeux (rougeoyer) quand je suis fatigué.
d. Les fleurs (égayer) joliment la maison.
e. (Bégayer)-tu quand tu es trop ému ?

12 ✶✶ **Écris ces phrases à la personne du singulier qui correspond.**
a. Nous ennuyons l'entraîneur à lui poser toujours les mêmes questions.
b. Vous choyez les enfants les plus jeunes.
c. Quentin et Hugo essuient la vaisselle.
d. Elles emploient un jardinier depuis un an.
e. Les aigles déploient les ailes puis tournoient.

13 ✶✶ **Écris le nom correspondant à chaque verbe.**

bégayer > un bégaiement

rougeoyer ◆ poudroyer ◆ larmoyer ◆ tutoyer ◆ aboyer ◆ payer ◆ éternuer

14 ✶✶✶ **Recopie en conjuguant les verbes entre parenthèses au présent de l'indicatif.**
Anne (monter) en haut de la tour et sa sœur lui (crier) de temps en temps : « Anne, ma sœur Anne, ne vois-tu rien venir ? » Et la sœur Anne répond : « Je ne vois que la route qui (poudroyer) et l'herbe qui (verdoyer). » Cependant, Barbe-Bleue (s'écrier) de toute sa force : « Je te (prier) de descendre vite ! » La jeune épouse le (supplier) mais rien ne peut le faire fléchir. « Anne, ma sœur Anne, ne vois-tu rien venir ? » (larmoyer)-t-elle encore. « Je ne vois qu'un aigle qui (tournoyer) et le soleil qui (rougeoyer). »

D'après Charles Perrault, *Barbe-Bleue*.

Le présent des verbes en *-eler*, *-eter*

- **En général, les verbes en *-eler*, *-eter* doublent le *l* ou le *t* devant un e muet.**

appeler	jeter
j'appelle	je jette
tu appelles	tu jettes
il, elle, on appelle	il, elle, on jette
nous appelons	nous jetons
vous appelez	vous jetez
ils, elles appellent	ils, elles jettent

- **Exceptions :** quelques verbes en *-eler*, *-eter* ne doublent pas le *l* ou le *t* devant le e muet mais s'écrivent avec un **accent grave sur le e**.
C'est le cas de *geler* et ses composés, *modeler*, *peler*, de *acheter*, *haleter*…

geler	acheter
je gèle	j'achète
tu gèles	tu achètes
il, elle, on gèle	il, elle, on achète
nous gelons	nous achetons
vous gelez	vous achetez
ils, elles gèlent	ils, elles achètent

Conjuguer les verbes en *-eler*, *-eter*

1 ✶ **Reformule la règle.**
En général, les verbes en *-eler*, *-eter* … le *l* ou le *t* devant … .
Cependant, quelques verbes en …, … s'écrivent avec un … et ne … pas le *l* ou le *t*.

2 ✶ **Écris l'infinitif de ces verbes conjugués.**
a. je rappelle ♦ tu ensorcelles ♦ elle épelle ♦ ils ficellent ♦ elles étincellent
b. je jette ♦ tu projettes ♦ elle caquette ♦ ils volettent ♦ elles époussettent
c. je gèle ♦ tu congèles ♦ il dégèle ♦ ils modèlent ♦ elles pèlent
d. j'achète ♦ tu halètes ♦ il rachète ♦ elles furètent
e. elle ruisselle ♦ j'appelle ♦ tu grommelles ♦ ils renouvellent ♦ il attelle

3 ✶✶ **Complète la terminaison de chaque verbe.**
a. j'app… ♦ je g… ♦ j'ép…
b. tu ach… ♦ tu rej… ♦ tu étiqu…
c. il fic… ♦ elle étinc… ♦ on cong…
d. on j… ♦ on épouss… ♦ on fur…
e. nous ach… ♦ nous proj… ♦ nous hal…
f. vous app… ♦ vous p… ♦ vous décong…
g. ils ruiss… ♦ elles ensorc… ♦ ils gromm…

4 ✶✶ **Réécris cette phrase en remplaçant *je* par *nous*.**
Je ficelle le rôti et je décongèle des légumes.

5 ✶✶ **Réécris cette phrase en remplaçant *il* par *ils*.**
Il étiquette le colis puis le ficelle.

6 ★★ **Réécris ces phrases en remplaçant *tu* par *vous*.**
a. Tu jettes ce vieux maillot et tu en achètes un neuf.
b. Tu époussettes les meubles.
c. Tu feuillettes un magazine et tu l'achètes.
d. Tu halètes après cette course.
e. Tu projettes d'aller en Turquie.

7 ★★ **Réécris ces phrases en remplaçant *nous* par *tu*.**
a. Nous pelons ces fruits puis nous les congelons.
b. Nous ficelons ce colis.
c. Nous décongelons ce plat.
d. Nous amoncelons de vieux jouets.

8 ★★ **Écris les verbes de ces phrases à la personne du pluriel correspondante.**
a. La pelleteuse amoncelle les détritus puis les déchiquette.
b. La poule caquette et volette dans le poulailler.
c. Le chef cuisinier cisèle les fines herbes et pèle quelques fruits décoratifs.
d. Elle décachette le courrier, feuillette les dossiers, puis jette les enveloppes à la poubelle.
e. Je renouvelle mon inscription et j'achète des timbres pour l'envoyer.

9 ★★ **Mets les verbes de ces phrases à la personne du singulier qui correspond.**
a. Nous achetons un rôti puis nous le congelons.
b. Vous projetez un voyage aux Antilles.
c. Ils amoncellent les déchets et les jettent.
d. Nous renouvelons l'abonnement à ce quotidien.
e. Vous feuilletez ce livre et vous l'achetez.

10 ★★ **Mets les verbes entre parenthèses au présent de l'indicatif.**
a. Cela fait déjà trois fois que je *(rappeler)* ce numéro.
b. *(Épeler)*-tu les mots de ta dictée avant de les apprendre ?
c. Mélusine *(ensorceler)* le jeune prince.
d. Ce lac *(geler)* chaque hiver.
e. Nous *(ruisseler)* de sueur à chaque match.
f. Les gouttes de rosée *(étinceler)* dans le soleil matinal.

11 ★★ **Mets les verbes en italique au présent de l'indicatif.**
a. Les chevaux *haleter* après la course.
b. Ma mère n'*acheter* que des produits du commerce équitable.
c. Océane *jeter* les vieilleries du placard puis *épousseter* les étagères.
d. Nous *étiqueter* les livres de notre bibliothèque de classe.
e. Dès qu'on *projeter* un nouveau film de cette actrice, les journalistes la *harceler*.
f. Fantômette *crocheter* la serrure sans un bruit puis *fureter* discrètement dans la maison déserte.

12 ★★★ **Écris ces phrases au présent de l'indicatif.**
a. Carabosse ensorcelait ses victimes.
b. J'ai décongelé du poisson et j'ai pelé des pommes de terre.
c. Tu époussetteras ta chambre et tu jetteras tes vieux papiers.
d. La pluie ruisselait depuis ce matin.
e. Nous avons feuilleté le courrier et nous avons décacheté la lettre.
f. Vous aviez projeté un voyage en Birmanie.
g. Élise et Léa achetaient souvent des légumes biologiques.
h. Ils ont renouvelé leur inscription au football.

À toi d'écrire !

13 ★★ **À l'aide des verbes suivants, raconte au présent le combat entre une sorcière maléfique et un jeune prince.**

ensorceler, jeter un sort, lancer, étinceler, grimacer de douleur, voleter, voltiger, protéger, projeter, haleter…

Conjugaison

Le présent des verbes du 3ᵉ groupe

● Au **présent de l'indicatif**, la plupart des **verbes du 3ᵉ groupe** (comme *partir, voir, venir*) se terminent par : **-s, -s, -t, -ons, -ez, -ent**.

partir	voir	venir
je par**s**	je voi**s**	je vien**s**
tu par**s**	tu voi**s**	tu vien**s**
il par**t**	il voi**t**	il vien**t**
nous part**ons**	nous vo**yons**	nous ven**ons**
vous part**ez**	vous vo**yez**	vous ven**ez**
ils part**ent**	ils vo**ient**	ils vie**nnent**

⚠ Au présent, on met un accent circonflexe sur le *i* devant la terminaison *t* des verbes en *-plaire* et *-aître* : plaire → il plaît   paraître → il paraît   connaître → il connaît

● Les **verbes en -dre** (tels *prendre, répondre, répandre* ou *coudre*) se terminent par **-ds, -ds, -d** aux trois premières personnes du singulier.

prendre	rendre
je pren**ds**	je ren**ds**
tu pren**ds**	tu ren**ds**
il pren**d**	il ren**d**
nous pren**ons**	nous rend**ons**
vous pren**ez**	vous rend**ez**
ils pren**nent**	ils rend**ent**

● Les **verbes en -indre** et **-soudre** (tels *craindre* ou *résoudre*) se terminent par **-s, -s, -t** aux trois premières personnes du singulier :

je crain**s**, tu pein**s**, il résou**t**, nous éteign**ons**, vous plaign**ez**, ils joign**ent**

● Les verbes **mettre**, **battre** (et ceux de leur famille) se terminent par **-ts, -ts, -t** aux trois premières personnes du singulier :

je me**ts**, tu ba**ts**, il reme**t**, nous comba**ttons**, vous prome**ttez**, ils déba**ttent**

→ Se reporter également aux tableaux de conjugaison, p. 208 à 215.

Conjuguer les verbes en -s, -s, -t

1 ✶ Complète la règle.
a. Les verbes du 3ᵉ groupe tels que *partir* ont pour terminaisons au présent : ….
b. Les verbes tels que *prendre* ont pour terminaisons au présent : ….

2 ✶ Conjugue les verbes au présent à la personne demandée.
a. tenir ◆ venir *(1ʳᵉ pers. du singulier)*
b. obtenir ◆ revenir *(2ᵉ pers. du singulier)*
c. retenir ◆ survenir *(3ᵉ pers. du singulier)*
d. détenir ◆ devenir *(1ʳᵉ pers. du pluriel)*
e. maintenir ◆ parvenir *(3ᵉ pers. du pluriel)*

3 ✳ **Conjugue les verbes au présent avec le sujet demandé.**

a. connaître *(je)*
b. paraître *(tu)*
c. plaire *(il)*
d. apparaître *(nous)*
e. déplaire *(vous)*
f. naître *(ils)*

4 ✳✳ **Écris les verbes à la personne correspondante du singulier.**

nous devons ♦ vous construisez ♦ elles croient ♦ nous décrivons ♦ elles décrivent ♦ vous buvez ♦ nous suivons ♦ ils cuisent ♦ elles distraient ♦ vous conduisez

5 ✳✳ **Écris ces phrases au présent de l'indicatif.**

a. Je buvais toujours un verre d'eau avant de me coucher.
b. Il connut Jean de La Fontaine.
c. Nous avons cuit ces fruits au sirop.
d. Tu conduiras ta grand-mère chez le médecin.
e. Croyaient-ils encore à cette histoire ?
f. Êtes-vous venus en train ?

Conjuguer les verbes en -dre

6 ✳ **Conjugue les verbes au présent à la personne demandée.**

Attention aux terminaisons.

a. répondre ♦ résoudre *(1re pers. du singulier)*
b. confondre ♦ dissoudre *(2e pers. du singulier)*
c. coudre ♦ craindre *(3e pers. du singulier)*
d. perdre ♦ enfreindre *(1re pers. du pluriel)*
e. apprendre ♦ peindre *(2e pers. du pluriel)*
f. comprendre ♦ joindre *(3e pers. du pluriel)*

7 ✳✳ **Complète les phrases avec le verbe entre parenthèses au présent.**

a. *(fondre)* La neige … sur les sommets.
b. *(teindre)* Sophie et Agathe … leurs tee-shirts pour les personnaliser.
c. *(plaindre)* Je … Enzo : il s'est foulé la cheville et ne pourra pas faire de ski.
d. *(répandre)* Tu … de l'eau chaude sur le trottoir verglacé.
e. *(perdre)* Nous sommes très étourdis ; nous … toujours notre parapluie.
f. *(résoudre)* Vous … ce difficile problème.

Conjuguer les verbes mettre et battre

8 ✳ **Conjugue les verbes au présent à la personne demandée.**

a. transmettre *(1re pers. du pluriel)*
b. promettre *(2e pers. du singulier)*
c. omettre *(2e pers. du pluriel)*
d. démettre *(3e pers. du singulier)*
e. permettre *(3e pers. du pluriel)*

9 ✳✳ **Réécris ces phrases en remplaçant le sujet par le pronom entre parenthèses.**

a. Remets-tu ton jean aujourd'hui ? *(il)*
b. Le bûcheron abat cet arbre menaçant. *(ils)*
c. Nous mettons une écharpe et des gants. *(je)*
d. Le télégraphe émet des signaux en morse. *(nous)*
e. Lilou omet régulièrement de prendre ses clés en partant à l'école le matin. *(vous)*

Conjuguer tous les verbes au présent

10 ✳✳✳ **Écris les verbes de ce texte au présent de l'indicatif.**

Plus loin, dans d'autres souterrains, Stan, perdu dans ses pensées, se contentait de suivre Clovis et Théo. Ils s'arrêtèrent devant un grand panneau métallique. Cléo en connaissait bien la serrure et l'ouvrit sans perdre un instant. Apparurent des circuits électroniques et un enchevêtrement de gaines et de câbles de toutes les tailles et de toutes couleurs. Clovis sortit les outils de sa sacoche.

Hugo Verlomme, *Les Indiens de la ville lumière*, © Gallimard Jeunesse.

À toi d'écrire !

11 ✳ **Dans le texte de l'exercice 10, les héros s'enfoncent dans les souterrains. Raconte au présent ce qu'ils éprouvent, ce qu'ils y voient…**

Conjugaison

Les verbes irréguliers : *être, avoir, aller, faire, dire, pouvoir, vouloir*

● Au **présent de l'indicatif**, la **conjugaison** des verbes *être*, *avoir*, *aller*, *faire*, *dire*, *pouvoir*, *vouloir* est **irrégulière**.

être	avoir	aller	faire	dire
je suis	j'ai	je vais	je fais	je dis
tu es	tu as	tu vas	tu fais	tu dis
il est	il a	il va	il fait	il dit
nous sommes	nous avons	nous allons	nous faisons	nous disons
vous êtes	vous avez	vous allez	vous fait**es**	vous d**ites**
elles sont	elles ont	elles vont	elles font	elles disent

⚠ Seul *redire* se conjugue comme *dire*.
contredire, *interdire*, *médire*, *prédire* s'écrivent *-disez* à la 2ᵉ personne du pluriel.

● Les verbes *pouvoir*, *vouloir* et *valoir* se terminent par **-x, -x, -t** aux trois premières personnes du singulier du présent de l'indicatif.

pouvoir	vouloir	valoir
je peux	je veux	je vaux
tu peux	tu veux	tu vaux
il peut	il veut	il vaut
nous pouv**ons**	nous voul**ons**	nous val**ons**
vous pouv**ez**	vous voul**ez**	vous val**ez**
elles peuv**ent**	elles veul**ent**	elles val**ent**

Conjuguer les verbes être, avoir, aller

1 ＊ Retrouve l'infinitif de chaque verbe conjugué.
a. nous avons   d. nous sommes   g. vous êtes
b. tu vas   e. je suis   h. j'ai
c. elles ont   f. elle va   i. ils vont

2 ＊ Remplace le sujet par le pronom personnel entre parenthèses.
a. je suis *(elles)*   e. vous êtes *(je)*
b. nous allons *(elle)*   f. tu es *(nous)*
c. ils ont *(tu)*   g. il va *(vous)*
d. elles vont *(tu)*   h. elle a *(vous)*

3 ＊ Complète les phrases en utilisant les verbes *être*, *avoir* ou *aller* au présent.
a. Ils … vraiment courageux. Ils n'… pas peur. C'… bien.
b. Elle ne … vraiment pas bien, elle … toujours de la fièvre. Je … sûre qu'elle … la grippe.
c. Tu … un vélo neuf et moi j'… une trottinette neuve, nous … prêts à partir.
d. Je … à l'école à pied tout seul : maman dit que je … responsable.
e. …-vous vu le coupable s'enfuir ? …-vous sûr de votre description ?

4 ★★ Écris ces phrases au présent à la personne demandée.
a. Aller à Paris, mais être en retard et avoir peur de rater son train. *(1re pers. du singulier)*
b. Avoir de la chance : être le premier. *(2e pers. du singulier)*
c. Avoir dix ans et être très content. *(3e pers. du singulier)*
d. Être en forme et avoir des ailes ! *(1re pers. du pluriel)*
e. Être à l'heure et avoir le temps de boire un café. *(2e pers. du pluriel)*
f. Aller au théâtre et avoir déjà son billet. *(3e pers. du pluriel)*

5 ★★ Écris ces phrases au présent.
a. Irez-vous à la patinoire pendant les vacances de Noël ?
b. Nous serons tous présents à son anniversaire.
c. Tom et Léa sont allés aux sports d'hiver avec leurs parents.
d. J'avais deux amis musiciens.
e. Tu étais très jolie sur cette photo.
f. Elle disait toujours qu'elle avait peur des chiens !
g. Elles sont allées au cinéma, elles ont eu peur et elles ont été malades !

Conjuguer les verbes *faire* et *dire*

6 ★ Conjugue les verbes au présent à la personne demandée.
a. faire ◆ dire *(1re pers. du singulier)*
b. défaire ◆ interdire *(2e pers. du singulier)*
c. refaire ◆ prédire *(3e pers. du singulier)*
d. satisfaire ◆ contredire *(1re pers. du pluriel)*
e. contrefaire ◆ redire *(2e pers. du pluriel)*
f. défaire ◆ médire *(3e pers. du pluriel)*

7 ★ Réécris les phrases en utilisant le pronom entre parenthèses.
a. *(Je)* Nous faisons la vaisselle.
b. *(Vous)* Mon frère dit que l'eau est bonne.
c. *(Nous)* Je refais les lits après leur départ.
d. *(Ils)* Vous contredisez sans arrêt vos camarades.
e. *(Vous)* Elles défont un puzzle.
f. *(Vous)* Elles prédisent l'avenir.

8 ★★ Écris ces phrases au présent.
a. La fillette en larmes faisait peine à voir.
b. Les dames de la cour médisaient sur la favorite du roi.
c. Les faussaires contreferont des billets de vingt euros.
d. J'interdirai les ballons à la récréation.
e. Vous avez refait la même erreur.
f. Tu as défait ton blouson avant d'entrer.

9 ★★★ Écris les verbes de ces phrases au présent de l'indicatif.
a. *(être, faire, aller)* Alicia, qui … ma voisine de palier, … de la danse et … au conservatoire chaque semaine.
b. *(satisfaire, interdire)* Quand mes notes ne … pas mes parents, ils m'… la télévision !
c. *(faire, défaire, refaire)* Vous … des nattes à vos poupées, vous les … puis vous les … !
d. *(dire, redire, contredire)* Ma sœur … une chose puis en … une autre, se … puis sort en claquant la porte !
e. *(dire, refaire)* Le maître nous … que le résultat est faux et nous … ce problème.
f. *(être, médire)* Tu … une chipie ! Tu … tout le temps sur tes camarades !

Conjuguer les verbes *pouvoir, vouloir, valoir*

10 ★ Complète chaque verbe avec la terminaison qui convient : *-s, -x, -t* ou rien !
tu peu… ◆ elle vau… ◆ elle veu… ◆ tu vau… ◆ tu veu… ◆ je di… ◆ il va… ◆ je peu… ◆ je vai… ◆ je veu… ◆ tu va… ◆ tu fai… ◆ il peu… ◆ il es…

À toi d'écrire !

11 ★ Tu décides d'utiliser ton argent de poche pour faire un cadeau à tes parents : un livre de cuisine pour ton père et un CD pour ta mère.
Écris ta conversation avec le vendeur en utilisant les verbes *vouloir, pouvoir* et *valoir*.

Conjugaison

RÉVISIONS

Au **présent de l'indicatif** :

- les verbes du **1ᵉʳ groupe** et les verbes du **3ᵉ groupe en -ir** (tels que *ouvrir*) se terminent par **-e, -es, -e, -ons, -ez, -ent**.

- Les verbes du **2ᵉ groupe** (tels que *finir*) s'écrivent **-is, -is, -it, -issons, -issez, -issent**.

- Les verbes du **3ᵉ groupe** (tels que *partir*, *craindre* et *résoudre*) s'écrivent **-s, -s, -t, -ons, -ez, -ent**.

- Les verbes en **-dre** (tels que *prendre*) s'écrivent **-ds, -ds, -d, -ons, -ez, -ent**.

- Les verbes tels que **mettre** et **battre** s'écrivent **-ts, -ts, -t, -ttons, -ttez, -ttent**.

- Les verbes **pouvoir, vouloir, valoir** s'écrivent **-x, -x, -t, -ons, -ez, -ent**.

- **être, avoir, faire, dire, aller** ont des **conjugaisons particulières**.

Connaître les formes du présent de l'indicatif

1 * Complète avec le pronom personnel qui convient.

Plusieurs pronoms sont parfois possibles.

a. … voyez
b. … plies
c. … pouvons
d. … revenons
e. … veut
f. … envoie
g. … vais
h. … partons
i. … dites
j. … croyons
k. … réussissez
l. … mets
m. … sait
n. … prévoit
o. … va

2 ** Indique la personne, l'infinitif et le groupe de chaque verbe.

a. Vous paraissez heureux.
b. Maria avoue sa bêtise.
c. Tu fleuris la maison.
d. Sentez-vous leur parfum ?
e. Louna éteint la lumière en sortant.
f. Nous mettons du parfum.
g. Ces chaussures valent trop cher.
h. Les chevaux hennissent dans l'écurie.

Conjuguer au présent de l'indicatif

3 * Écris ces verbes au présent à la personne demandée.

a. finir *(3ᵉ pers. du pluriel)*
b. choisir *(2ᵉ pers. du pluriel)*
c. réussir *(3ᵉ pers. du pluriel)*
d. raccourcir *(1ʳᵉ pers. du pluriel)*
e. réagir *(2ᵉ pers. du pluriel)*
f. assouplir *(1ʳᵉ pers. du pluriel)*

4 * Écris le verbe à la personne du pluriel qui correspond.

je pars ♦ tu dors ♦ je crains ♦ il lit ♦ elle écrit ♦ il peint ♦ je sers ♦ tu cours ♦ il sait ♦ tu suis ♦ je crois ♦ elle sort ♦ tu résous

5 * Réécris cette phrase en remplaçant *il* par *je* puis par *vous*.

Il est à côté de la coque, il réussit à attraper la corde, grimpe à l'intérieur du bateau puis voit le marin et l'appelle.

6 ★★ Réécris ces phrases au présent.
a. Nous étions là dès huit heures.
b. Vous ne ferez pas peur au chien.
c. Théo agira rapidement.
d. Elles vinrent à toute allure.
e. Marchais-tu sur le trottoir ?
f. Quentin fut surpris.

7 ★★ Complète les terminaisons de ces verbes au présent.
a. Je copi… ton adresse dans mon répertoire.
b. Appréci…-tu les films policiers ?
c. Mon frère condui… prudemment.
d. Elles essui… la poussière des meubles.
e. Je hai… les endives au jambon !
f. Valentin oubli… souvent son livre.

8 ★★ Conjugue les verbes au présent.
a. Un chevreuil (surgir) dans le virage.
b. Tu (appuyer) sur le bouton de la chaîne.
c. On (étudier) l'anglais depuis le CE2.
d. Les animaux (fuir) devant l'incendie.
e. Vénus (luire) dans le ciel au début de la nuit.

9 ★★ Complète le texte avec les verbes proposés conjugués au présent.
couvrir • sembler • arriver • sentir • percer • être
La tour … beaucoup plus ancienne que le reste du château. C'… une sorte de donjon moyenâgeux, construit en grosses pierres apparentes qui … l'humidité et le salpêtre. Une mousse verdâtre … les murs que … d'étroites meurtrières. Nous … sur un premier palier.
Gudule, *Qui hante la tour morte ?* Magnard Jeunesse.

10 ★★ Complète les phrases avec les verbes suivants au présent.
disparaître • convenir • conduire • apercevoir • poursuivre
a. Les jeunes détectives … de se retrouver dès la nuit tombée.
b. C'est Romain qui … la voiture.
c. Nous … la lueur des phares du véhicule que nous … .
d. Soudain, la lueur … de notre vue !

11 ★★ Conjugue les verbes de ce texte au présent.
Lorsque le pâtissier (préparer) un gâteau, il (réunir) tous les ingrédients. Il (suivre) ensuite la recette, (beurrer) un moule, le (garnir) avec la pâte préparée et le (placer) dans le four. Le gâteau (cuire) le temps nécessaire, puis il (refroidir).

12 ★★ Réécris les verbes de ce texte au présent.
a. Et si quelqu'un **était** très pressé de se rendre dans un autre quartier de la ville, on l'**emballait** vite dans une caisse à la poste ; on **mettait** la caisse dans un tube, et on l'**envoyait** comme un pneumatique, au bureau de poste du quartier où le monsieur **voulait** aller…
b. Et si on **avait** besoin d'argent on **allait** dans une banque, on **laissait** sa cervelle en gage et on vous **donnait** mille marks en échange. L'homme ne **pouvait** vivre que deux jours sans cervelle, et il ne **pouvait** la retirer de la banque qu'en rapportant douze cents marks.
Erich Kästner, *Émile et les détectives*, trad. A. Georges, Le Livre de poche jeunesse.

13 ★★★ Écris les verbes entre parenthèses au présent.
Je me (demander) si l'heure que nous (vivre) est identique à celle que nous (voir) à travers la fenêtre. […] François, lui aussi, se (frotter) les mains. Après tout, plus rien ne (aller) peut-être se produire. Pourtant, je le (sentir), l'un comme l'autre nous (hésiter) à abandonner notre merveilleux observatoire. Tout à coup, nous (apercevoir) les deux soldats allemands postés en face du moulin. Sans doute (venir)-ils de Bief, à pied. Ils se sont arrêtés, et (allumer) chacun une cigarette, tout en parlant. Bien que j'étudie l'allemand au collège, je ne (saisir) rien de leur conversation. Les rares mots qui me (parvenir) entiers me (être) inconnus.
Francisco Arcis, *Le Mystère du marronnier*, Magnard.

À toi d'écrire !

14 ★ Raconte ce que tu fais chaque mercredi du matin au soir. Utilise au moins huit verbes conjugués au présent.

Conjugaison

Le futur simple (1er et 2e groupes)

CHERCHONS

Le père d'Hansel et Gretel s'inquiète de ne plus avoir de quoi nourrir ses enfants.

Sais-tu quoi mon époux ? répondit la femme, nous **conduirons** tôt demain les enfants dans la forêt, là où elle est la plus dense. Nous y **ferons** du feu et nous **donnerons** à chacun un morceau de pain, et puis nous **irons** travailler en les laissant seuls. Ils ne **trouveront** plus le chemin de la maison et nous en **serons** débarrassés.

Jacob et Wilhelm Grimm, *Hansel et Gretel*.

▶ Quel est le temps des verbes en rouge ? Qu'indique ce temps ?
▶ Remplacez la 1re personne du pluriel par *je, tu, il, vous, elles* et la 3e personne du pluriel par *je, tu, il, nous, vous*.
▶ Notez les terminaisons des verbes. Que remarquez-vous ?

● Le **futur** exprime **une action qui n'a pas encore eu lieu**.

● Au futur, pour tous les groupes, les terminaisons sont : **-ai, -as, -a, -ons, -ez, -ont**.

● Pour les verbes des **1er et 2e groupes**, il suffit d'ajouter la terminaison à l'infinitif.

chanter	**finir**
je chanter**ai**	je finir**ai**
tu chanter**as**	tu finir**as**
il, elle, on chanter**a**	il, elle, on finir**a**
nous chanter**ons**	nous finir**ons**
vous chanter**ez**	vous finir**ez**
ils, elles chanter**ont**	ils, elles finir**ont**

Reconnaître les verbes conjugués au futur

1 ✱ **Complète la règle.**
a. Le futur exprime une action qui … .
b. Pour tous les groupes, les terminaisons sont : … .
c. Aux 1er et 2e groupes, on ajoute les terminaisons du futur à … .

2 ✱ **Relève les verbes au futur de ce texte.**
Oh mes pauvres petits pieds ! Je me demande qui vous mettra vos bas et vos souliers à présent mes chéris ! Pour moi, c'est sûr, j'en serai incapable ! Je serai beaucoup trop loin pour m'occuper de vous : il faudra vous arranger du mieux que vous pourrez… Mais il faut que je sois gentille avec eux, songea-t-elle ; sans ça peut-être qu'ils refuseront de marcher dans la direction où je voudrai aller !

Lewis Carroll, *Les Aventures d'Alice au pays des merveilles*, trad. J. Papy, © J.-J. Pauvert - Librairie Arthème Fayard.

Connaître les terminaisons des verbes au futur

3 ⭑ **Ajoute la terminaison du futur qui convient aux verbes.**
a. Vous continuer… ce travail.
b. Elle plier… sa serviette.
c. Nous obéir… rapidement.
d. J'essuier… la table.
e. Tu préparer… le dîner.
f. Ils réussir… leurs examens.

4 ⭑ **Écris un pronom personnel devant ces verbes.**
… partirons ♦ … mangeront ♦ … serez ♦ … prendras ♦ … secouerai ♦ … viendra ♦ … avertirez ♦ … fera ♦ … bâtirai ♦ … surprendrez ♦ … verras ♦ … déplierez

5 ⭑ **Écris les verbes au futur en utilisant le pronom sujet entre parenthèses.**
a. tu agiras (il)
b. je retrouverai (vous)
c. nous oublierons (elles)
d. vous avouerez (je)
e. tu trembleras (nous)
f. vous choisirez (tu)

Conjuguer les verbes du 1er groupe au futur

6 ⭑ **Conjugue les verbes au futur à la personne demandée.**
a. rapetisser (1re pers. du singulier)
b. préparer (2e pers. du singulier)
c. songer (3e pers. du singulier)
d. avancer (1re pers. du singulier)
e. regretter (2e pers. du singulier)
f. persuader (3e pers. du singulier)

7 ⭑ **Écris les phrases au futur avec le sujet demandé.**

> Pour les verbes en *-ier*, *-uer*, *-ouer*, il ne faut pas oublier le *e* qui ne s'entend pas : *il distribuera*.

a. crier à tue-tête. (*Je*)
b. distribuer le courrier. (*Tu*)
c. oublier de fermer la porte. (*Toi et Marie*)
d. éternuer sans arrêt. (*Tous les malades*)
e. avouer son erreur. (*Moi et Tatiana*)

8 ⭑⭑ **Écris ces phrases au futur.**

> • Le *y* des verbes en *-yer* se change en *i* devant un *e* muet : *j'essuierai*.
> • Les verbes en *-ayer* acceptent le *y* ou le *i* devant le *e* muet : *j'essayerai*, *j'essaierai*.

a. Avec *je* puis avec *nous* :
Essuyer la vaisselle et nettoyer la cuisine.
b. Avec *il* puis avec *ils* :
Aboyer à l'entrée et effrayer les visiteurs.

9 ⭑⭑ **Écris ces verbes au futur à la personne demandée.**

> • Les verbes tels que *appeler* et *jeter* doublent le *l* et le *t* : *je jetterai*, *nous appellerons*.
> • Les verbes tels que *geler* et *acheter* prennent un accent grave et ne doublent ni le *l* ni le *t* : *je gèlerai*, *nous achèterons*.

a. appeler ♦ geler (1re pers. du singulier)
b. jeter ♦ acheter (2e pers. du singulier)
c. épeler ♦ modeler (3e pers. du singulier)
d. épousseter ♦ fureter (1e pers. du pluriel)
e. feuilleter ♦ haleter (3e pers. du pluriel)

Conjuguer les verbes du 2e groupe au futur

10 ⭑ **Mets les verbes au futur.**
a. Salomé (raccourcir) son pantalon neuf.
b. Les lions (rugir) à la tombée du soir.
c. Je (nourrir) les oiseaux cet hiver.
d. Vous (choisir) des romans à la bibliothèque.

11 ⭑⭑⭑ **Écris ces phrases au futur.**
a. Je saisis ma hache et je bondis sur le guerrier.
b. Tu as gravi ce col enneigé et tu l'as franchi.
c. Nous punissions le chat quand il bondissait sur la table.
d. Les bulldozers ont élargi la route et l'ont finie avant les départs en vacances.

À toi d'écrire !

12 ⭑ **Explique à un ami comment aller de l'école jusqu'à chez toi. Utilise le futur.**
En sortant de l'école, tu tourneras à droite…

Conjugaison

Le futur simple
(auxiliaires et 3ᵉ groupe)

CHERCHONS

Le Petit Prince, qui doit rentrer sur son étoile, tente de consoler le narrateur qui est triste de son départ.
Et quand tu seras consolé (on se console toujours), tu seras content de m'avoir connu. Tu seras toujours mon ami. Tu auras envie de rire avec moi. Et tu ouvriras parfois ta fenêtre, comme ça, pour le plaisir…
Et tes amis seront bien étonnés de te voir rire en regardant le ciel.
Alors tu leur diras : « Oui, les étoiles, ça me fait toujours rire ! »
Et ils te croiront fou.

Antoine de Saint-Exupéry, *Le Petit Prince*, © Gallimard.

▸ Relevez les verbes conjugués de ce texte et dites à quel temps ils sont conjugués.
▸ Quel est le temps le plus utilisé ?
▸ Remplacez *tu* par *il* et *elles*. Remplacez *ils* par *je* et *nous*.

Au **futur**, les verbes du **3ᵉ groupe** obéissent à **plusieurs règles**.

● On prend l'**infinitif** et on ajoute les **terminaisons** :
   je partir**ai**, nous sortir**ons**, ils ouvrir**ont**

● On **ôte le -e final de l'infinitif** puis on ajoute les **terminaisons** :
   je prend**rai**, tu éteind**ras**, il batt**ra**, nous boi**rons**, ils écri**ront**

● On **ajoute** un ou deux **-r au radical** puis on ajoute les **terminaisons** :
   courir → je cour**rai**   pouvoir → nous pour**rons**   voir → ils ver**ront**

● Les **auxiliaires** et certains verbes du **3ᵉ groupe modifient le radical** de l'infinitif :
   je ser**ai** (être), tu aur**as** (avoir), il saur**a** (savoir), elle voud**ra** (vouloir), nous ir**ons** (aller), vous viend**rez** / tiend**rez** (venir, tenir), elles fer**ont** (faire)

→ Se reporter également aux tableaux de conjugaison, p. 208 à 215.

Conjuguer au futur

1 ✶ Complète avec les verbes *être* et *avoir* au futur.
a. Quand on … 11 ans, on … en sixième.
b. Quand je … grand, je … astronaute !
c. Elles … en vacances et elles … la forme !
d. Tu … de la chance et tu … vainqueur.

2 ✶ Complète le tableau au futur.

venir	tenir	voir	faire
je …	nous …	je …	nous …
tu …	vous …	tu …	vous …
il …	elles …	on …	tous …

3 ✻ **Écris les verbes entre parenthèses au futur.**
a. Les bleus *(battre)* l'équipe adverse s'ils ont de la chance.
b. Nous *(répondre)* au téléphone en ton absence.
c. On *(éteindre)* la lumière en sortant.
d. Je *(défendre)* mon idée avec énergie.
e. Vous *(vouloir)* sûrement prendre un goûter après votre séance de natation.
f. Tu *(faire)* un exposé sur Voltaire.

4 ✻✻ **Écris ces phrases au futur.**
a. Tu écris à Jérôme qui te répond.
b. Vous receviez du courrier, vous ouvriez les lettres et les lisiez.
c. Nous voyons le début du film.
d. Sarah venait chaque matin et elle nous offrait des gâteaux.
e. J'ai mis mon manteau neuf.
f. Elles pouvaient regarder un film le mardi soir entre amies.

Utiliser le futur

5 ✻ **Recopie ces phrases en mettant le sujet au pluriel.**
a. Elle attendra la nuit.
b. Je pourrai jouer.
c. Tu diras la vérité.
d. J'aurai de la chance.
e. Il ira au musée demain.
f. Tu viendras avec nous.

6 ✻✻ **Mets les verbes entre parenthèses de ce texte au futur.**
– ON VEUT GARDER LE MISTOUFLON
Nous lui *(donner)* des bonbons.
Nous l'*(aimer)*.
Nous le *(peigner)* le matin.
Nous lui *(mettre)* des rubans.
Nous lui *(astiquer)* les cornes
et nous lui *(brosser)* la queue.
Et quand il *(avoir)* soif, nous lui *(faire)* de la picole tant qu'il en *(vouloir)*.
Voilà.
Anne-Marie Chapouton, *L'Année du Mistouflon*, Flammarion Jeunesse.

7 ✻✻ **Écris ces phrases au futur.**
a. Je sais faire la cuisine.
b. Tu as tenu la porte.
c. Elle a pris un goûter.
d. Je choisis la date.
e. Il faisait un effort.
f. Tu mettais des bottes.
g. Elles éteignaient la lumière.
h. Nous courons très vite.

8 ✻✻ **Complète ce texte avec les verbes suivants conjugués au futur.**
venir ◆ percer ◆ tomber ◆ mourir ◆ durer
« Rassurez-vous, roi et reine, votre fille n'en … pas ; il est vrai que je n'ai pas assez de puissance pour défaire entièrement ce que mon ancienne a fait : la princesse se … la main avec un fuseau ; mais au lieu d'en mourir, elle … seulement dans un profond sommeil qui … cent ans, au bout desquels le fils d'un roi … la réveiller. »
D'après Charles Perrault, *La Belle au bois dormant*.

9 ✻✻✻ **Écris les verbes de ce poème au futur.**
La blanche école où je *(vivre)*
La blanche école où je *(vivre)*
N'*(avoir)* pas de roses rouges
Mais seulement devant le seuil
Un bouquet d'enfants qui bougent
On *(entendre)* sous les fenêtres
Le chant du coq et du roulier ;
Un oiseau *(naître)* de la plume
Tremblante au bord de l'encrier
Tout *(être)* joie ! Les têtes blondes
(S'allumer) dans le soleil,
Et les enfants *(faire)* des rondes
Pour tenter les gamins du ciel.
René Guy Cadou, *Comme un oiseau dans la tête*, Seuil.

À toi d'écrire !

10 ✻ **Raconte comment tu imagines ta rentrée au collège. Utilise *être* et *avoir*, et des verbes du 3ᵉ groupe au futur.**
Je serai en sixième, mes copains seront dans la même classe que moi…

Conjugaison

L'imparfait (1er et 2e groupes)

CHERCHONS

Très loin de l'île à la montagne noire se trouvait une autre île, une île magnifique, couverte de forêts profondes et de vertes prairies où galopaient d'élégants chevaux. Des colibris venaient se poser sur les grands lis parfumés, des paons majestueux éventaient leurs queues en glissant le long des allées, et des papillons voletaient d'orchidée en orchidée. Au milieu de l'île se trouvait un splendide palais de marbre blanc. Le soleil se reflétait dans ses innombrables minarets, et des fontaines jaillissait une eau fraîche et bleue.

F. Waters, *Ali Baba et les quarante voleurs et autres contes des Mille et Une Nuits*, Magnard.

- Relevez les verbes conjugués du texte. Quel est le temps utilisé ?
- Remplacez la 3e personne du singulier par *tu* puis par *vous*.
- Remplacez la 3e personne du pluriel par *je* puis par *nous*.
- Notez les groupes et les terminaisons des verbes. Que remarquez-vous ?

● L'**imparfait** de l'indicatif est un **temps du passé** qui permet de **décrire** quelque chose ou quelqu'un, d'exprimer des **actions qui durent** ou qui sont **habituelles** : c'est le **temps du récit**.

● On forme l'imparfait des verbes du **1er groupe** à partir du **radical** auquel on ajoute les **terminaisons** : *-ais, -ais, -ait, -ions, -iez, -aient*.

● Les terminaisons des verbes du **2e groupe** sont : *-issais, -issais, -issait, -issions, -issiez, -issaient*.

chanter	finir
je chant**ais**	je fin**issais**
tu chant**ais**	tu fin**issais**
il, elle, on chant**ait**	il, elle, on fin**issait**
nous chant**ions**	nous fin**issions**
vous chant**iez**	vous fin**issiez**
ils, elles chant**aient**	ils, elles fin**issaient**

Reconnaître les verbes conjugués à l'imparfait

1 * **Reformule la règle.**

a. L'imparfait est un temps du … qui exprime des actions qui … ou des actions … .

b. C'est le temps du … .

c. On forme l'imparfait des verbes du 1er groupe à l'aide du … suivi des terminaisons : … .

d. Les terminaisons des verbes du 2e groupe à l'imparfait sont : …

90

2 ✶ Dans chaque liste, relève le verbe à l'imparfait.
a. j'ouvrirai ♦ j'ouvrais ♦ j'ouvrirais ♦ j'ouvris
b. nous apprécions ♦ nous apprécierons ♦ nous apprécierions ♦ nous appréciions
c. ils rapetissent ♦ ils rapetisseront ♦ ils rapetisseraient ♦ ils rapetissaient

3 ✶✶ Relève les verbes à l'imparfait et indique leur infinitif.
Nous fréquentions le conservatoire de musique depuis deux ans, dans la section guitare classique. Monsieur Soto exigeait une participation assidue à ses leçons. […]
Le conservatoire dispensait des leçons collectives, c'est la raison pour laquelle nous étions ensemble. […] Amandine et moi nous connaissions depuis longtemps. Sans être vraiment des amis d'enfance, nous habitions le même quartier.
Francisco Arcis, *Le Canon du diable*, Magnard Jeunesse.

Conjuguer les verbes du 1er groupe à l'imparfait

4 ✶ Conjugue ces verbes à l'imparfait à la personne demandée.

> Les verbes du 1er groupe en *-cer* ou *-ger* s'écrivent avec **ç** et **ge** devant les terminaisons *-ais*, *-ait* et *-aient* : *il avançait, tu mangeais*.

a. déranger ♦ coincer (1re pers. du singulier)
b. plonger ♦ commencer (2e pers. du singulier)
c. manger ♦ placer (3e pers. du singulier)
d. nager ♦ avancer (1re pers. du pluriel)
e. déménager ♦ percer (2e pers. du pluriel)
f. dévisager ♦ pincer (3e pers. du pluriel)

5 ✶✶ Conjugue ces verbes à l'imparfait à la personne demandée.

> Les verbes en *-yer* s'écrivent **yi** aux 1re et 2e personnes du pluriel : *nous nettoyions, vous rayiez*.

a. payer ♦ essayer (1re pers. du singulier)
b. essuyer ♦ ennuyer (2e pers. du singulier)
c. rayer ♦ balayer (3e pers. du singulier)
d. appuyer ♦ tournoyer (1re pers. du pluriel)
e. égayer ♦ effrayer (2e pers. du pluriel)
f. nettoyer ♦ envoyer (3e pers. du pluriel)

6 ✶✶ Conjugue ces verbes à l'imparfait avec le sujet demandé.

> Les verbes du 1er groupe en *-ier* (*crier, étudier*, etc.) s'écrivent avec **ii** aux 1re et 2e personnes du pluriel : *nous criions, vous étudiiez*.

a. crier (*je*) b. étudier (*tu*) c. jouer (*elle*)
d. remuer (*nous*) e. plier (*vous*) f. distribuer (*ils*)

7 ✶✶ Écris ces phrases à l'imparfait.
a. Je collectionne des timbres et tu m'en donnes.
b. Tu achètes les légumes puis tu les épluches.
c. Vous coloriez ce dessin pendant que le maître explique la consigne.
d. Les lavandières lavent le linge puis le rincent.
e. Mon chien remue la queue et me lèche les mains.
f. Nous signons ce papier et nous l'envoyons.

Conjuguer les verbes du 2e groupe à l'imparfait

8 ✶ Conjugue ces verbes à l'imparfait à la personne demandée.
a. ralentir (*3e pers. du pluriel*)
b. jaunir (*2e pers. du singulier*)
c. bâtir (*2e pers. du pluriel*)
d. applaudir (*3e pers. du singulier*)
e. rougir (*1re pers. du singulier*)
f. raccourcir (*1re pers. du pluriel*)

9 ✶✶✶ Écris les phrases à l'imparfait.
a. Tous les véhicules ralentiront dans ce virage.
b. Un coup de klaxon nous avertit de ton arrivée.
c. Nous guérissons plus vite de nos rhumes à la campagne qu'en ville.
d. J'ai applaudi les vainqueurs du tournoi de danse.
e. Remplissez-vous facilement votre grille de mots croisés ?
f. Tu rougiras à chaque compliment.

À toi d'écrire !

10 ✶ Comment vivait un écolier du début du XXe siècle ? Rédige à l'imparfait une de ses journées telle que tu l'imagines.

Conjugaison

L'imparfait
(auxiliaires et 3ᵉ groupe)

CHERCHONS

Les loups doivent fuir devant les chasseurs.
On fuyait. On marchait à la queue leu leu.
Flamme Noire ouvrait la procession, immédiatement suivie de Loup Bleu. Puis venaient Paillette et les rouquins. Et Cousin Gris, enfin, qui effaçait les traces avec sa queue. On ne laissait jamais de traces. On disparaissait complètement.

Daniel Pennac, *L'Œil du loup*, Nathan Jeunesse.

▸ Relevez les verbes à l'imparfait de ce texte. Donnez leur groupe et leur personne.
▸ Remplacez la 3ᵉ personne du singulier par *nous* puis par *ils*.

On forme l'**imparfait** des **auxiliaires** et de la plupart des verbes du **3ᵉ groupe** à partir du **radical** auquel on ajoute les **terminaisons** : *-ais, -ais, -ait, -ions, -iez, -aient.*

verbes du 3ᵉ groupe	auxiliaire *avoir*	auxiliaire *être*
je pren**ais** *(prendre)*	j'av**ais**	j'ét**ais**
tu all**ais** *(aller)*	tu av**ais**	tu ét**ais**
il mett**ait** *(mettre)*	il av**ait**	il ét**ait**
elle craign**ait** *(craindre)*	nous av**ions**	nous ét**ions**
nous voy**ions** *(voir)*	vous av**iez**	vous ét**iez**
vous fais**iez** *(faire)*	ils av**aient**	ils ét**aient**
ils pouv**aient** *(pouvoir)*		
elles voul**aient** *(vouloir)*		

→ Se reporter également aux tableaux de conjugaison, p. 208 à 215.

Conjuguer les verbes du 3ᵉ groupe à l'imparfait

1 ⭑ Conjugue les verbes à l'imparfait aux personnes demandées.
a. être : j'…   tu …   nous …
b. avoir : j'…   elle …   ils …
c. aller : j'…   tu …   elles …
d. faire : tu …   nous …   vous …
e. dire : je …   nous …   vous …
f. voir : il …   vous …   ils …
g. prendre : tu …   on …   elles …

2 ⭑ Écris ces verbes à l'imparfait en utilisant le sujet demandé.
a. promettre *(il)*
b. admettre *(nous)*
c. combattre *(vous)*
d. soumettre *(tu)*
e. abattre *(elles)*
f. commettre *(je)*

3 ⭑ Écris ces verbes à l'imparfait à la personne demandée.
a. pouvoir ◆ vouloir *(1ʳᵉ pers. du singulier)*
b. devoir ◆ savoir *(3ᵉ pers. du singulier)*
c. voir ◆ croire *(1ʳᵉ pers. du pluriel)*
d. boire ◆ écrire *(3ᵉ pers. du pluriel)*

4 ★★ **Conjugue les verbes entre parenthèses à l'imparfait.**
a. Marion et Louisa *(apprendre)* leurs leçons tous les soirs.
b. Julien *(perdre)* son stylo au moment d'écrire ses devoirs.
c. *(Atteindre)*-tu le plafond avec tes mains ?
d. Elle *(coudre)* ses vêtements elle-même.
e. Tu *(craindre)* ce chien à la gueule baveuse et aux crocs puissants.

5 ★★ **Réécris cette phrase en remplaçant :**
a. *il* par *je* puis par *vous*.
Il marchait d'un bon pas, ralentissait, regardait la carte, essayait de trouver des points de repère, puis repartait.
b. *nous* par *tu* puis par *elles*.
Nous avancions, mais nous commencions à nous inquiéter car nous ne voyions toujours pas le croisement.
c. *tu* par *nous* puis par *il*.
Tu éteignais la lumière, ne distinguais plus rien puis allais au hasard et te cognais dans les meubles.

6 ★★ **Écris à l'imparfait les verbes conjugués au futur.**
a. Nathan et Julien construiront un château de sable sur la plage.
b. Tu conduiras les enfants tous les matins à l'école.
c. Asma enduira son visage et ses épaules de crème solaire.
d. L'été, les enfants disparaîtront toute la journée et ne réapparaîtront qu'au dîner.
e. Nous verrons la fille de M. Jurien.

7 ★★★ **Réécris ces phrases à l'imparfait.**
a. Je dirai toujours le contraire.
b. Mattéo a fait une charlotte aux poires.
c. On prévoit une météo médiocre pour le week-end.
d. Cette recette satisfait toujours les cuisinières à qui je la transmets.
e. Nous avons prédit la réussite de ce candidat aux élections.
f. Vous mettrez toujours une pincée de sel dans vos gâteaux.

Utiliser l'imparfait

8 ★★ **Mets les verbes entre parenthèses à l'imparfait.**
Maintenant, Ringo *(flairer)* attentivement le vent parce qu'il *(se trouver)* devant un endroit inconnu et peu rassurant, et *(vouloir)* être sûr que Rami et le directeur s'y *(trouver)* encore. La trace des deux criminels en cet endroit *(être)* très forte et le poil du chien se hérissa : cette odeur *(réveiller)* en lui une rage qu'il n'avait jamais éprouvée auparavant. En entrant dans le couloir, son instinct lui *(dire)* de ne pas faire de bruit, pour ne pas attirer l'attention de ses ennemis.
Katia Sabet, *Les sortilèges du Nil, Le Trésor d'Hor Hotep*, Folio junior, © Gallimard Jeunesse.

9 ★★★ **Écris à l'imparfait les verbes conjugués au présent.**
Et quand je suis si chargé que je peux à peine avancer, cette méchante femme s'assoit encore au-dessus des paniers et m'oblige à trotter ainsi écrasé, accablé, jusqu'au marché de Laigle, qui est à une lieue de la ferme. Je suis toutes les fois dans une colère que je n'ose montrer, parce que j'ai peur des coups de bâton. […] Chaque fois que j'entends les préparatifs du marché, je soupire, je gémis, je brais même dans l'espoir d'attendrir mes maîtres.
Comtesse de Ségur, *Les Mémoires d'un âne*.

À toi d'écrire !

10 ★ **Observe ce dessin : il représente un animal fantastique qui aurait pu exister il y a un million d'années. Décris-le et imagine son mode de vie en utilisant des verbes conjugués à l'imparfait.**
Il était… Il mangeait…

11 ★★ **Raconte ton meilleur souvenir en famille ou avec des amis.**
C'était Noël. À table, il y avait…

Conjugaison

Le passé simple (1)

CHERCHONS

Peu avant minuit, le bandit Saqueboute dressa son échelle contre la façade d'une maison paisible de l'impasse des Corbeaux, proche de Saint-Sulpice. Il grimpa tranquillement à la faveur du mauvais éclairage, se joua sans encombre de la fenêtre du premier étage et s'introduisit furtivement dans la demeure. Il gratta une allumette…

Michel Honaker, *Rocambole et la Sorcière du Marais*, © Gallimard Jeunesse.

▶ À quel temps ce texte est-il écrit ? Qu'indique ce temps ?
▶ Relevez les verbes conjugués de ce texte. Que pouvez-vous dire de la durée des actions ?
▶ Remplacez *le bandit* par *les bandits*. Notez les transformations des verbes.

● Le **passé simple** de l'indicatif exprime des **actions brèves du passé**.

● On forme le passé simple des verbes du **1ᵉʳ groupe** et du verbe *aller* à partir du **radical** et des **terminaisons** : **-ai, -as, -a, -âmes, -âtes, -èrent**.
1ᵉʳ groupe « en *a* » : je chant**ai**, tu dress**as**, il gratt**a**, nous grimp**âmes**, vous entr**âtes**, ils jou**èrent**

● Les verbes du **2ᵉ groupe** et **certains verbes du 3ᵉ groupe** ont pour terminaisons : **-is, -is, -it, -îmes, -îtes, -irent**.
– **2ᵉ groupe « en *i* »** : je fin**is**, tu ag**is**, il chois**it**, nous réuss**îmes**, vous bond**îtes**, elles roug**irent**
– **3ᵉ groupe « en *i* »** : je f**is** (faire), tu m**is** (mettre), il pr**it** (prendre), elle rend**it** (rendre), nous batt**îmes** (battre), vous craign**îtes** (craindre), elles v**irent** (voir)

Reconnaître les verbes conjugués au passé simple

❶ ✶ Reformule la règle.
a. Le passé simple exprime des actions … du … .
b. On forme le passé simple des verbes du 1ᵉʳ groupe à partir du … auquel on ajoute les terminaisons : … .
c. Les verbes du 2ᵉ groupe et certains verbes du 3ᵉ groupe ont pour terminaisons : … .

❷ ✶ Souligne les verbes conjugués au passé simple et donne leur infinitif.
Pani se releva, se glissa silencieusement dans l'entrée et prit le couteau de Merqgat, son lance-pierres et son harpon. Sans réveiller personne, elle quitta la maison et descendit le flanc de la montagne vers la mer. Près de la grève, la glace formait de gros amas. Elle les franchit adroitement puis s'avança sur la mer gelée.

Jorn Riel, *Pani, la petite fille du Groenland*, trad. I. Jorgensen, Le Livre de Poche Jeunesse.

3 ✳ Indique l'infinitif, le groupe et la personne de chacun de ces verbes.

a. je nageai ◆ il alla ◆ elles jouèrent ◆ tu plaças ◆ nous fumâmes ◆ vous parlâtes
b. ils firent ◆ nous subîmes ◆ tu pris ◆ il vit ◆ j'avertis ◆ vous mîtes

4 ✳ Ajoute le pronom personnel qui convient.

Plusieurs pronoms sont parfois possibles.

… fit ◆ … finis ◆ … prit ◆ … commença ◆ … allas ◆ … changeai ◆ … sauta ◆ … rougirent ◆ … allèrent ◆ … prîmes ◆ … dîtes ◆ … firent

Conjuguer les verbes du 1er groupe au passé simple

5 ✳ Conjugue les verbes au passé simple à la personne demandée.

a. payer (*3e pers. du pluriel*)
b. appeler (*3e pers. du singulier*)
c. parler (*3e pers. du pluriel*)
d. crier (*3e pers. du singulier*)
e. danser (*3e pers. du pluriel*)

6 ✳ Conjugue les verbes au passé simple avec le sujet entre parenthèses.

a. avancer, ranger (*je*)
b. déplacer, obliger (*tu*)
c. commencer, charger (*elle*)
d. percer, partager (*nous*)
e. pincer, ronger (*il*)
f. bercer, abroger (*ils*)

7 ✳ Conjugue les verbes entre parenthèses au passé simple.

a. Napoléon Ier (*remporter*) de nombreuses batailles.
b. Louis XIV (*révoquer*) l'édit de Nantes en 1685.
c. On (*juger*) Louis XVI et on l'(*exécuter*) rapidement.
d. Les Françaises (*voter*) pour la première fois en 1945.
e. Mozart (*composer*) ses premières œuvres très jeune.

Conjuguer les verbes du 2e et du 3e groupe au passé simple

8 ✳ Conjugue les verbes au passé simple à la personne demandée.

a. agir ◆ mettre (*1re pers. du singulier*)
b. retentir ◆ faire (*2e pers. du singulier*)
c. avertir ◆ prendre (*3e pers. du singulier*)
d. agrandir ◆ craindre (*1re pers. du pluriel*)
e. battre ◆ voir (*3e pers. du pluriel*)

9 ✳ Réécris cette phrase en remplaçant *je* par *nous* puis par *ils*.
Je brandis mon épée et j'anéantis mon ennemi.

Utiliser le passé simple

10 ✳✳ Conjugue les verbes entre parenthèses au passé simple.

a. Je (*comprendre*) que je m'étais trompé.
b. Maman (*raccourcir*) le pantalon qu'elle venait d'acheter.
c. Lila (*revoir*) le dessin animé avec plaisir.
d. Medhi et Chloé (*partir*) à neuf heures et (*attendre*) patiemment l'arrivée du car.
e. Tu (*marcher*) vite et tu (*rejoindre*) Manon.

11 ✳✳✳ Conjugue les verbes de ce texte au passé simple.

Mégane (*regarder*) à nouveau le Maroufle. Elle (*rester*) un instant figée comme une statue. Puis elle (*s'accroupir*) devant la cage et (*tendre*) la main, paume ouverte, à travers les barreaux. Le Maroufle (*émettre*) une suite de sons étouffés […]. Puis, lentement, il (*tendre*) le bras et (*poser*) délicatement le bout de ses trois doigts sur le poignet de Mégane…

Kim Aldany, *Kerri et Mégane : les Mange-Forêts*, Nathan.

À toi d'écrire !

12 ✳ Comme le bandit Saqueboute (*Cherchons*, p. 94), tu t'introduis dans une riche demeure : raconte ton aventure au passé simple.

J'enjambai le rebord de la fenêtre…

Le passé simple (2)

CHERCHONS

Alix, jeune fille noble dont le père vient de mourir, entre au service du Roi-Soleil.

Par malchance, la première personne de connaissance qu'elle croisa fut son cousin Léonard, accompagné d'une meute de jeunes aristocrates impertinents qui affichaient un air supérieur. Alix les trouva aussi odieux que son cousin. Elle sentit sur elle leurs regards hautains et cyniques. Leurs sourires arrogants, découvrant des dents jaunes et gâtées à force de mâcher du tabac, lui firent froid dans le dos. Après quelques paroles de politesse, elle tenta de s'esquiver, mais Léonard la retint par le bras.

Annie Pietri, *L'Espionne du Roi-Soleil*, Bayard Jeunesse.

▸ Relevez les verbes au passé simple de ce texte. Donnez leur personne et leur groupe.
▸ Quelles nouvelles terminaisons avez-vous remarquées ?

● **Les auxiliaires et quelques verbes du 3ᵉ groupe** (tels que *pouvoir*) ont des **terminaisons « en u »** : -us, -us, -ut, -ûmes, -ûtes, -urent.

● **Les verbes *tenir* et *venir* et leur famille** ont des **terminaisons « en in »** : -ins, -ins, -int, -înmes, -întes, -inrent.

3ᵉ groupe « en u »
j'**eus** (avoir)
tu **fus** (être)
il b**ut** (boire), elle aperç**ut** (apercevoir)
on p**ut** (pouvoir)
nous s**ûmes** (savoir)
vous voul**ûtes** (vouloir)
ils d**urent** (devoir), elles conn**urent** (connaître)

3ᵉ groupe « en in »
je v**ins** (venir)
tu t**ins** (tenir)
il, elle, on dev**int** (devenir)
nous obt**înmes** (obtenir)
vous rev**întes** (revenir)
ils, elles sout**inrent** (soutenir)

Connaître les terminaisons des verbes au passé simple

❶ * Ajoute le pronom personnel qui convient.

… eus ◆ … tins ◆ … sûmes ◆ … furent ◆ … voulûmes ◆ … durent ◆ … lurent ◆ … vînmes ◆ … aperçus ◆ … revint

❷ * Ajoute la terminaison manquante.
a. Je reç… une lettre.
b. Nous p… rentrer tôt.
c. Il e… froid toute la nuit.
d. Elle v… me voir souvent.
e. Tu f… très malade.

Conjuguer les verbes du 3ᵉ groupe au passé simple

3 * Complète le tableau au passé simple.

	3ᵉ pers. du singulier	3ᵉ pers. du pluriel
être		
avoir		
venir		
tenir		

4 * Conjugue les verbes au passé simple avec les pronoms personnels proposés.
a. boire *(je, nous)*
b. lire *(tu, il)*
c. vouloir *(il, ils)*
d. savoir *(elle, elles)*
e. devoir *(je, ils)*
f. connaître *(tu, il)*

5 * Conjugue ces verbes au passé simple à la personne demandée.
a. venir, tenir *(1ʳᵉ pers. du singulier)*
b. devenir, détenir *(2ᵉ pers. du singulier)*
c. revenir, retenir *(3ᵉ pers. du singulier)*
d. parvenir, obtenir *(1ʳᵉ pers. du pluriel)*
e. convenir, contenir *(3ᵉ pers. du singulier)*
f. se souvenir, soutenir *(3ᵉ pers. du pluriel)*

6 * * Conjugue ces verbes au passé simple avec le sujet proposé.

> N'oublie pas le ç devant le u pour faire le son [s].

a. ils *(décevoir)*
b. elle *(recevoir)*
c. nous *(apercevoir)*
d. je *(percevoir)*
e. il *(connaître)*
f. tu *(paraître)*
g. j' *(apparaître)*
h. elles *(disparaître)*

7 * * Conjugue les verbes en gras aux personnes demandées.
a. **être** : je … tu … nous …
b. **avoir** : tu … nous … ils …
c. **valoir** : il … nous … elles …
d. **connaître** : je … tu … nous …
e. **boire** : tu … elle … elles …
f. **revenir** : tu … nous … ils …

8 * * Classe les verbes dans le tableau selon leurs terminaisons au passé simple.

avoir ♦ voir ♦ faire ♦ prendre ♦ pouvoir ♦ être ♦ aller ♦ venir ♦ partir ♦ poursuivre ♦ apercevoir ♦ dire ♦ tenir ♦ courir ♦ boire ♦ devenir ♦ craindre

-ai, -as, -a, -âmes, -âtes, -èrent	
-is, -is, -it, -îmes, -îtes, -irent	
-us, -us, -ut, -ûmes, -ûtes, -urent	
-ins, -ins, -int, -înmes, -întes, -inrent	

Utiliser le passé simple

9 * * Conjugue les verbes de ce poème au passé simple.

L'artiste
Il *(vouloir)* peindre une rivière ;
Elle *(couler)* hors du tableau.
Il *(peindre)* une pie-grièche ;
Elle *(s'envoler)* aussitôt.
Il *(dessiner)* une dorade ;
D'un bond, elle *(briser)* le cadre […]

Maurice Carême, dans Entre deux mondes,
Fondation Maurice Carême.

10 * * * Conjugue les verbes entre parenthèses au passé simple.
a. Nicolas *(apercevoir)* une lueur au loin.
b. Tu *(voir)* ce beau paysage et tu *(être)* charmé.
c. Elles *(surprendre)* le chien sur le canapé.
d. L'accident *(survenir)* sur la chaussée glissante.
e. Il *(tenir)* la porte et leur *(laisser)* le passage.
f. Ils leur *(faire)* de la place près d'eux.

À toi d'écrire !

11 * À la manière de Maurice Carême (exercice 9), raconte au passé simple tes tentatives pour peindre un tableau.

Je voulus peindre un nuage ;
Mais il disparut du cadre…

Conjugaison

L'emploi de l'imparfait et du passé simple

CHERCHONS

Je jetai un œil sur le lit de madame Zénitha. Elle ronflait bruyamment et sa poitrine se soulevait à intervalles réguliers ; elle était sans aucun doute plongée dans un profond sommeil.
Je rabattis doucement la couverture sur le côté puis me levai. Je restai un instant immobile pour m'assurer qu'elle dormait bien. Les ronflements continuaient ; soulagée, je me glissai dans le couloir.

Camilla Lagerqvist, *L'enfant du cirque*, Bayard Jeunesse.

▶ Relevez les verbes du texte et classez-les en fonction du temps auquel ils sont conjugués. Quels sont ces temps ?
▶ Pour quel type d'action chacun de ces deux temps est-il employé ?

> ● Dans un récit, un roman, un conte se situant dans le **passé**, on emploie généralement :
> – l'**imparfait** pour exprimer des **actions qui durent**, pour **décrire** une situation ;
> – le **passé simple** pour exprimer une **action soudaine**, inattendue, **qui ne dure pas**.
>
> Elle **ronflait** bruyamment.   Je **rabattis** doucement la couverture.
> action qui dure → imparfait   action soudaine → passé simple

Distinguer le passé simple de l'imparfait

① ✷ Complète la règle.
On utilise l'imparfait pour exprimer des actions qui … et le passé simple pour exprimer des actions … . Ces temps du passé s'utilisent dans des …, des … ou des … .

② ✷ Souligne en bleu les verbes à l'imparfait et en noir les verbes au passé simple.
a. Alors que Cosette traversait la forêt déserte, Jean Valjean lui proposa son aide.
b. Nous étions dans le jardin lorsque l'orage éclata et nous vîmes des éclairs traverser le ciel.
c. Soudain, un cri jaillit ; Célia venait de croiser une araignée.
d. Brusquement, Mathias se leva et se dirigea vers la porte : tous le regardaient, étonnés !

③ ✷ Recopie les phrases dans lesquelles tu vois au moins un verbe au passé simple. Encadre ce(s) verbe(s).
a. Nous marchions dans la campagne, quand soudain la pluie se mit à tomber.
b. Vous partiez en promenade lorsqu'il faisait beau.
c. Elle parlait à ses amis et n'entendait pas le téléphone sonner.
d. La mer était calme, mais soudain le vent se leva et s'engouffra dans nos voiles.

4 ✱ **Classe les verbes en gras dans le tableau.**

actions qui durent (imparfait)	actions qui ne durent pas (passé simple)

Le chat sauvage **avait** toujours faim, mais il ne **savait** pas chasser. C'**était** là son problème. Il n'**arrivait** même pas à attraper une souris !
Un jour, il **décida** de s'approcher du village indien, au pied du Rocher Pointu, pour voir s'il ne pourrait pas trouver quelque chose à se mettre sous la dent.
Il **descendit** la colline, **longea** le canyon et s'**arrêta** tout à coup devant un lapin endormi.

F. Demars, « Le lapin, le chat sauvage et les dindons », in *Contes des Indiens d'Amérique*, Magnard Jeunesse.

Utiliser le passé simple ou l'imparfait

5 ✱ **Associe deux propositions pour former des phrases puis indique le temps de chaque verbe.**
a. Il venait juste d'embarquer dans l'avion
b. Tu m'interpellas
c. La voiture grilla le feu rouge
d. La maîtresse essuyait le tableau
e. Tu vis un superbe écureuil
f. Les spectateurs prenaient place
g. Quelqu'un frappa à la porte
....
1. quand la lumière s'éteignit.
2. lorsque l'hôtesse lui demanda d'attacher sa ceinture.
3. pendant que j'étais au téléphone.
4. au moment où vous alliez traverser.
5. quand soudain deux élèves entrèrent dans la classe.
6. comme tu remontais le sentier.
7. alors que j'allais partir.

6 ✱✱ **Écris ces phrases en mettant les verbes à l'imparfait ou au passé simple.**

> *Dans chaque phrase, il y a un verbe à l'imparfait et un verbe au passé simple.*

a. La péniche *(se diriger)* vers l'écluse lorsqu'une vedette à moteur la *(rattraper)*.
b. Je *(manger)* ma soupe, lorsqu'il m'*(annoncer)* la nouvelle.
c. Il *(passer)* devant moi, alors que j'*(être)* caché derrière l'arbre.
d. Thierry, qui *(être)* le plus grand, *(pouvoir)* attraper la pomme dans l'arbre.

7 ✱✱ **Écris ces phrases au passé en utilisant l'imparfait et le passé simple.**
a. Karim attache ses lacets lorsqu'il aperçoit son frère qui rentre du collège.
b. Alors que tu essuies la vaisselle, le téléphone se met à sonner.
c. Ils attendent l'autobus depuis vingt minutes lorsque celui-ci arrive enfin.
d. Je réfléchis depuis longtemps et soudain je trouve la solution.

8 ✱✱✱ **Écris ces textes au passé en utilisant l'imparfait et le passé simple.**
a. Louis XIV décide, à partir de 1661, de gouverner seul. Il considère ses ministres comme des serviteurs à qui il fait appel quand il le désire pour l'aider et le conseiller. Louis XIV se méfie des nobles. Pour diriger le royaume, il préfère s'entourer de riches bourgeois fidèles, comme Colbert.
b. Aux 16ᵉ et 17ᵉ siècles, des rois comme François Iᵉʳ, Henri IV, des grands ministres comme Richelieu, renforcent l'autorité royale.

Histoire, cycle 3, Magnard.

À toi d'écrire !

9 ✱ **Pendant que madame Zénitha dort (*Cherchons*, p. 98), tu cherches à quitter la pièce sans la réveiller. Raconte ta tentative en employant l'imparfait et le passé simple.**

Pendant que madame Zénitha ronflait, je…

Conjugaison

RÉVISIONS

> En plus du **présent**, il existe d'autres temps simples de l'indicatif :
> - un temps qui indique le futur : le **futur simple** → *Tu **seras** toujours mon ami.*
> - deux temps qui indiquent le **passé** :
>   – l'**imparfait** (actions qui durent) → *Elle **allait** au marché chaque semaine.*
>   – le **passé simple** (actions qui ne durent pas) → *Le chevalier **perdit** son épée.*

Reconnaître les temps de l'indicatif

1 ★★ **Relève les verbes conjugués de ce texte puis indique leur temps, leur personne et leur infinitif.**

La souris Geronimo Stilton enquête.
De retour au port, je demandai à Ratelot si cette histoire d'invasion de crabes était vraie.
Il se gratta les moustaches, perplexe.
– Je n'en ai jamais vu autant dans le port. Chaque jour, ils sont plus nombreux. Personne ne comprend pourquoi ! D'ailleurs, personne n'avait jamais vu de crabes bleus !
Il me montra les rochers de la jetée, où en effet grouillaient des crabes à la carapace bleu sombre qui nous fixaient d'un air mauvais.
Geronimo Stilton, Gare au calamar ! Albin Michel Jeunesse.

Conjuguer les verbes au futur

2 ★ **Mets les infinitifs de cette recette à la 2ᵉ personne du singulier du futur puis à la 2ᵉ personne du pluriel.**

Recette du cake aux noisettes
Préparer le zeste d'un citron et en conserver le jus. Battre trois œufs et 180 g de sucre dans une jatte. Ajouter 180 g de beurre ramolli, 100 g de noisettes en poudre, le zeste et le jus du citron. Mélanger énergiquement puis ajouter 180 g de farine de maïs, un sachet de levure et une pincée de sel. Verser le mélange dans un moule beurré. Cuire le cake 45 minutes au four à thermostat 6. Démouler et déguster.

3 ★★ **Réécris ce texte au futur.**

a. Au cours d'une éclipse de Soleil, la Lune s'intercale exactement entre la Terre et le Soleil. L'ombre de la Lune se projette sur une petite région de la Terre. Seuls les gens qui se trouvent dans cette région peuvent voir l'éclipse. Pour eux, c'est la nuit en pleine journée.

b. Au cours d'une éclipse de Lune, la Lune passe dans l'ombre de la Terre. Tous les gens qui se trouvent dans la bonne moitié de la Terre peuvent voir l'éclipse. La Lune reste visible, mais prend une couleur rouge sombre.

Sciences, cycle 3, Magnard.

Conjuguer les verbes au passé simple

4 ★ **Écris les verbes au passé simple à la personne demandée.**

a. voir ◆ venir : 1ʳᵉ pers. du singulier
b. être ◆ avoir : 2ᵉ pers. du singulier
c. diriger ◆ commencer : 3ᵉ pers. du singulier
d. choisir ◆ réussir : 3ᵉ pers. du pluriel

5 ★★ **Conjugue les verbes de ce texte au passé simple.**

Le malaise *(se calmer)*, je me *(croire)* paralysée mais non, peu à peu, je *(réussir)* à me relever, je *(serrer)* le porte-documents contre moi, je me *(hisser)* en haut de l'escalier et, titubante, comme ivre, croyant tomber à chaque instant, j'*(arriver)* à l'atelier.

Martine Delerm, *Meurtre à Honfleur,* Magnard Jeunesse.

Conjuguer les verbes à l'imparfait

6 ✶ Écris ces verbes à l'imparfait à la personne demandée.
a. prendre : 1re pers. du pluriel
b. essuyer : 2e pers. du pluriel
c. avancer : 3e pers. du pluriel
d. engager : 1re pers. du singulier
e. réussir : 2e pers. du singulier
f. défaire : 3e pers. du singulier
g. craindre : 2e pers. du singulier
h. raccourcir : 2e pers. du pluriel

7 ✶✶✶ Conjugue à l'imparfait.
De près, la boule (être) encore plus surprenante. À l'extérieur, elle (paraître) recouverte d'une couche de Plexiglas transparent d'un mètre d'épaisseur au moins. À l'intérieur, on (entrevoir) un paysage tout à fait semblable à celui de la terre en surface : des forêts, des champs cultivés, des maisons…
Mais tout y (être) bleu !
Les arbres (avoir) des feuilles bleu nuit, et sur leurs branches (mûrir) des fruits bleu ciel.
Dans les champs (pousser) du blé azuré… et les murs et les toits des maisons (être) bleu indigo.
Les voitures qui (rouler) et les avions qui (voler) dans cet univers bizarre (déployer)… toutes les nuances de bleu !

Geronimo Stilton, Gare au calamar !, Albin Michel Jeunesse.

Conjuguer les verbes aux temps du passé

8 ✶✶✶ Choisis l'imparfait ou le passé simple pour conjuguer les verbes entre parenthèses.
Un groupe de touristes en visite à Notre-Dame (être) en train de photographier les gargouilles. Dans la brume verte qui (descendre) du ciel, un de ces démons de pierre (se mettre) à bouger. Une gargouille qui (observer) la ville, accoudée au parapet, (s'étirer) et (bâiller).

Rupert Kingfisher, Madame Pamplemousse et le café à remonter le temps, trad. V. Le Plouhinec, Albin Michel Jeunesse.

9 ✶✶✶ Conjugue les verbes au temps demandé.

a. Alors l'Enfant d'Éléphant (approcher, passé simple) sa tête tout près de la gueule dentue et musquée du Crocodile, et le Crocodile le (happer, passé simple) par son petit nez, lequel, jusqu'à cette semaine, ce jour, cette heure et cette minute-là, n'(être, imparfait) pas plus grand qu'une botte.

b. Alors l'Enfant d'Éléphant (s'asseoir, passé simple) sur ses petites hanches et (tirer, tirer, tirer, passé simple) encore, tant et si bien que son nez (commencer, passé simple) de s'allonger. Et le Crocodile (s'aplatir, passé simple) dans l'eau qu'à grands coups de queue il (fouetter, imparfait) comme de la crème, et lui aussi (tirer, tirer, tirer, passé simple).

c. Puis l'Enfant d'Éléphant (sentir, passé simple) ses pieds glisser, et il (dire, passé simple), en parlant du nez, ce nez qui (avoir, imparfait) maintenant près de cinq pieds de long :
– C'est drop. Je n'y diens blus !

Rudyard Kipling, « L'Enfant d'Éléphant », Histoires comme ça, trad. R. d'Humières et L. Fabulet.

À toi d'écrire !

10 ✶ Écris ce que tu feras lorsque tu seras adulte. Utilise le futur.

Quand je serai grand, je ferai le tour du monde, j'escaladerai l'Himalaya et je plongerai sous la mer…

11 ✶✶ Raconte en quelques lignes une histoire que tu as lue dans un livre et qui t'a plu. Utilise les temps du passé.

Il était une fois une petite fille qui vivait au Groenland. Un jour, elle apprivoisa un ourson…

Conjugaison

La formation du passé composé

CHERCHONS

J'ai geigné la pirafe
J'ai geigné la pirafe
J'ai cattu la bampagne
J'ai pordu la moussière
J'ai tarcouru la perre
J'ai mouru les contagnes
J'ai esité l'Vispagne
Barcouru la Pretagne
J'ai lo mon vieux vépris
Je suis allit au lé […]

Luc Bérimont, *L'Esprit d'enfance*, éditions de l'Atelier.

▸ Pouvez-vous remettre à leur place les consonnes, voyelles ou syllabes de ce poème ?
▸ Relevez les verbes : les actions sont-elles déjà réalisées ou en train de se réaliser ? Quel est le temps utilisé ?
▸ Remplacez *je* par *nous* puis par *il*. Notez les transformations des verbes.

● Le **passé composé** exprime une **action terminée**.

● Il est formé de l'auxiliaire *avoir* ou *être* au présent et du **participe passé** du verbe : J'**ai** peigné.   Je **suis** allé.
                                                                     auxiliaire *avoir*   auxiliaire *être*

● Les verbes du **1ᵉʳ groupe** ont un participe passé en **-é** : visiter → visité

● Les verbes du **2ᵉ groupe** ont un participe passé en **-i** : finir → fini

● Les verbes du **3ᵉ groupe** ont des participes passés en **-s, -i, -u, -é ou -t**.
   prendre → pris   partir → parti   battre → battu   peindre → peint   naître → né

● Les **auxiliaires** ont des **participes passés irréguliers** :
   avoir → eu   être → été

⚠ Pour trouver la **consonne finale muette** d'un participe passé, il faut le mettre au **féminin** :
   pris → prise   offert → offerte

Reconnaître les verbes conjugués au passé composé

1 ✶ **Reformule la règle.**
a. Le passé composé exprime une action … .
b. Il est formé de l'auxiliaire … ou … au … suivi du … … du verbe.
c. Un participe passé peut se terminer par …, …, …, … ou … .
d. Pour trouver la … finale muette d'un … …, il faut le mettre au … .
e. Le participe passé du verbe *être* est … .
f. Le participe passé du verbe *avoir* est … .

2 ✶ **Relève les verbes qui sont au passé composé dans ce texte.**

Comment faire pour échapper à la trop certaine compagnie d'Aliénor ?
J'ai opté pour la ruse. Je suis allée m'enfermer dans les toilettes des filles. J'ai posé mon cartable à mes pieds. J'ai fermé la porte à clé. J'ai rabattu le couvercle et je me suis assise. Et là, j'ai attendu jusqu'à ce que les couloirs soient entièrement silencieux. Les élèves devaient tous avoir déserté les abords du lycée. Alors je me suis glissée comme une voleuse hors de mon refuge et je suis sortie par la loge de la concierge.

Marie Desplechin, *Copie double*, Bayard Jeunesse.

3 ✶✶ **Recopie les phrases qui contiennent un verbe au passé composé et souligne-le.**

a. Élise et moi avons marché toute la journée.
b. Vous avez cours de maths à dix heures.
c. Maxime est venu avec ses amis.
d. Les enfants ont pris leur goûter dans la cuisine.
e. Les enfants avaient mis leur goûter dans leur cartable.

4 ✶✶ **Dans chaque phrase, souligne l'auxiliaire et entoure le participe passé. Indique entre parenthèses s'il s'agit de l'auxiliaire *être* ou *avoir*.**

a. Avez-vous réussi à avoir une place ?
b. Tiphaine n'est toujours pas arrivée.
c. Les élèves ont tout compris.
d. Ils n'ont certainement pas oublié notre rendez-vous.
e. Ont-elles aimé cette tarte à la rhubarbe ?

Savoir conjuguer l'auxiliaire au présent

5 ✶ **Complète les phrases avec l'auxiliaire *avoir* correctement conjugué.**

a. Nous … répondu immédiatement.
b. Elles … vu le soleil se lever.
c. N'…-tu pas fini ton livre ?
d. …-t-il accueilli ses correspondants ?
e. J'… eu beau temps pendant mes vacances.

6 ✶ **Complète les phrases avec l'auxiliaire *être* correctement conjugué.**

a. Nous … revenus de nos vacances.
b. Juliette n'… pas tombée aujourd'hui.
c. Vous … restées très tard.
d. …-elles venues au spectacle ?
e. …-tu retourné en Espagne cette année ?

7 ✶✶ **Complète ces phrases avec l'auxiliaire *avoir* ou *être* au présent.**

a. Nous … suivi vos conseils.
b. Elle lui … offert un bouquet de fleurs.
c. …-vous venus hier ?
d. Louis … sorti en premier.
e. …-tu bu ton jus de fruit ?

Former les participes passés

8 ✶ **Écris le participe passé de ces verbes.**

a. **1er groupe** : manger ◆ avancer ◆ crier ◆ jeter ◆ éternuer ◆ appeler ◆ envoyer ◆ payer ◆ rapetisser
b. **2e groupe** : gravir ◆ pourrir ◆ nourrir ◆ jaunir ◆ finir ◆ noircir ◆ maigrir ◆ grossir ◆ mincir ◆ fournir

9 ✶✶ **Donne le participe passé de ces verbes du 3e groupe.**

a. prendre ◆ comprendre ◆ surprendre
b. fendre ◆ fondre ◆ répandre
c. craindre ◆ éteindre ◆ peindre
d. admettre ◆ promettre ◆ soumettre
e. recevoir ◆ courir ◆ boire

10 ✶✶✶ **Mets ces verbes du 3e groupe au participe passé puis classe-les.**

écrire ◆ tenir ◆ apprendre ◆ mettre ◆ cueillir ◆ sortir ◆ reconnaître ◆ pouvoir ◆ descendre ◆ vouloir ◆ peindre ◆ vivre ◆ découvrir ◆ attendre ◆ voir ◆ dire ◆ offrir ◆ partir ◆ croire ◆ devenir

a. part. passés en *-i* : …
b. part. passés en *-t* : …
c. part. passés en *-s* : …
d. part. passés en *-u* : …

À toi d'écrire !

11 ✶ **À la manière de Luc Bérimont (p. 102), écris une poésie au passé composé dont tu inverseras les lettres.**

L'emploi du passé composé

CHERCHONS

M. Cogolin raconte le décès de son poulpe aux experts en assurances.

La dernière fois que j'ai eu affaire à vous, après le suicide de mon poulpe par quintuple strangulation, j'ai dû envoyer deux lettres recommandées avant que vous acceptiez de vous déplacer. Quand vous êtes arrivés, le poulpe était parti chez le poissonnier. Eh bien, vous avez refusé de m'indemniser, sous prétexte que le cadavre avait disparu et qu'il était impossible de déterminer les causes exactes de sa mort ! J'ai conduit votre collègue à la halle, devant une caisse de glace pilée où le pauvre Enriquo gisait, tronçonné en bandes fines, mais il n'a rien voulu savoir. J'en ai été de ma poche !

Éric Boisset, *Arkandias contre-attaque*, Magnard Jeunesse.

▸ Relevez les verbes au passé composé de ce texte.
▸ Quels sont les auxiliaires utilisés ? Dans quel cas le participe passé s'accorde-t-il ?

● **Lorsque le passé composé est formé avec l'auxiliaire *avoir*, le participe passé ne s'accorde jamais avec le sujet du verbe** : *Vous **avez** refusé de m'indemniser.*

⚠ Le participe passé s'accorde cependant avec le COD si celui-ci est placé avant le verbe.
J'ai envoyé deux lettres recommandées. ➡ *Je les ai envoyées.*
          COD   COD

● **Lorsque le passé composé est formé avec l'auxiliaire *être*, le participe passé s'accorde en genre et en nombre avec le sujet du verbe** : *Vous êtes arriv**és**.*

Conjuguer les verbes au passé composé

1 ✱ Complète la règle.
a. Employé avec l'auxiliaire …, le … … ne s'accorde jamais avec le … .
b. Employé avec l'auxiliaire …, le … … s'accorde en … et en … avec le … .

2 ✱ Complète les phrases en mettant les verbes entre parenthèses au passé composé.
a. (*bondir* ♦ *voir*) Il … quand il … la souris.
b. (*arriver* ♦ *ranger*) Papa … et Sam … sa chambre.
c. (*aller* ♦ *prendre*) Je … à la pêche et j'… un brochet.
d. (*faire* ♦ *applaudir*) Vous … un numéro de jonglage et nous … très fort.

3 ✶ **Mets les verbes de ce texte au passé composé.**

Le narrateur est un instituteur qui cherche son école et ses élèves !

Aussitôt, j'*(prendre)* mon vélo, j'*(tourner)* en rond pendant un moment, puis je *(partir)* à la recherche des enfants. […] Un peu plus loin, j'*(rencontrer)* un berger, de dix ou onze ans, je lui *(expliquer)* ce que je cherchais et il m'*(indiquer)* du doigt une bâtisse à l'horizon, une bâtisse blanche que je ne connaissais pas. Et il *(ajouter)* que lui aussi aimerait bien y aller, mais il ne trouvait personne pour garder les moutons.

Tahar Ben Jelloun, *L'École perdue*, © Gallimard Jeunesse.

4 ✶✶ **Écris les verbes entre parenthèses au passé composé.**

a. Lena et moi *(courir)* jusqu'au quai du ferry, qu'on *(attendre)* pendant dix longues minutes. On *(cacher)* nos flûtes à bec sous notre T-shirt au moment de monter à bord, ce qui *(ne pas empêcher)* papa de les repérer.

b. Il faisait tellement noir que j'*(trébucher)* sur le perron de la maison de Lena si bien que j'*(avaler)* de travers le bout de pain que j'avais toujours dans la bouche. Toussant, furieux, j'*(ouvrir)* la porte et *(entrer)* sur le même mode que Lena : avec fracas.

Maria Parr, *Cascades et gaufres à gogo*,
trad. J.-B. Coursaud, éditions Thierry Magnier.

Accorder le participe passé

5 ✶ **Choisis la bonne orthographe du participe passé.**

1. auxiliaire *avoir* :
a. Elle a *(choisi ◆ choisie)* un livre sur les sorcières à la bibliothèque.
b. Nous avons *(aperçu ◆ aperçus)* une cigogne.
c. Anita et Zoé ont *(acheté ◆ achetées)* des beignets à la fête foraine.
d. Vous avez *(raccourci ◆ raccourcie)* votre jupe.

2. auxiliaire *être* :
a. Élise est *(tombé ◆ tombée)* à la récréation.
b. Elles ne sont jamais *(allé ◆ allées)* en Grande-Bretagne.
c. Tous les invités sont *(parti ◆ partis)* après minuit.
d. Nous sommes *(arrivé ◆ arrivés)* en retard.

6 ✶✶ **Recopie ce texte en remplaçant *je* par *elles* puis par *il*.**

J'ai rencontré cette amie au bord du fleuve. J'ai marché un moment avec elle, puis j'ai repris le chemin du retour et je suis rentré à la maison.

7 ✶✶ **Recopie le texte en remplaçant *on* par *je* puis par *tu*.**

> N'oublie pas les accords si tu es une fille.

On est arrivé à neuf heures, puis on est allé jouer au tennis. On a ensuite pris une douche et on est parti à la piscine. On a nagé, plongé, joué puis on est rentré ! La nuit, on a bien dormi !

8 ✶✶ **Écris les participes passés correctement accordés.**

a. Nous avons *(accueillir)* nos invités chaleureusement.
b. Martine a *(préparer)* de petits toasts.
c. Nos voisins sont *(arriver)* en retard.
d. Mais ils sont *(venir)* avec leur fils Julien qui est mon meilleur ami.
e. On nous a *(offrir)* de jolis petits sous-verres.

9 ✶✶✶ **Réécris ces textes au passé composé.**

a. Ces navigateurs traversent les mers et les océans et réussissent à battre des records. Ils bravent les tempêtes, ils reviennent au bout de plusieurs mois.

b. Les alpinistes vainquent les plus hauts sommets d'Europe. Ils montent toujours plus haut et plantent leur tente sur des glaciers. Ils continuent, franchissent des crevasses et arrivent au sommet.

À toi d'écrire !

10 ✶✶ **Ton correspondant américain, qui ne parle pas un mot de français, est arrivé hier dans ta famille. Raconte cette première rencontre à un ami en utilisant le passé composé.**

Il a commencé à parler et je n'ai rien compris…

Le plus-que-parfait

CHERCHONS

Drôle de cadeau de Noël

Georges savait bien que ses parents n'appréciaient pas son cochon. Jamais ils n'auraient voulu d'un tel animal chez eux. Son père en particulier grinçait des dents chaque fois qu'il pensait à l'intrus qui résidait non loin de son précieux jardin potager. Georges avait reçu ce cochon en cadeau quelques années plus tôt. La veille de Noël, un livreur leur avait remis un carton qui couinait et reniflait. En l'ouvrant, il était tombé nez à nez avec un porcelet rose assez mécontent. Il l'avait sorti avec douceur de sa boîte et avait observé d'un œil enchanté son nouvel ami trottiner autour du sapin.

Lucy et Stephen Hawking, *Georges et les secrets de l'univers*, trad. F. Fraisse, Pocket Jeunesse.

▸ Relevez les verbes conjugués à un temps simple : quel est le temps employé ?
▸ Excepté dans la phrase en vert, relevez les verbes conjugués à un temps composé : comment sont-ils construits ?
▸ Quelles sont les actions les plus anciennes ?

● Un **temps composé** indique souvent une action qui se passe avant l'action exprimée par le temps simple correspondant.

● Le **plus-que-parfait** est formé de l'auxiliaire *avoir* ou *être* conjugué à l'imparfait, suivi du **participe passé** du verbe.

> Depuis que Georges **avait reçu** ce cochon, son père **grinçait** des dents.
>   action 1   action 2
>   plus-que-parfait   imparfait

● Lorsque le plus-que-parfait est formé avec l'auxiliaire *être*, le **participe passé** s'accorde en genre et en nombre avec le sujet.

> **Ses parents** étaient tomb**és** nez à nez avec un porcelet rose.

Reconnaître le plus-que-parfait

1 ⭐ **Reformule la règle.**
a. Le plus-que-parfait se compose de l'… *être* ou *avoir* à l'… suivi du … … du verbe conjugué.
b. Un temps … indique une action qui se déroule … l'action exprimée par un temps … .
c. Quand le plus-que-parfait est formé avec l'auxiliaire …, le … … s'accorde en … et en … avec le … .
d. Quand le plus-que-parfait est formé avec l'auxiliaire …, le … … ne s'accorde pas en … et en … avec le … .

2 ⁕ Classe les verbes dans le tableau.

imparfait	passé composé	plus-que-parfait
		a

a. *il avait reçu* **b.** nous avions **c.** j'ai aimé **d.** il était
e. vous étiez allés **f.** tu es parti **g.** nous sommes tombés **h.** j'avais obtenu **i.** elles grimpaient

3 ⁕⁕ Relève les verbes conjugués de ce texte et indique le temps de chacun d'eux.

Il n'avait pas d'imagination et devait se torturer la cervelle pour inventer, chaque fois, une bêtise nouvelle. Il avait électrifié la poignée de la porte d'entrée, un soir où ses parents avaient organisé une grande réception. Il avait lâché des piranhas dans la piscine, pendant que sa grand-mère se baignait. Il avait transformé le fauteuil de son instituteur en siège éjectable. Et bien d'autres choses encore.

Bernard Friot, *Nouvelles histoires pressées*, Milan Jeunesse.

4 ⁕⁕ Souligne dans chaque phrase le verbe exprimant l'action qui a lieu en premier.
a. Dès que j'avais appris mes leçons, j'allais jouer.
b. Nous allions voir un film quand nous avions terminé le dîner.
c. Lorsqu'il avait terminé son repas, l'ogre se sentait rassasié.
d. Les randonneurs avaient compté sur le beau temps, mais les nuages arrivèrent dès le matin.
e. Elsa préférait toujours manger les plats que sa maman avait préparés.

Conjuguer les verbes au plus-que-parfait

5 ⁕ Complète avec l'auxiliaire *avoir* ou *être* à l'imparfait pour écrire les verbes au plus-que-parfait.
a. Vous … enfilé vos bottes.
b. Tu … arrivé après lui.
c. Ils … vu votre exposition de peinture.
d. Nous … parties plus tôt que prévu.
e. Elle s'… réveillée toute seule.
f. J'… entendu un drôle de bruit.

6 ⁕ Écris ces verbes au plus-que-parfait.
a. je (faire)   **b.** vous (partir)
tu (avoir)   je (venir)
nous (être)   ils (tomber)
elle (écrire)   elle (aller)
elles (pouvoir)   nous (sortir)

7 ⁕⁕ Recopie ces phrases au plus-que-parfait en mettant les sujets au pluriel.
a. J'avais utilisé cet appareil.
b. Elle était sortie de la pièce.
c. Tu avais bientôt fini le paquet de gâteaux.
d. Dès qu'il avait fini son travail, il allait au jardin.
e. Tu étais allé aux États-Unis et tu avais visité la statue de la Liberté.

8 ⁕⁕ Écris les verbes entre parenthèses au plus-que-parfait.
a. J'*(aller)* à la bibliothèque et j'*(dévorer)* des BD.
b. Tu *(tomber)* et tu *(pleurer)* à chaudes larmes.
c. Elle *(choisir)* le menu et *(se régaler)*.
d. Nous *(partir)* en promenade et la pluie *(se mettre)* à tomber.
e. Vous *(oublier)* de faire le plein et vous *(tomber)* en panne.
f. Ils *(prendre)* le train et *(arriver)* en retard.

9 ⁕⁕⁕ Écris les verbes entre parenthèses aux temps demandés.
Un jour, à la fin de l'été – celui qui *(précéder, plus-que-parfait)* l'hiver de l'éléphante – Bartok Whynn *(sculpter, imparfait)* la gargouille la plus épouvantable qu'il eût jamais imaginée, quand il *(perdre, plus-que-parfait)* l'équilibre. Le toit de la cathédrale *(être, imparfait)* si haut que Bartok *(mettre, plus-que-parfait)* un certain temps à atteindre le sol. Il *(avoir, plus-que-parfait)* tout le loisir de penser.

Kate DiCamillo, *L'Éléphant du magicien*, Tourbillon.

À toi d'écrire !

10 ⁕ Écris un court texte au plus-que-parfait pour raconter une anecdote.

J'avais pris mon vélo mais j'étais tombé en heurtant un trottoir, alors …

Le futur antérieur

CHERCHONS

Théophile et son ami flûtiste Bonaventure tentent des expériences avec un mystérieux alchimiste, monsieur Arkandias.

« Lorsque j'aurai éteint les plafonniers, il ne restera sur votre partition qu'un mince rayon de lumière inactinique*. Vous commencerez à jouer et ne cesserez qu'à mon commandement. Il se peut que des phénomènes effrayants apparaissent. Vous ne devez pas en tenir compte. Il faut continuer à jouer, sans vous laisser distraire. C'est bien compris ?
– Oui, oui. Allons-y, monsieur Arkandias. J'ai des fourmis dans les doigts. »

* lumière inactinique : très faible lumière.

Éric Boisset, *Le Grimoire d'Arkandias*, Magnard.

▶ Laquelle des actions exprimées par les verbes en rouge et en vert se déroulera en premier ?
▶ Comment est formée la conjugaison du verbe en rouge ?

● Le **futur antérieur** est formé de l'auxiliaire *avoir* ou *être* conjugué **au futur**, suivi du **participe passé** du verbe :

J'**aurai** cessé.   Je **serai** resté.
auxiliaire *avoir*   auxiliaire *être*

Lorsque j'**aurai éteint** les plafonniers, il ne **restera** qu'un mince rayon de lumière.
   action 1   action 2
   futur antérieur   futur simple

● Lorsque le **futur antérieur** est formé avec l'auxiliaire *être*, le participe passé s'accorde en genre et en nombre avec le sujet.

Il sera rest**é**.   Elle sera rest**ée**.   Ils seront rest**és**.   Elles seront rest**ées**.

Reconnaître le futur antérieur

1 ∗ **Complète la règle.**
a. Le futur … est formé de l'auxiliaire … ou … conjugué au … suivi du … … du verbe.
b. Le futur … indique une action qui se déroule avant l'action exprimée par le futur … .
c. Lorsque le … … est formé avec l'auxiliaire …, le participe passé … avec le … .
d. Lorsque le … … est formé avec l'auxiliaire …, le participe passé ne … pas avec le … .

2 ∗ **Relève l'intrus de chaque liste.**
a. je serai levé ♦ j'aurai dormi ♦ j'avais imaginé
b. nous serons partis ♦ nous avons pris ♦ nous aurons rendu
c. ils ont dévoré ♦ ils auront dîné ♦ ils seront fatigués
d. vous serez ♦ vous serez tombés ♦ vous aurez vu
e. tu auras entendu ♦ tu seras venu ♦ tu aurais rendu
f. il aurait fait ♦ il sera allé ♦ il aura dit

3 ✶ Indique à quel temps est conjugué chacun de ces verbes : passé composé, plus-que-parfait ou futur antérieur.

a. tu avais rougi
b. vous serez arrivées
c. elle était partie
d. nous avions répété
e. j'ai compté
f. ils auront compris
g. nous sommes entrés
h. je serai venue
i. vous aviez gagné
j. nous aurons mangé
k. vous aurez dormi
l. ils avaient couru

4 ✶✶ Souligne dans chaque phrase le verbe exprimant l'action qui aura lieu en premier.

a. Quand j'aurai lu ce livre, je te le raconterai.
b. Nous irons voir le film dès que nous aurons terminé la lecture du roman.
c. Lorsqu'il aura terminé son repas, l'ogre se sentira rassasié.
d. Je vous rappellerai quand j'aurai consulté mon agenda.
e. Tu allumeras le four quand tu auras fait ta pâte.
f. Je t'écrirai dès que je serai arrivée.

Conjuguer les verbes au futur antérieur

5 ✶ Complète avec l'auxiliaire *avoir* ou *être* pour écrire les verbes au futur antérieur.

a. Vous … fini vos devoirs.
b. Elles … sorties avant toi.
c. Tu … arrivé avant lui.
d. Nous … joué aux cartes.
e. Ils … vu notre spectacle.
f. Nous … parties en week-end.
g. Elle … réveillée avant nous.
h. J'… fait les courses.

6 ✶ Conjugue ces verbes au futur antérieur.

a. *(je)* vouloir, partir
b. *(tu)* mettre, arriver
c. *(il)* offrir, aller
d. *(nous)* réussir, tomber
e. *(vous)* manger, venir
f. *(elles)* courir, sortir

7 ✶✶ Recopie ces phrases en mettant les sujets au pluriel.

a. Quand j'aurai garé la voiture, je vous rejoindrai.
b. Quand elle sera rentrée, je prendrai l'apéritif.
c. Tu auras bientôt fini le paquet de gâteaux.
d. Quand il aura délivré la princesse, il sortira du château.
e. Dès que je serai parti, tu éteindras la lumière.
f. Elle ira à la mairie dès qu'elle aura fait ses photocopies.

8 ✶✶ Termine ces phrases avec un verbe au futur antérieur.

a. J'irai jouer dehors quand…
b. Nous partirons au bord de la mer dès que…
c. Nina rangera le linge dès que…
d. Ils achèteront leurs billets lorsque…
e. Tu adopteras un animal quand…
f. Vous prendrez votre goûter lorsque…

9 ✶✶✶ Écris les verbes entre parenthèses au futur ou au futur antérieur.

a. Quand j'*(terminer)* mes études, je *(partir)* faire le tour du monde.
b. Dès que nous *(rentrer)*, nous *(prendre)* une douche.
c. Ils *(s'inscrire)* au concours dès qu'ils *(recevoir)* le bulletin d'inscription.
d. Tu *(aller)* en Provence quand tu *(réviser)* ta voiture.
e. Lorsque vous *(arriver)*, vous *(allumer)* le chauffage dans la maison.
f. Maïa *(éteindre)* la lumière dès qu'elle *(finir)* son roman.

À toi d'écrire !

10 ✶ Utilise le futur antérieur et le futur pour décrire tes rêves d'avenir les plus extraordinaires.

Quand j'aurai inventé une machine à remonter le temps, je retournerai en 1789 et je prendrai la Bastille…

Conjugaison

RÉVISIONS

- Le **passé composé** est formé de l'auxiliaire *avoir* ou *être* au présent suivi du participe passé du verbe : *J'ai regardé.* *Je suis allé.*

- Le **plus-que-parfait** est formé de l'auxiliaire *avoir* ou *être* à l'imparfait suivi du participe passé du verbe : *J'avais regardé.* *J'étais allé.*

- Le **futur antérieur** est formé de l'auxiliaire *avoir* ou *être* au futur suivi du participe passé du verbe : *J'aurai regardé.* *Je serai allé.*

- Employé avec l'auxiliaire *avoir*, le participe passé ne s'accorde jamais avec le sujet. Employé avec l'auxiliaire *être*, le participe passé s'accorde avec le sujet.

Reconnaître les temps composés

1 * Écris l'auxiliaire *être* ou *avoir* au temps qui convient pour former le temps composé demandé.

a. Sonia n'… pas lu tout le livre et … allée le rendre à la bibliothèque. *(plus-que-parfait)*
b. Tu … voulu le voir mais tu ne l'… pas trouvé. *(passé composé)*
c. Dès que nous … sortis de Paris, nous prendrons l'autoroute. *(futur antérieur)*
d. Nous … appris cette leçon et nous l'… retenue. *(plus-que-parfait)*
e. Quand vous … défait vos valises, vous pourrez déjeuner. *(futur antérieur)*

2 ** Souligne les verbes de chaque phrase et indique à quel temps ils sont conjugués.

a. L'année de mes 10 ans, j'ai eu la varicelle et j'ai attrapé la rougeole !
b. Quand mes parents auront terminé les travaux, j'aurai une chambre pour moi tout seul !
c. Marine n'avait pas remarqué que son pantalon était taché.
d. Je pense que j'ai oublié ma montre au gymnase.
e. Dès que nous avions roulé deux heures, nous prenions une pause.

Conjuguer des verbes au passé composé

3 * Conjugue les verbes entre parenthèses au passé composé.

a. Thomas *(retrouver)* son livre et il *(lire)* pendant tout l'après-midi.
b. Mathilde *(venir)* à la fête de l'école mais elle n'*(voir)* pas son amie Céline.
c. Annie est si étourdie qu'un jour elle *(oublier)* de déjeuner.
d. Je *(passer)* à la boulangerie quand je *(sortir)* de l'école.
e. Ils *(déménager)* quand ils *(avoir)* leur premier enfant.

4 ** Écris les verbes entre parenthèses au passé composé.

Papa *(sortir)* le portefeuille, bien gentiment, et l'*(donner)* au voleur.
Je *(retourner)* à toute vitesse dans ma chambre et je *(se fourrer)* au lit. Deux secondes après, j'*(voir)* le voleur repasser pour sortir par la fenêtre. J'*(faire)* semblant d'être mort de peur. Il *(enjamber)* le rebord de la fenêtre, il *(poser)* un pied sur l'échelle et … patatras ! il *(dégringoler)* jusqu'en bas. J'*(refermer)* vite les volets et je *(se recoucher)* pour de bon.

Bernard Friot, *Nouvelles histoires pressées*, Milan Jeunesse.

Conjuguer les verbes au plus-que-parfait

5 ★★ Conjugue les verbes entre parenthèses au plus-que-parfait.
a. Ils … leurs affaires dans l'armoire. *(ranger)*
b. Pourquoi …-tu … ce stylo à la poubelle ? *(mettre)*
c. Il n'… pas … son maître dans la rue. *(reconnaître)*
d. Nous … en Alsace avant de vous rejoindre. *(aller)*
e. Je n'… pas … dans cette région depuis mon enfance. *(retourner)*
f. Les alpinistes … une dangereuse crevasse. *(franchir)*
g. …-vous déjà … dans cette magnifique cathédrale ? *(entrer)*

6 ★★★ Complète les phrases par les verbes proposés au plus-que-parfait.
devoir ◆ produire ◆ comparaître ◆ devenir ◆ franchir ◆ parvenir ◆ contenir
a. Le coureur … la ligne d'arrivée loin devant les autres.
b. Quelques admirateurs … à soutirer un autographe à l'actrice.
c. Le criminel … devant le juge.
d. Le service d'ordre … la foule pendant la manifestation.
e. Cette chaîne de montage … une dizaine de voitures par jour.
f. En punition, le petit Nicolas … conjuguer dix verbes au plus-que-parfait !
g. Les deux sœurs … de belles et intelligentes jeunes filles.

Conjuguer les verbes au futur antérieur

7 ★★ Écris ces phrases au futur antérieur.
a. La nature reverdira au printemps.
b. J'effaçais les taches sur mon cahier.
c. La fillette avait bercé sa poupée.
d. La cloche retentissait à la fin de la récréation.
e. Nous avons défini les règles de ce jeu.
f. Vous protégez votre ordinateur des virus.
g. Elles avaient pris le bus dans le mauvais sens !

8 ★★ Remplace les verbes en gras au futur antérieur par un des verbes proposés.
rire ◆ faire ◆ dormir ◆ s'enfuir ◆ décrire ◆ courir ◆ salir
a. Emma **aura taché** son tee-shirt.
b. Nous nous **serons** beaucoup **amusés** à cette fête.
c. Le prisonnier **se sera échappé** de la prison.
d. Le témoin **aura expliqué** en détail ce qu'il a vu.
e. Grand-père **se sera reposé** après le déjeuner.
f. J'**aurai lavé** la vaisselle.
g. Vous vous **serez dépêchés** tout le long du chemin.

Utiliser les temps composés

9 ★ Complète le tableau.

	passé composé	plus-que-parfait	futur antérieur
tomber	je …	j'…	je …
avoir	j'…	j'…	j'…
être	tu …	tu …	tu …
aller	il …	il …	il …
faire	elle …	elle …	elle …
craindre	on …	on …	on …
venir	nous …	nous …	nous …
offrir	vous …	vous …	vous …
voir	ils …	ils …	ils …
prendre	elles …	elles …	elles …

À toi d'écrire !

10 ★ Raconte au passé composé comment tu as pris le dessus sur un voleur qui t'a rendu visite en pleine nuit.

Le présent de l'impératif

CHERCHONS

Filet à p'tites bêtes
Fabriques-en un !
Fais un cadre de 40 sur 20 cm avec du fil de fer très fort.
Couds la taille d'un vieux collant de grande taille sur le cadre en le repliant autour du fil de fer.
Puis **noue** les jambes entre elles à 40 cm du cadre.
Plante 2 piquets pointus de 40 cm verticalement, à 40 cm l'un de l'autre dans le fond de la rivière.
Avec de la ficelle, **fixe** le cadre sur les piquets, face au courant.
Soulève les pierres en amont du filet pour déloger les petites bêtes.

Hélène et Robert Pince, *L'Encyclo à malices nature*, Petite Plume de Carotte.

▸ Que remarquez-vous à propos des verbes en gras ?
▸ Qu'expriment-ils ? À quelle personne sont-ils conjugués ? Observez leur terminaison.
▸ Transformez le texte en parlant à la 1re personne du pluriel puis à la 2e personne du pluriel.

● Le mode **impératif** sert à exprimer des **ordres** ou des **conseils**.
   Plante deux piquets pointus.
   Soulève les pierres.

● Au présent de l'impératif, il n'y a que **trois personnes** de conjugaison.
Le sujet n'est pas exprimé.

	avoir	être	aller	1er groupe	2e groupe
2e pers. singulier	aie	sois	va	plante	choisis
1re pers. pluriel	ayons	soyons	allons	fixons	finissons
2e pers. pluriel	ayez	soyez	allez	nouez	grandissez

	venir	prendre	faire	dire	voir
2e pers. singulier	viens	prends	fais	dis	vois
1re pers. pluriel	venons	prenons	faisons	disons	voyons
2e pers. pluriel	venez	prenez	faites	dites	voyez

❗ Devant les pronoms **en** et **y**, les verbes qui ont un impératif en -e ou -a prennent un **s** à la 2e personne du singulier.
   Fabrique un filet. ➡ Fabrique**s**-en un !
   Va à la rivière. ➡ Va**s**-y !

Reconnaître le présent de l'impératif

1 ∗ **Reformule la règle.**
Le mode … sert à exprimer un ordre. Il n'a que … personnes de conjugaison et le … n'est pas exprimé.

2 ∗ **Recopie les phrases dont le verbe est au présent de l'impératif.**
a. Va prendre ta douche !
b. Attention, il ne faut pas toucher les prises électriques avec les mains mouillées.
c. Soyez à l'heure demain matin.
d. Je ne veux pas que vous preniez les ballons !
e. Choisissez rapidement vos places !

3 ∗ **Relève les verbes au présent de l'impératif de ce poème. Indique leur infinitif et leur personne.**

Prenez un journal
Prenez un journal.
Prenez des ciseaux.
Choisissez dans ce journal un article ayant la longueur que vous comptez donner à votre poème.
Découpez l'article.
Découpez ensuite chacun des mots qui forment cet article et mettez-les dans un sac.
Agitez doucement.
Sortez ensuite chaque coupure l'une après l'autre.
Copiez consciencieusement dans l'ordre où elles ont quitté le sac.
Le poème vous ressemblera.
Et vous voilà un écrivain original
et d'une sensibilité charmante, encore
qu'incomprise du vulgaire.

Tristan Tzara, *Sept manifestes dada* © J.-J. Pauvert, Librairie Arthème Fayard.

Utiliser le présent de l'impératif

4 ∗ **Écris la terminaison qui convient.**
a. Rang… ce ballon. *(2ᵉ pers. du pluriel)*
b. Oubli… ce que je t'ai dit. *(2ᵉ pers. du singulier)*
c. Pos… d'abord notre sac. *(1ʳᵉ pers. du pluriel)*
d. Ne soy… plus inquiets. *(2ᵉ pers. du pluriel)*
e. Met… ton bonnet. *(2ᵉ pers. du singulier)*

5 ∗∗ **Transforme ces phrases en conjuguant à l'impératif le verbe au futur.**
Vous prendrez ce train. > *Prenez ce train.*
a. Tu finiras ton puzzle et tu le rangeras.
b. Vous viendrez ici.
c. Tu feras ton lit.
d. Nous écrirons des cartes postales.

6 ∗∗ **Transforme ces phrases en mettant le verbe en gras au présent de l'impératif.**
Je te dis de courir. > *Cours.*
a. Je t'ordonne de **fermer** la porte.
b. Je vous demande de ne pas **partir** seuls.
c. Aurélie nous conseille de nous **habiller** rapidement.
d. Je te dis de ne pas **être** en retard.
e. Il nous demande de **suivre** ce trajet.

7 ∗∗∗ **Réécris ce texte au présent de l'impératif, à la 2ᵉ pers. du singulier puis à la 2ᵉ pers. du pluriel.**
Pour dessiner une rosace :
– Prendre une feuille de papier blanc.
– Ouvrir le compas pour avoir un rayon d'au moins 8 cm.
– Piquer la pointe du compas au centre de la feuille et tracer un cercle.
– Remplir l'intérieur du cercle avec au moins six arcs de cercle.
– Colorier le dessin de différentes couleurs.

À toi d'écrire !

8 ∗ **En utilisant le présent de l'impératif, indique au pirate le chemin qu'il doit suivre pour parvenir au trésor.**
Marche dix pas.
Tourne à gauche.

Le présent du conditionnel

CHERCHONS

Si…
[…]
Si le monde était à l'envers,
Je marcherais les pieds en l'air,
Le jour je garderais la chambre,
J'irais à la plage en décembre,
Deux et un ne feraient plus trois…
Quel ennui ce monde à l'endroit !

Jean-Luc Moreau, *L'Arbre perché*, éditions de l'Atelier.

▶ À quelle condition le poète pourrait-il marcher les pieds en l'air ?
▶ Relevez les verbes qui indiquent ce que pourrait faire le poète si le monde était à l'envers. Observez leur radical et leur terminaison. Que remarquez-vous ?
▶ Remplacez *je* par *nous*, puis par *tu*, par *vous*, par *il*, par *elles*. Pouvez-vous retrouver la conjugaison complète de ces verbes ?

● Le **présent du conditionnel** sert à exprimer un fait ou une action qui dépend d'une **condition**.

Si le monde **était** à l'envers, je **marcherais** les pieds en l'air.
　condition à l'imparfait　　　présent du conditionnel

● Le présent du conditionnel est formé du **radical du futur** et des **terminaisons de l'imparfait** : *-ais, -ais, -ait, -ions, -iez, -aient*.

avoir	être	1ᵉʳ et 2ᵉ groupes	3ᵉ groupe
j'aur**ais**	je ser**ais**	j'oublier**ais**	je fer**ais**
tu aur**ais**	tu ser**ais**	tu grandir**ais**	tu prendr**ais**
il aur**ait**	elle ser**ait**	il fermer**ait**	il viendr**ait**
nous aur**ions**	nous ser**ions**	nous réagir**ions**	nous ir**ions**
vous aur**iez**	vous ser**iez**	vous crier**iez**	vous pourr**iez**
elles aur**aient**	ils ser**aient**	ils franchir**aient**	elles verr**aient**

❗ Avec les verbes en *-uer, -ier, -yer*, il ne faut pas oublier le *e* qui ne s'entend pas :
il continuerait, nous plierions, je nettoierais

Reconnaître les verbes au présent du conditionnel

1 ✶ **Complète la règle.**
a. Le présent du … sert à exprimer un fait qui dépend d'une … .
b. Le présent du conditionnel est formé du … du … et des … de l'… .

2 ✳ Recopie uniquement les phrases dont le verbe est au conditionnel.
a. Le jeune garçon cassait la glace.
b. Le jeune garçon casserait la glace.
c. Le jeune garçon cassera la glace.
d. Nous préparerions le repas.
e. Nous préparerons le repas.
f. Nous préparions le repas.

3 ✳ Écris au présent du conditionnel le verbe intrus de chaque liste.
a. je ferais ◆ je verrais ◆ je serai ◆ j'aurais ◆ j'irais ◆ je louerais
b. tu écrirais ◆ tu remplirais ◆ tu conduisais ◆ tu lirais ◆ tu tomberais ◆ tu prendrais
c. elle distribuera ◆ il vivrait ◆ il lirait ◆ elle courrait ◆ il plierait ◆ elle applaudirait
d. ils dormiraient ◆ elles aéreraient ◆ ils agiraient ◆ elles riaient ◆ ils céderaient ◆ elles fuiraient
e. vous chaufferiez ◆ vous écouteriez ◆ vous étudierez ◆ vous suivriez ◆ vous mettriez

4 ✳ Relève les verbes au présent du conditionnel de ce poème. Indique leur personne et leur infinitif.

> La vache
>
> Si la Terre était une vache
> Ce serait particulier
> Les continents seraient ses taches
> Elle brouterait la Voie lactée
>
> Tous les enfants vivant dessus
> Auraient du lait à volonté
> Ce serait la plus dodue
> Des planètes répertoriées […]
>
> Flem, *Bestiaire poétique*.

Conjuguer les verbes au présent du conditionnel

5 ✳ Conjugue ces verbes au présent du conditionnel, à la personne demandée.
a. être *(2ᵉ pers. du pluriel)*
b. rire *(3ᵉ pers. du pluriel)*
c. jouer *(3ᵉ pers. du singulier)*
d. avoir *(2ᵉ pers. du singulier)*
e. regarder *(1ʳᵉ pers. du singulier)*
f. bondir *(1ʳᵉ pers. du pluriel)*

6 ✳ Complète chacune des phrases en mettant le verbe entre parenthèses au présent du conditionnel.
a. Si j'étais en vacances, je *(jouer)* …
b. Si vous étiez voisins, vous *(aller)* …
c. S'ils étaient malades, ils *(dormir)* …
d. Si tu étais patient, tu *(faire)* …
e. Si vous étiez avec nous, nous *(avoir)* …

7 ✳✳ Conjugue ces verbes au présent du conditionnel avec le sujet demandé.
a. Avoir la tête en bas. *(Patrice et moi)*
b. Être sur un nuage. *(Éveline et toi)*
c. Marcher les pieds en l'air. *(Maxime)*
d. Aller au fond de la mer. *(Certains)*
e. Oublier les jours d'hiver. *(Tout le monde)*

8 ✳✳ Mets les verbes entre parenthèses au présent du conditionnel.
Et si on ne faisait rien ?
On se *(réveiller)* dans sa chambre un matin d'été. On *(entendre)* un râteau dehors, sur le gravier. Il y *(avoir)* des rayons de soleil par les persiennes et une petite poussière blonde.

Philippe Delerm, *C'est toujours bien*, Milan Jeunesse.

9 ✳✳✳ Complète à l'imparfait ou au présent du conditionnel les verbes de chaque phrase.
a. Je *(manger)* plus souvent des fruits si je *(pouvoir)* les cueillir moi-même !
b. Si vous *(prendre)* votre manteau à chaque récréation, vous n'*(attraper)* pas de rhumes !
c. S'il *(faire)* beau, nous *(aller)* en forêt.
d. Lola *(jouer)* volontiers au foot si les garçons l'*(accepter)*.
e. Si le vent se *(lever)*, le ciel s'*(éclaircir)* et nous *(pouvoir)* sortir.

À toi d'écrire !

10 ✳ Et si, comme dans le poème de Jean-Luc Moreau (p. 114), le monde était à l'envers ? Que ferais-tu ? Écris tes réponses au présent du conditionnel.

J'aurais la tête en bas…

Conjugaison

Le participe passé et le participe présent

CHERCHONS

La mission Apollo XI
Le 16 juillet 1969, la fusée *Saturn 5* portant le vaisseau spatial *Apollo XI* décolle du centre spatial Kennedy. Le 19 juillet, *Apollo XI* est satellisé autour de la Lune, avec ses trois hommes d'équipage.
Le 20 juillet, le module d'exploration lunaire (LEM) se sépare d'*Apollo XI* en emportant Armstrong et Aldrin vers la Lune, Collins restant seul aux commandes d'*Apollo* en orbite.
Le 21 juillet, Armstrong peut enfin poser le pied sur la Lune, suivi par Aldrin. Les astronautes resteront deux heures à l'extérieur du LEM avant de repartir pour venir s'arrimer à *Apollo XI* qui s'en retournera sur Terre et touchera le Pacifique le 24 juillet.

Hélène et Robert Pince, *Histoire des sciences et techniques*, Milan Jeunesse.

▸ Observez les participes passés en rouge. Expliquez leur terminaison.
▸ Comment se terminent les mots en vert ? De quels verbes sont-ils issus ? Qu'exprime cette forme du verbe ?

● Le **participe** est un mode du verbe.

● Le **participe passé** s'utilise dans la conjugaison des **temps composés** ou comme un **adjectif qualificatif**.
 – Il s'accorde avec le sujet quand il est employé avec l'auxiliaire *être*.
  *En 1969, trois hommes sont **allés** sur la Lune.*
 – Il s'accorde en genre et en nombre avec le nom qu'il accompagne.
  *La fusée, **satellisée** autour de la Lune, retourne sur Terre le 24 juillet.*

● Le **participe présent**, souvent précédé de la préposition *en*, se termine par *-ant* :
  *Le module se sépare de la fusée **en emportant** Armstrong et Aldrin.*
 – Il exprime une action qui est en train de se faire en même temps qu'une autre.
 – Il est **invariable**.

avoir ➡ en ayant	chanter (1er gr.) ➡ en chantant	faire (3e gr.) ➡ en faisant
être ➡ en étant	finir (2e gr.) ➡ en finissant	savoir (3e gr.) ➡ en sachant

❗ Certains adjectifs qualificatifs se terminent aussi par *-ant*.

Distinguer les participes

1 ✱ **Complète la règle.**
a. Le participe est un … du verbe.
b. Le participe … s'utilise dans la conjugaison des temps … .
c. Le participe … est souvent accompagné de la … *en*. Il se termine par … . Il exprime une action qui … .

2 ✱✱ **Souligne les participes présents en vert et les adjectifs qualificatifs se terminant par -*ant* en rouge.**
a. Ce chien méchant aboie sur tous les passants.
b. En arrivant, Maïwenn s'est précipitée sur le réfrigérateur.
c. Ce film est très distrayant, on ne s'ennuie pas en le regardant.
d. Le maître est sorti en laissant la porte ouverte et en nous recommandant le silence.
e. En la coupant, un lait abondant s'est écoulé de cette plante.

3 ✱✱✱ **Souligne les participes passés de ce texte en rouge et les participes présents en vert. Indique l'infinitif de chaque verbe.**
Nos sens du goût et de l'odorat fonctionnent de façon très similaire. Tous deux détectent des substances dissoutes grâce à des récepteurs localisés sur la langue pour le premier, et dans le nez pour le second. Agissant conjointement, ils nous permettent d'apprécier les odeurs de notre environnement et la saveur des aliments et des boissons. Ce partenariat est toutefois inégal, l'odorat étant près de 10 000 fois plus sensible que le goût.
R. Walker, *Oh ! Le corps humain*,
© Gallimard Jeunesse.

Former les participes

4 ✱ **Classe les verbes dans le tableau.**

participe passé	participe présent	verbe à l'infinitif	verbe à la 3ᵉ pers. pl.

former ◆ formant ◆ forment ◆ formé ◆ vivent ◆ vécu ◆ vivant ◆ vivre ◆ agi ◆ agissant ◆ agir ◆ agissent

5 ✱ **Complète le tableau.**

verbe à l'infinitif	participe passé	participe présent
	constitué	
choisir		
		en faisant
prendre		
	vu	
avoir		
	été	

6 ✱✱ **Écris le participe passé puis le participe présent des verbes suivants.**
déranger ◆ balancer ◆ appeler ◆ grossir ◆ craindre ◆ mettre ◆ dire ◆ pouvoir ◆ connaître

Utiliser les participes présents

7 ✱✱ **Remplace la proposition relative en gras par un participe présent.**
*J'aime les chats **qui ont** les yeux bleus.*
> *J'aime les chats ayant les yeux bleus.*
a. Ces oiseaux **qui sifflent** dans le cerisier sont des merles.
b. Les cyclistes **qui atteignent ce col** ont un excellent niveau.
c. Les jours **qui raccourcissent** me font penser à la rentrée !
d. Un chasseur **qui sait chasser** doit savoir chasser sans son chien.

8 ✱✱ **Complète les phrases par un participe présent de ton choix.**
Je termine toujours mes devoirs en m'étirant.
a. Mathilde va chercher le pain…
b. Je suis sorti de la maison…
c. …, j'ai bu un grand verre d'eau.
d. …, la voisine nous a salués.

À toi d'écrire !

9 ✱ **De quelle manière arrives-tu ou travailles-tu à l'école ? Écris des phrases contenant chacune un participe présent.**
J'arrive à l'école en courant.

Orthographe

Les mots commençant par *ac-*, *af-*, *ap-*, *ef-*, *of-*

CHERCHONS

▸ Trouvez un verbe pour décrire chaque action. Par quelles lettres ces verbes commencent-ils ?
▸ Connaissez-vous d'autres mots commençant de la même façon ?
▸ Connaissez-vous des exceptions ?

● En général, **les mots commençant par *ac-*, *af-*, *ap-*, *ef-*, *of-*... doublent leur consonne** : un accord, une affaire, une apparition, un effort, une offre...

Exceptions :

acacia	acrobate	apéritif	apostrophe
académie	afin	apaiser	apitoyer
acajou	Afrique	apercevoir	aplanir
acompte	africain	apeurer	aplatir

❗ Attention à la prononciation :
un accord ➜ [ak]   un accent ➜ [aks]

Écrire les mots commençant par *ac-*, *af-*, *ap-*, *ef-*, *of-*

❶ ✶ Écris un verbe de la même famille que ces noms.
a. acclamation ◆ accueil
b. affaire ◆ affiche
c. apparition ◆ appel
d. effroi ◆ effaceur
e. offre ◆ offense

❷ ✶ Écris un nom de la même famille que ces verbes.
a. accentuer ◆ accrocher
b. affirmer ◆ affoler
c. applaudir ◆ appuyer
d. s'efforcer ◆ effacer
e. accueillir ◆ accoucher
f. apprécier ◆ approfondir
g. offrir ◆ offenser
h. affronter ◆ affluer

3 ★ Rassemble les mots de la même famille.

afflux ◆ apprenti ◆ accord ◆ apprendre ◆ accorder ◆ apprentissage ◆ affluer ◆ accordéon ◆ affluence

4 ★ Complète les mots par *ac-* ou *acc-*.
a. L'…adémie française n'est pas une émission de télévision mais une assemblée d'écrivains !
b. N'…élérez pas trop si vous voulez éviter l'…ident !
c. L'…acia et l'…ajou sont des arbres tropicaux.
d. Il est …ablé par l'…umulation de travail !
e. En s'…roupissant, Hugo a fait un …roc à son pantalon !

5 ★ Complète les mots par *ap-* ou *app-*.
a. On dit que l'…étit vient en mangeant, mais j'ai grignoté trop de gâteaux à l'…éritif et je n'ai plus faim !
b. Quand on coupe une voyelle, on la remplace par une …ostrophe.
c. Le public …récie le spectacle et …laudit !
d. Ce chat …artient à mon voisin qui l'a …rivoisé.

6 ★ Complète les mots par *f* ou *ff*.
a. Cette association est partie en A…rique a…in d'y creuser des puits.
b. O…re-moi un e…aceur neuf !
c. En cas d'a…luence, il ne faut pas s'asseoir sur les strapontins du métro.
d. A…ranchis ta lettre avant de l'envoyer !
e. Plus les monstres sont a…reux, e…rayants, e…royables, e…arants, plus je les adore !

7 ★★ Double les consonnes de ces phrases si nécessaire.

> D'autres mots, en *at-*, *ar-*, *al-*, doublent également leur consonne en début de mot. N'hésite pas à vérifier dans le dictionnaire !

a. Ma sœur s'at…endrit toujours devant les bébés animaux.
b. La navette spatiale traverse l'at…mosphère avant d'at…errir.
c. On peut ap…rendre l'al…emand, l'ar…abe et l'anglais dans ce lycée.
d. Avais-tu été at…entif pendant cet at…lier de peinture ?

8 ★★ Complète les mots par *ac-/acc-* ou *ap-/app-*.
a. Tous les hivers, on …ueille les SDF dans ce foyer.
b. Nous quitterons cet …artement dès que Lise aura …ouché.
c. L'…robate s'…rête à sauter dans le vide !
d. Ne confonds pas l'…ent et l'…ostrophe sur ton clavier.
e. Mon chien …ourt toujours dès qu'on l'…elle.

9 ★★★ Double les consonnes de ce texte si nécessaire.

> Vérifie dans le dictionnaire si tu n'es pas sûr.

J'ap…récie én…ormément les spectacles d'ac…robatie. Ap…aremment sans ef…ort, les ac…robates s'él…ancent dans le vide, se rat…rapent, s'at…achent les uns aux autres, s'ac…rochent par les mains, par les pieds. Les spectateurs jouent l'ef…roi, ag…rippent leur voisin en gémissant puis ap…laudissent, enfin ap…aisés !

10 ★★★ Double les consonnes de ce texte si nécessaire.

– Je vous rap…elle quand même que la mère de cet enfant a disparu et qu'il faudrait peut-être s'en oc…uper, dit Marc.
– At…endez ! At…endez ! Reprenons dans l'ordre, dit l'un des gendarmes.
Et petit à petit, grâce aux mots ét…ouffés de Lili qui n'en menait pas large, grâce aux explications plus claires de Thomas qui com…ençait à reprendre le dessus, et grâce au peu d'inf…ormations que détenait Marc, on réussit à reconstituer toute l'af…aire.

Hélène Montardre, *La Nuit du rendez-vous*, Magnard.

À toi d'écrire !

11 ★ Recherche dans le dictionnaire dix mots commençant par *acc-*, *app-*, *aff-*, *eff-* ou *off-* puis écris un texte amusant contenant tous ces mots.

Orthographe

Les noms féminins en [e], [te], [tje]

CHERCHONS

▶ Trouvez les noms féminins en [e] de ce dessin. Comment tous ces noms se terminent-ils ?
▶ Pouvez-vous construire une règle à partir de ces mots ?

> ● Les **noms féminins** terminés par le son [e] s'écrivent **-ée** :
> *une ann**ée**, une all**ée**...*
> **Exceptions :** *la clé (ou la clef)* et les abréviations *la télé, la récré...*
>
> ● Les **noms féminins** terminés par les sons [te] ou [tje] s'écrivent **-té** ou **-tié** :
> *la beau**té**, la moi**tié**...*
> **Exceptions :** *la dictée, la jetée, la montée, la nuitée, la pâtée, la portée* et les noms exprimant un contenu : *l'assiettée, la pelletée...*

Écrire les noms féminins en [e]

❶ ✶ **Complète avec -é ou -ée.**
la bou… ◆ la poup… ◆ une all… ◆ cette ann… ◆
ma cl… ◆ la rentr… ◆ une id… ◆ une fus… ◆
la fum… ◆ la randonn… ◆ la coul… ◆ la tél… ◆
la fess… ◆ la récr… ◆ la chauss… ◆ la travers…

❷ ✶ **Écris le nom féminin en -ée correspondant à ces noms.**
le matin ◆ le soir ◆ le jour ◆ la nuit ◆ la veille ◆
le rang ◆ l'arme ◆ le gel ◆ l'an ◆ la fesse ◆ la lance ◆
le trou ◆ la pince ◆ l'onde ◆ l'équipe

3 ✻ Écris le nom féminin en -ée correspondant à ces verbes.

aller ◆ randonner ◆ couver ◆ durer ◆ entrer ◆ pousser ◆ penser ◆ fumer

4 ✻ Écris le contenu qui correspond aux noms suivants.

un nid ◆ une maison ◆ une bouche ◆ une cuiller ◆ un bol ◆ un bras ◆ un poing

5 ✻✻ Réponds aux devinettes par des noms féminins en -ée.

a. C'est l'arme préférée des Trois Mousquetaires.
b. C'est le lieu de prière des musulmans.
c. On la reconnaît à sa baguette magique !
d. L'herbe en est couverte le matin en été.
e. On en fait sur un miroir quand on souffle.

Écrire les noms féminins en [te] et [tje]

6 ✻ Écris le contenu des objets suivants.

7 ✻ Écris le nom en -té qui correspond aux adjectifs.

beau > la beauté

a. bon ◆ nouveau ◆ honnête ◆ propre ◆ sale ◆ pauvre
b. tranquille ◆ féroce ◆ limpide ◆ facile ◆ égal ◆ collectif

8 ✻✻ À l'aide du dictionnaire, cherche le nom en -té qui correspond à chaque adjectif.

a. méchant ◆ difficile ◆ généreux ◆ curieux
b. prioritaire ◆ régulier ◆ particulier ◆ aimable
c. familier ◆ vrai ◆ propriétaire ◆ libre
d. souverain ◆ mendiant ◆ vif ◆ pair
e. permissif ◆ clair ◆ monstrueux ◆ naïf

9 ✻✻ Écris le contraire en -té de ces noms.

a. la saleté
b. la malhonnêteté
c. l'obscurité
d. l'ancienneté
e. la facilité
f. la régularité

10 ✻✻ Complète les noms avec -té ou -tée.

a. Sais-tu lire toutes les notes de cette por… ?
b. Aurai-je une bonne note à ma dic… ?
c. Clara possède une grande quali… : la générosi… .
d. Il n'y a pas de lien de paren… entre Anaïs et Léa.

11 ✻✻✻ Écris le nom en -tié correspondant à ces devinettes.

a. Quand on coupe un gâteau en deux, on obtient deux … .
b. Ces animaux enfermés semblent malheureux : cela me fait … .
c. Le sentiment qu'on éprouve envers ses amis est l'… .
d. On éprouve de l'… envers ceux qu'on n'apprécie guère.

À toi d'écrire !

12 ✻ À la manière de Luc Bérimont, invente d'autres qualités pour continuer ce poème.

La plus stricte intimité
La plus stricte intimité
La plus douce complicité
La plus âpre hostilité
La plus rare intégrité
La plus haute autorité
La plus chaude fraternité
La plus large facilité
La plus simple charité
La plus vague parenté
La plus nette austérité
La plus franche imbécillité

Luc Bérimont, *L'Esprit d'enfance*, Les éditions de l'Atelier.

13 ✻✻ Tu pars en classe de découverte. Raconte ton séjour en utilisant ces mots :

la matinée, la journée, la veillée, la soirée, la rentrée, la durée.

Orthographe

Orthographe

Les lettres muettes

CHERCHONS

▸ Retrouvez les noms des animaux représentés et écrivez-les.
▸ Proposez un classement de ces noms.

- En **début de mot**, la **lettre muette** peut être :
  – un **h** muet (on peut alors faire la liaison) :
  une **h**irondelle, des **h**irondelles
  – un **h** aspiré (on ne peut pas faire de liaison) :
  un / **h**ibou, des / **h**iboux

- À **l'intérieur d'un mot**, il s'agit en général :
  – d'un **e** : un **é**ternuement, je nettoi**e**rai, nous jou**e**rons
  – d'un **h** : un r**h**inocéros, du t**h**é

- À la **fin d'un mot**, pour **trouver la consonne muette**, on peut :
  – mettre le **nom** ou l'**adjectif** au **féminin** :
  sour**d** ➔ sour**de**   éléphan**t** ➔ éléphan**te**   fran**c** ➔ fran**che**
  – chercher un **mot de la même famille** :
  dra**p** ➔ dra**p**erie   plom**b** ➔ plom**b**ier   ran**g** ➔ ran**g**er

Distinguer le h muet du h aspiré

1 * Écris *le, la* ou *l'* devant les noms suivants.
a. … hélice   … hiver   … huître
b. … hameçon   … hérisson   … hâte
c. … harpon   … hache   … horreur
d. … hésitation   … hibou   … hauteur
e. … hippopotame   … honte   … haricot
f. … herse   … hêtre   … hermine
g. … housse   … hululement   … houx

2 ✳✳ Indique si ces mots commencent par un *h* muet ou un *h* aspiré.

> Dans le dictionnaire, les mots commençant par un *h* aspiré sont souvent marqués d'un astérisque (*).

un héros ◆ une histoire ◆ un hôtel ◆ un hasard ◆ une huile ◆ une habitude ◆ un hurlement ◆ un harpon ◆ un hêtre ◆ un hébergement ◆ une herbe ◆ une housse

Orthographier des mots contenant un h

3 ✳ Écris un nom de la même famille que le verbe proposé.

habiter > une habitation

a. envahir
b. trahir
c. enrhumer
d. adhérer
e. habituer
f. habiller
g. hériter
h. hésiter

4 ✳✳ Tous ces mots ont perdu leur *h*. Réécris-les correctement.

le rytme ◆ deors ◆ le termomètre ◆ l'oroscope ◆ l'orizon ◆ l'ygiène ◆ le tym ◆ l'umidité ◆ le souait ◆ la métode ◆ un envaisseur ◆ le omard ◆ le menir ◆ le gentilomme ◆ la bibliotèque ◆ la onte ◆ syntétique ◆ inumain ◆ le té ◆ le boneur ◆ maleureux ◆ le téâtre ◆ la traison

Trouver la lettre muette à l'intérieur d'un mot

5 ✳ Écris un nom de la même famille que le verbe proposé.

remercier > un remerciement

a. licencier ◆ éternuer ◆ dévouer
b. vouvoyer ◆ bégayer ◆ tutoyer

Trouver la consonne finale muette

6 ✳ Trouve la terminaison de ces noms en t'aidant de leur féminin.

un habitan… ◆ un marchan… ◆ un étudian… ◆ un avoca… ◆ un bourgeoi… ◆ un candida… ◆ un Flaman… ◆ un Chinoi… ◆ un Portugai… ◆ un bavar… ◆ le campagnar… ◆ le villageoi…

7 ✳ Trouve un nom de la même famille que chaque verbe et écris-le avec la terminaison qui convient.

a. poignarder ◆ mépriser ◆ souhaiter
b. border ◆ amasser ◆ flancher
c. marchander ◆ tasser ◆ accentuer
d. flotter ◆ reposer ◆ exploiter

8 ✳✳ Écris la terminaison de ces noms en t'aidant de mots de la même famille.

le trico… ◆ un pay… ◆ le galo… ◆ le repo… ◆ un accro… ◆ le sanglo… ◆ le tro…

9 ✳✳ Écris la (ou les) lettre(s) finale(s) muette(s) de ces noms.

> Parfois, il n'y a pas de règle, il faut utiliser le dictionnaire.

a. le lila… ◆ le vergla… ◆ le ta…
b. une brebi… ◆ un croqui… ◆ un torticoli…
c. une perdri… ◆ le pri… ◆ une croi…
d. un palai… ◆ un relai… ◆ un laquai…
e. un pui… ◆ le poi… ◆ le tem…

10 ✳✳✳ Ce texte a perdu de nombreuses consonnes finales muettes, retrouve la bonne orthographe des mots en gras.

Ali Baba se présenta **devan** la porte de la caverne et dit : « Sésame, ouvre-toi. » **Dan** l'**instan**, elle s'ouvrit en **gran**. L'espace était **for spacieu** et clair, creusé de main d'**omme** ; la lumière y entrait par le **hau** de la voûte. Ali Baba y vit **partou** des **ballo** de marchandises, des tissus **précieu**, des **tapi** de **gran pri**, de l'or et de l'**argen** en **ta** ou **dan** de **gro** sacs, des bijoux **somptueu**.

À toi d'écrire !

11 ✳ Pour chaque mot, trouve un mot de la même famille se terminant par une consonne muette et emploie-le dans une phrase.

vagabondage ◆ gentillesse ◆ cadenasser ◆ bondir ◆ universel

Orthographe

Les mots invariables

CHERCHONS

Toujours et Jamais étaient toujours ensemble, ne se quittaient jamais. On les rencontrait dans toutes les foires. On les voyait le soir traverser le village sur un tandem. Toujours guidait, Jamais pédalait. C'est du moins ce qu'on supposait !

Paul Vincensini, *Toujours et Jamais*, Culture et pédagogie.

▶ Relevez les mots invariables de ce texte.
▶ Quelle est la nature de ces mots ?

Les prépositions, les adverbes, les conjonctions de coordination sont **invariables**. **Ils ne s'accordent ni en genre, ni en nombre.** Il faut connaître leur orthographe.

ailleurs	bien	en	maintenant	puis
ainsi	bientôt	encore	mais	puisque
alors	car	enfin	mal	quand
après	certes	ensemble	malgré	quelquefois
aujourd'hui	chez	ensuite	mieux	sans
auparavant	d'abord	environ	moins	sous
auprès	dans	exprès	néanmoins	souvent
aussi	davantage	guère	parfois	tandis
aussitôt	dedans	hélas	parmi	tard
autant	dehors	hier	pas	tôt
autour	déjà	ici	pendant	toujours
autrefois	demain	jamais	peu	toutefois
avant	depuis	là-bas	plus	très
avec	dès	loin	pourtant	trop
à travers	désormais	longtemps	près	vers
beaucoup	dorénavant	lorsque	presque	volontiers

Reconnaître les mots invariables

1 * Remets les lettres dans l'ordre pour écrire des mots invariables.
a. S A D N
b. B I N E
c. I S P U
d. E I R H
e. P O R T
f. R T S E
g. R S V E
h. Z E H C
i. R A D T

2 * Écris ces phrases au pluriel. Entoure les mots dont l'orthographe n'a pas changé.
a. Elle regarde souvent cette émission.
b. Il est venu pendant la leçon.
c. As-tu encore une bosse ?
d. La montagne semble très loin !
e. Le garçon joue autour du lac.

3 ✶ **Écris ces phrases au singulier. Entoure les mots dont l'orthographe n'a pas changé.**
a. D'abord nous mangerons, ensuite nous irons au cinéma.
b. Ils écoutent ces chansons depuis longtemps.
c. Tandis que nous partions, vous arriviez.
d. Vous veniez volontiers !
e. Parfois, ils passaient, puis ils repartaient avec leurs amis.
f. Ils sont partis tard mais sont rentrés tôt !

4 ✶✶ **Entoure les mots invariables et souligne les adjectifs de ces phrases.**

Rappelle-toi que les adjectifs s'accordent en genre et en nombre avec les noms.

a. Aujourd'hui, le temps est plus sec et froid qu'hier.
b. Le jeune judoka qui vient de remporter la victoire est déjà très fort.
c. Ces immeubles sont presque aussi hauts que la tour Montparnasse.
d. Nous partirons demain de très bonne heure.
e. Avez-vous mieux réussi que la fois précédente ?

Utiliser les mots invariables

5 ✶ **Remplace les mots en gras par des mots invariables de sens contraire.**
a. Pourquoi te couches-tu si **tôt** ?
b. Il y a **beaucoup** de monde aujourd'hui.
c. Maeva ne devrait pas jouer si **loin** de la maison.
d. Il y a **moins** de neige que l'an dernier.
e. Ludo et Samia vont **parfois** à l'étude.

6 ✶ **Complète les phrases avec l'un des mots invariables proposés.**
a. *(aujourd'hui/demain)* Loïc peut jouer avec vous, mais *(aujourd'hui/demain)* il ira à Paris.
b. Nathalie est *(dedans/dehors)* : elle joue au ballon.
c. Rachid n'a pas fait de vélo depuis *(toujours/longtemps)*.
d. Sarah n'a *(jamais/souvent)* répondu à tes lettres, *(mais/car)* tu continues à lui écrire.
e. *(hier/maintenant)*, il a plu toute la journée.

7 ✶ **Remplace les mots invariables en gras pour dire le contraire.**
a. Tu dois laisser ce chien **dedans** !
b. Qui a le **plus** de points ?
c. Vous partirez **avant** le début du match.
d. Qu'as-tu trouvé **sur** la table ?
e. Ne sors pas **avec** ton bonnet !

8 ✶✶ **Complète les phrases avec les mots invariables proposés.**
parmi • hélas • mieux • beaucoup • bientôt • pas
a. … kamel ne pourra … se joindre à nous.
b. Lisa va … … depuis qu'elle suit ce traitement.
c. Qui, … vous, a lu ce livre ?
d. …, toutes les feuilles des arbres seront tombées.

9 ✶✶✶ **Ces proverbes sont formés avec des mots invariables. Complète-les.**

Certains mots sont à utiliser plusieurs fois.

mieux • après • sans • jamais • tard • toujours • plus • loin
a. On a … besoin d'un … petit que soi.
b. … la pluie, le beau temps.
c. … deux … trois.
d. … des yeux, … du cœur.
e. … vaut … que … .

10 ✶✶✶ **Complète le texte avec les mots invariables suivants.**
soigneusement • pas • au-dessus • bien • avec • devant

Ils ne s'étaient … trompés. Le Renoir était … un restaurant, suspendu … de l'eau. …, il y avait un parking … quelques voitures … garées. On entendait de la musique.

Hélène Montardre, *La Nuit du rendez-vous*, Magnard.

À toi d'écrire !

11 ✶ **Écris tes bonnes résolutions pour la nouvelle année. Utilise des mots invariables tels que :**
jamais, toujours, plus, quelquefois, souvent …

Orthographe

La formation des adverbes en *-ment*

CHERCHONS

Hermux Tantamox, souris détective, est sur les traces de l'aventurière Linka Perflinker, qui a disparu. Hermux descendit lentement la rue Pickdorndel en direction de chez Linka. Il s'efforçait de paraître naturel et décontracté, au cas où l'un des voisins courtois de Linka l'aurait aperçu. Lorsqu'il atteignit son portail, il l'ouvrit rapidement et remonta l'allée. Il jeta un coup d'œil dans la rue pour s'assurer que personne ne le regardait, puis il s'introduisit dans la maison. Tout était exactement comme il l'avait laissé. Un bazar épouvantable.

Michael Hoeye, *Hermux Tantamoq, Le temps ne s'arrête pas pour les souris*, Trad. M. de Pracontal, Albin Michel Jeunesse.

▶ Relevez les mots qui se terminent par *-ment*. Quelle est leur nature ?
▶ Retrouvez les mots à partir desquels ils sont formés. Quelle règle pouvez-vous en déduire ?

De nombreux **adverbes** terminés par le suffixe *-ment* sont formés à partir d'adjectifs qualificatifs.

● Si **l'adjectif se termine par une consonne,** on le met au **féminin** et on ajoute le suffixe *-ment* :

exact ➡ exacte ➡ exactement   ancien ➡ ancienne ➡ anciennement
vif ➡ vive ➡ vivement   franc ➡ franche ➡ franchement

● Si **l'adjectif se termine par une voyelle,** on ajoute le suffixe *-ment* :

vrai ➡ vraiment   rapide ➡ rapidement

Quelques exceptions :

gentil ➡ gentiment   profond ➡ profondément
gai ➡ gaiement   assidu ➡ assidûment

● Si **l'adjectif se termine par *-ant*,** on remplace *-ant* par le suffixe *-amment* :
bruyant ➡ bruyamment

● Si **l'adjectif se termine par *-ent*,** on remplace *-ent* par le suffixe *-emment* :
violent ➡ violemment

Former l'adverbe à partir de l'adjectif

1 ✶ **Forme un adverbe à partir de chacun de ces adjectifs.**
bizarre ◆ instantané ◆ gai ◆ simple ◆ vrai ◆ décidé ◆ difficile ◆ énorme ◆ tendre ◆ aisé

2 ✶ **Forme le féminin de ces adjectifs masculins avant de former l'adverbe.**
généreux ◆ sûr ◆ peureux ◆ gras ◆ grossier ◆ sourd ◆ heureux ◆ net ◆ cruel ◆ sec

3 ✶✶ **Trouve l'adverbe dérivé de chaque adjectif.**
facile ◆ délicieux ◆ profond ◆ naïf ◆ précis ◆ triste ◆ doux ◆ définitif ◆ franc ◆ progressif ◆ gentil ◆ nouveau

4 ✶✶ **Forme un adverbe à partir de chacun de ces adjectifs.**
a. constant ◆ méchant ◆ courant ◆ suffisant ◆ bruyant ◆ brillant
b. différent ◆ prudent ◆ intelligent ◆ évident ◆ patient ◆ violent

Retrouver l'adjectif à partir de l'adverbe

5 ✶✶ **Retrouve l'adjectif qui a servi à former chacun de ces adverbes.**
a. instinctivement
b. furtivement
c. discrètement
d. affectueusement
e. courageusement
f. normalement
g. longuement
h. actuellement
i. jalousement
j. mollement

6 ✶✶ **Classe les adverbes dans le tableau en fonction de leur formation.**

à partir d'un adjectif terminé par -ant	à partir d'un adjectif terminé par -ent

a. consciemment
b. étonnamment
c. imprudemment
d. négligemment
e. innocemment
f. élégamment
g. fréquemment
h. intelligemment
i. récemment
j. galamment

Distinguer les adverbes des noms en -ment

7 ✶ **Indique si ces mots sont des noms ou des adverbes.**
élément ◆ pratiquement ◆ glorieusement ◆ piment ◆ rangement ◆ châtiment ◆ lâchement ◆ effectivement ◆ poliment ◆ joyeusement ◆ redoublement ◆ survêtement

Utiliser les adverbes en -ment

8 ✶ **Trouve un adverbe en -ment qui exprime le contraire de chaque adverbe.**
tristement ◆ poliment ◆ rapidement ◆ silencieusement ◆ chaudement ◆ maladroitement ◆ gentiment ◆ heureusement

9 ✶ **Remplace les mots en gras par l'adverbe correspondant.**
*Ils agissent **avec brutalité**.*
> Ils agissent brutalement.
a. Elle lui parle **avec politesse**.
b. Vous élevez vos enfants **avec fermeté**.
c. Nous avons essayé de lui expliquer **avec délicatesse**.
d. Tu construis cette maquette **avec habileté**.
e. Nous lui répondons **avec franchise**.

10 ✶✶ **Remplace l'adverbe par un autre adverbe en -ment de sens contraire.**
a. Il s'adresse à lui **gentiment**.
b. La pluie tombe **fortement**.
c. Christine rend visite à sa tante **régulièrement**.
d. Tu termines ce puzzle **patiemment**.
e. J'ai accompli ce travail **adroitement**.

À toi d'écrire !

11 ✶ **Décris, en utilisant le plus d'adverbes possible, le repas d'un ogre et sa façon de manger.**
Il avale goulûment…

Orthographe

RÉVISIONS

Utiliser les mots en ac-, ap-, af-, ef-, of-

1 ∗ **Double la consonne si nécessaire.**
a. Nous avons ap…erçu des bouquetins au col.
b. Nous n'aurons plus d'ap…étit si nous grignotons des gâteaux pour l'ap…éritif.
c. Cette colle est plus ef…icace que celle-ci.
d. Le lever de soleil ap…araît derrière ce sommet.
e. Leïla s'est af…airée toute la journée.

2 ∗ **Recopie ensemble les mots de la même famille.**
effaceur • affirmation • apparition • effacer • acclimatation • apparaître • affirmer • acclimater

Utiliser les noms féminins en [e]

3 ∗ **Écris é ou ée.**
la port… • la bou… • la difficult… • une bol… • une brouett… • la dict… • une ann… • une cl… • une qualit… • une nu… • la renomm… • une poêl… • la matin… • la spécialit… • l'enjamb…

4 ∗∗ **Écris le nom en [te] issu de l'adjectif.**
a. méchant • obscur • complexe • beau • moderne
b. précaire • cruel • sévère • habile • ancien
c. lumineux • nouveau • tenace • familier • humide
d. onctueux • mortel • ferme • dur • acide
e. visqueux • léger • aimable • sûr • normal

Trouver la lettre muette d'un mot

5 ∗ **Réécris ces mots en ajoutant les h muets.**
le té • une arpe • un areng • envair • un rume • l'umidité • la téorie • un menir • un termomètre • une bibliotèque • trair • ache • ermétique • exiber • aujourd'ui • aie • téâtre

6 ∗ **Ajoute la lettre muette finale de ces mots si nécessaire.**
a. for… • lour… • méchan… • gri… • blan…
b. bavar… • len… • genti… • pourri… • fran…
c. un remplaçan… • un Alleman… • un paysan… • un commerçan… • un marchan…
d. un Chinoi… • un montagnar… • un Auvergna… • un cham… • un chan…

7 ∗∗ **Écris l'adjectif issu de ces noms géographiques.**
a. Marseille • Lyon • Bordeaux • Nice • Lille
b. l'Auvergne • la Normandie • la Picardie • la Savoie • Les Antilles
c. la France • le Portugal • la Suède • la Finlande • l'Islande
d. l'Amérique • l'Afrique • l'Asie • l'Europe • l'Eurasie

8 ∗∗∗ **Retrouve les lettres muettes des mots en gras.**
Les **spor**…s d'…iver
Le **plu**… ancien ski – une simple planche en **boi**… de 1,10 m de **lon**… – a été trouvé en Suède !
Il a été fabriqué voilà 4 500 ans !
Aujourd'…ui, les skis sont en aluminium ou en carbone pour être les **plu**… **performan**…s possible.

P. Kohler, *Inventions et découvertes*, Encyclopédie Fleurus junior, éditions Fleurus.

9 ∗∗∗ **Choisis l'orthographe correcte.**
Les (gourmands/gourmants) se pressent (autour/autours) de la table, (réclamand/réclamant) du (jut/jus) d'orange ou du (lait/laid) d'amandes. C'est une belle réception qui a lieu en ce jour au château d'Amboise. Car le roi et la reine, (désireus/désireux) d'(acueillir/accueillir) au (mieus/mieux) Marie Stuart, ont choisi cette (ocasion/occasion) pour la présenter à toute la cour.

Brigitte Coppin, *11 récits des châteaux de la Loire*, Flammarion Jeunesse.

Reconnaître et utiliser les mots invariables

10 ✶ **Écris ces phrases au pluriel. Entoure les mots dont l'orthographe n'a pas changé.**
a. J'ai autant de billes que toi.
b. Il se lave d'abord les mains puis il déjeune.
c. Je pars bientôt chez mon oncle.
d. Malgré l'orage, il est sorti.
e. Il porte un cartable trop lourd.
f. Je mange une pomme et ensuite je fais mon exercice de français.
g. Dorénavant, il achète une lessive écologique.

11 ✶✶ **Complète les phrases avec les mots invariables proposés.**
auparavant ◆ *cependant* ◆ *davantage* ◆ *volontiers* ◆ *guère* ◆ *presque* ◆ *quelquefois*
a. Je prendrais … un peu plus de chocolat.
b. Il y a … des embouteillages sur cette route.
c. Nous n'avons … plus de confiture dans le pot.
d. Maxence n'apprécie … les brocolis.
e. Cette année, il y a … d'élèves au CM2 qu'au CM1.
f. Sortez en récréation mais … prenez vos manteaux !
g. J'avais pris mon parapluie, … j'ai été trempée jusqu'aux os.

12 ✶✶ **Remplace les mots invariables en gras par leur contraire.**
a. Le sommet semble très **près**.
b. Nous nous rangeons **devant** le maître.
c. Dans ma case, je place **toujours** mes livres **en dessous de** mon classeur.
d. Alix fait son jogging **avant** le travail.
e. Tu as rencontré ta voisine **en haut** des marches.
f. J'aime me coucher **tôt** pendant les vacances.
g. J'ai trouvé **peu** de champignons au cours de ma promenade.

Former un adverbe en -ment

13 ✶ **Écris l'adverbe issu de ces adjectifs.**
a. simple ◆ généreux ◆ hâtif ◆ léger ◆ gras
b. violent ◆ patient ◆ récent ◆ négligent ◆ apparent
c. constant ◆ méchant ◆ bruyant ◆ abondant ◆ savant

14 ✶ **Retrouve l'adjectif dont vient l'adverbe.**
a. cruellement ◆ naïvement ◆ fiévreusement ◆ doucement ◆ franchement
b. consciemment ◆ pertinemment ◆ fréquemment ◆ impatiemment
c. élégamment ◆ étonnamment ◆ suffisamment ◆ couramment ◆ brillamment

15 ✶ **Retrouve les paires d'adverbes contraires.**
froidement ◆ heureusement ◆ clairement ◆ chaudement ◆ rarement ◆ obscurément ◆ fréquemment ◆ tristement

16 ✶✶ **Écris l'adverbe contraire.**
heureusement > malheureusement
a. constitutionnellement ◆ lentement
b. gentiment ◆ honnêtement
c. prudemment ◆ richement
d. facilement ◆ patiemment
e. silencieusement ◆ lourdement
f. amicalement ◆ lâchement
g. fortement ◆ volontairement

17 ✶✶ **Écris l'adverbe en -ment issu des adjectifs entre parenthèses.**
Il était près de onze heures lorsque les interrogatoires commencèrent. Thomas ne tenait plus debout et il avait *(terrible)* faim. Il serrait *(désespéré)* le mouchoir de sa mère, seule trace de son existence et de son passage sur cette route maudite. Lili était l'objet de mille attentions. Après tout, c'était pour elle que la gendarmerie nationale s'était mobilisée, et tous étaient ravis d'avoir retrouvé la fillette aussi *(rapide)*. […] En attendant, elle continuait à piocher *(allègre)* dans la boîte de bonbons. Quant à Marc, il était *(ferme)* décidé à s'expliquer.

Hélène Montardre, *La Nuit du rendez-vous*, Magnard.

Orthographe

a, à / et, est / son, sont

CHERCHONS

Elle **est** jolie ma mère. C'**est** même la plus jolie maman du monde, **à** mon avis. Avec ses cheveux longs **et** **son** nez « **à** la retroussette », on dirait presque une adolescente. Des fois, les gens la prennent pour ma sœur tellement elle **a** l'air jeune.

Gudule, *Destination cauchemar*, Milan Jeunesse.

▸ Comment faites-vous pour différencier les mots en orange du texte ?
▸ Mettez la première phrase à l'imparfait. Comment faites-vous pour distinguer les mots en vert ?
▸ Avec quel autre mot peut-on confondre le mot en bleu ? Comment pouvez-vous distinguer ces deux mots ?

● **Ne confonds pas *a* et *à*.**

– *a* ➜ **3ᵉ personne du singulier du verbe *avoir* au présent**.
On peut le remplacer par *avait* : Elle **a** l'air jeune.
(avait)

– *à* ➜ **préposition** : C'est la plus jolie maman du monde **à** mon avis.

⚠ *as* ➜ 2ᵉ personne du singulier du verbe *avoir* au présent.

● **Ne confonds pas *et* et *est*.**

– *et* ➜ **conjonction de coordination** que l'on peut remplacer par *et puis* :
Avec ses cheveux longs **et** son nez « à la retroussette ».
(et puis)

– *est* ➜ **3ᵉ personne du singulier du verbe *être* au présent**.
On peut le remplacer par *était* : Elle **est** jolie ma mère.
(était)

● **Ne confonds pas *son* et *sont*.**

– *son* ➜ **déterminant possessif. Il précède un nom.**
On peut le remplacer par *mon* : **Son** nez est en trompette.
(mon)

– *sont* ➜ **3ᵉ personne du pluriel du verbe *être* au présent**.
On peut le remplacer par *étaient* : Ses cheveux **sont** longs.
(étaient)

Remplacer les homonymes pour les identifier

1 ★ **Associe chaque homonyme au mot par lequel tu peux le remplacer.**

a •   • et puis
et •   • étaient
est •   • avait
son •   • mon
sont •   • était

2 ★ **Réécris ces phrases en mettant l'auxiliaire *avoir* à l'imparfait.**
a. Carine a des chaussures neuves.
b. Elle a eu des ampoules au pied dès le matin.
c. On lui a donné des pansements.
d. As-tu encore mal ?

3 ★ **Écris ces phrases à l'imparfait.**
a. Il est tellement malade qu'il est tout rouge.
b. Son front est en sueur et sa tête est brûlante.
c. Ses narines sont irritées : où sont les mouchoirs ?
d. Il est contagieux ! Tu es enrhumé aussi !

4 ★ **Réécris ces phrases en remplaçant *son* par *mon*.**
a. Son ordinateur est resté allumé toute la nuit.
b. On fêtera son anniversaire quand il sera guéri.
c. Son chien a encore déterré un vieil os.
d. Elle a mis son bonnet et son écharpe.

Orthographier les homonymes

5 ★ **Complète les phrases par *a*, *as* ou *à*.**
a. … tout … l'heure, nous …-t-il crié !
b. Il … oublié de venir … la piscine.
c. Léo n'est ni … l'école, ni … la maison.
d. À peine étais-tu … table que tu … demandé … sortir.

6 ★ **Complète les phrases par *et*, *es* ou *est*.**
a. Il … six heures … le soleil … déjà levé.
b. …-tu déjà allé en Espagne … en Italie ?
c. Quand …-il parti en vacances ? …-tu au courant ?
d. Clara … en CM2 cette année … sa sœur n'… qu'au CP.

7 ★ **Complète les phrases par *son* ou *sont*.**
a. Où … Pierre et … chien ?
b. Alice et Jonathan …-ils déjà levés ?
c. Sonia et … cousin … allés se baigner dans l'étang.
d. … nez est retroussé et … visage est couvert de taches de rousseur.
e. Qui … les enfants de Louise et de … mari ?
f. … mari et … fils … partis au marché.

8 ★★ **Complète le texte avec *a* ou *à*.**
Galilée … vécu en Italie de 1564 … 1642. Il … perfectionné la lunette astronomique et, grâce … elle, il … observé les cratères de la Lune, découvert les satellites de Jupiter et les phases de Vénus. … cause de ses idées, il … été jugé en 1633 par l'Inquisition, un tribunal chargé de faire respecter les idées de la religion catholique. L'Inquisition n'hésitait pas … torturer et … faire brûler vifs ceux qui n'avaient pas les mêmes idées.
Sciences, cycle 3, Magnard.

9 ★★ **Complète le texte par *et*, *es* ou *est*.**
…-tu capable de faire la distinction entre *jour* … *journée* ?
Le jour … la durée de 24 heures qui s'écoule entre minuit d'une certaine date … minuit du lendemain. C'… une unité utilisée en astronomie : 1 j = 24 h. On ne doit pas confondre *jour* … *journée*. La journée … la période pendant laquelle le Soleil … au-dessus de l'horizon. Dans le langage courant, on mélange ces deux mots lorsqu'on dit « il fait jour ».
Sciences, cycle 3, Magnard.

10 ★★★ **Complète les phrases par *et*, *es*, *est*, *son* ou *sont*.**
a. Que …-ils devenus ? On … sans nouvelles d'eux depuis hier.
b. Tu n'… pas toujours à l'heure : ta montre …-elle en panne ?
c. … cartable … trop lourd … trop volumineux. Ce n'… pas bon pour le dos.
d. Quelles … les formules pour calculer le périmètre d'un carré … … aire ?
e. Tu … passé voir Éric pendant qu'il était chez … frère.

Orthographe

on, ont, on n'

CHERCHONS

À quatre heures et demie, j'irai chercher Sébastien et Jérôme. **On** s'est mis d'accord avec la bouchère : un jour elle, un jour moi.
C'est vrai, *on n'ose* quand même pas trop les laisser seuls.
L'autre fois, il y avait un type sur le trottoir qui attendait *on ne sait quoi*. Elle l'avait remarqué, elle aussi. Et il y a quelque temps, c'était cette femme qui faisait les cent pas devant le porche…

Hélène Montardre, *Terminus : Grand Large*, Pocket Jeunesse.

▶ Avec quel autre mot pouvez-vous confondre le mot en rouge ? Comment pouvez-vous distinguer ces deux mots ?
▶ À quelle forme sont les propositions en vert ?

Ne confonds pas *on* et *ont*.

● **on** ➝ **pronom**. On peut le remplacer par *il* ou *elle* ou un autre sujet singulier :
   On s'est mis d'accord avec la bouchère.
(il, elle, quelqu'un)

❗ À la forme négative, il ne faut pas oublier le *n'* devant les verbes commençant par une voyelle :
   On n'ose quand même **pas** trop les laisser seuls.

● **ont** ➝ 3ᵉ personne du pluriel du verbe *avoir* au présent. On peut le remplacer par *avaient* :   Elles **ont** remarqué un type sur le trottoir.
                                                            (avaient)

Remplacer les homonymes pour les identifier

1 ✶ **Reformule la règle.**
a. Quand *on* est un … , on peut le remplacer par *il* ou *elle*.
b. Il ne faut pas oublier le … devant les verbes commençant par une … quand la phrase est à la forme … .
c. *Ont* est le verbe … au … à la 3ᵉ personne du … . On peut le remplacer par … .

2 ✶ **Remplace *on* par *il* ou *elle*.**
On a bien mangé.
> *Il a bien mangé. Elle a bien mangé.*
a. On a de la chance, on est à la piscine !
b. On frappe à la porte.
c. Est-ce qu'on mangera dehors à midi ?
d. On a chaud et soif.
e. On ne joue plus avec ces vieux jouets.
f. A-t-on fait manger le chien ?
g. Prend-on le ballon pour la récréation ?
h. On n'a plus le temps d'aller au parc.

3 ★ Remplace *il* ou *elle* par *on*.
a. Il n'avance pas vite sur ce chemin.
b. Elle n'a plus faim du tout.
c. Il n'arrive plus à marcher.
d. Elle n'aime ni le lait ni le fromage.
e. Il n'entend vraiment rien.
f. Elle n'apprécie guère les légumes.

4 ★ Réécris ces phrases en remplaçant *ont* par *avaient*.
a. Certains élèves ont photographié les arbres et les fleurs.
b. Ils ont l'intention de montrer à leurs parents tout ce qu'ils ont découvert pendant ce séjour.
c. Beaucoup n'ont pas très bien réussi leurs photos !
d. Ils les ont quand même mises dans un album !
e. Tous les élèves ont-ils participé à cette magnifique exposition ?
f. Les parents ont-ils apprécié l'exposition ?

Orthographier les homonymes

5 ★★ Complète les phrases par *on* ou *ont*.
a. Ils … compris ce qu'… leur disait.
b. … a voulu aller à la patinoire mais nos parents n'… pas pu nous y emmener.
c. Ils … découvert ce qu'… avait pourtant bien caché.
d. Nos amis nous … proposé d'aller à la plage et ils nous y … conduits.
e. Quel âge … les jumeaux ? … ne trouve plus rien à leur taille !
f. … n'a pas entendu ce qu'ils … dit.

6 ★★ Complète le texte avec *on* ou *ont*.
a. Pour comparer deux nombres décimaux, … compare d'abord la partie entière.
S'ils … la même partie entière, … compare la partie décimale. Si nécessaire, … ajoute des zéros pour avoir autant de chiffres après la virgule dans les deux nombres.
b. … peut comparer des fractions entre elles :
– si elles … le même dénominateur, … compare le numérateur ;
– sinon, … les met sous le même dénominateur.
Outils pour les Maths CM2, Magnard.

Distinguer *on* et *on n'*

7 ★ Écris ces phrases à la forme négative.
a. On accorde le piano.
b. On utilise la machine à laver.
c. On accroche cette clé au clou.
d. On est en retard.
e. On a regardé la télévision.
f. On effectue ces opérations.

8 ★★ Entoure l'adverbe de négation quand c'est possible puis complète par *on* ou *on n'*.
On n'a (pas) obtenu ce qu'on voulait.
a. … a sonné plusieurs fois.
b. … a pas répondu au téléphone.
c. … avançait prudemment sur la route verglacée.
d. … y voyait rien.
e. … écoute jamais les menteurs !
f. … entend de la musique chez les voisins.

9 ★★★ Écris *on* ou *on n'*.
Attention, repère bien la négation.
a. … s'excuse quand … est pas à l'heure.
b. Souvent, … est fatigué le matin quand … a rien mangé au petit déjeuner.
c. … avance guère quand … a pas envie de marcher !
d. … attend jamais quand … a pris son billet à l'avance.
e. … a aucun appétit quand … est malade.
f. … entend rien quand … est au fond.

À toi d'écrire !

10 ★ *Ils ont des chapeaux ronds, vive les Bretons !* dit la chanson. Peux-tu composer d'autres refrains sur ce modèle ?
Ils ont … Vive les…
Elle a … Vive la …
Elles …
Il …

Orthographe

la, là, l'as, l'a / ou, où

CHERCHONS

*Kathy, rescapée d'un accident d'avion, doit survivre dans la jungle. Elle regarda vers les profondeurs de la jungle, là **où** la lumière se tamisait avant de se dissoudre dans l'ombre. Un monde inconnu et hostile. Iwan **l'avait** mise en garde contre le danger qu'il y avait à s'y enfoncer.*

Stéphane Tamaillon, *Kroko*, Seuil Jeunesse.

▶ Avec quel autre mot pouvez-vous confondre le mot en vert ? Comment faites-vous pour les distinguer ?

▶ Mettez la dernière phrase au passé composé. Comment s'orthographiera ce qui est en bleu ?

● Ne confonds pas *la, là, l'as, l'a*.

– *la* ➜ **article défini** qui précède un nom ou un adjectif féminin singulier : **la** jungle

– *la* ➜ **pronom personnel** qui remplace un nom féminin singulier. Il précède le verbe :

La jungle est dangereuse, qui pourra **la** traverser ?

   article   pronom
défini + nom   personnel + verbe

– *là* ➜ **adverbe** qui indique un lieu : La jungle est **là**.

On l'emploie aussi dans *à ce moment-là, ceux-là*…

– *l'as* ou *l'a* ➜ **contraction** de *le* ou *la* et de l'auxiliaire *avoir* à la 2ᵉ ou 3ᵉ personne du singulier du présent. On peut les remplacer par *l'avais* ou *l'avait*.

Tu **l'as** mise en garde, Iwan **l'a** mise en garde.
  (l'avais)   (l'avait)

● Ne confonds pas *ou* et *où*.

– *ou* ➜ **conjonction de coordination** qui indique un choix.

On peut la remplacer par *ou bien* : la jungle **ou** le marais.
                                           (ou bien)

– *où* ➜ **adverbe interrogatif** (Où vas-tu ?) ou **pronom relatif** (l'immeuble où j'habite). Il indique un lieu, parfois un moment.

Remplacer les homonymes pour les identifier

1 ✶ **Reformule la règle.**

a. *La* est un … quand il précède un nom, et un … quand il précède un verbe.

b. *Là* est un … de lieu. On peut remplacer *l'as* par … et *l'a* par … . C'est une … de *le* ou *la* et de l'… *avoir* à la 2ᵉ ou 3ᵉ … du … .

c. On peut remplacer *ou* par … …, c'est une … de … . *Où* est un mot … ou un … … qui indique un … ou un … .

2 ★ **Écris les phrases en mettant l'auxiliaire *avoir* à l'imparfait.**
a. Avant de manger ta pomme, tu l'as lavée puis tu l'as épluchée.
b. La maîtresse a regardé Lou puis l'a interrogée.
c. Et ma chemise ? Où l'as-tu mise ?
d. Maman a préparé une tarte et l'a mise au four.
e. Ce roman, l'a-t-il déjà lu ?

3 ★ **Remplace les noms en gras par les noms féminins proposés. Fais les changements nécessaires dans les phrases.**
Pose ton blouson sur le lit, je le rangerai.
> *Pose ta veste sur le lit, je la rangerai.*
a. J'ai déposé **le 4 x 4** chez le garagiste qui le révisera avant notre départ. *(la voiture)*
b. La baby-sitter emmène **Maxime** à l'école le matin et le ramène le soir. *(Capucine)*
c. Dénoyaute **l'abricot** puis pose-le sur le fond de tarte. *(la prune)*
d. **Ce feuilleton** me plaît, je le regarde chaque mercredi. *(Cette émission)*

4 ★ **Remplace *-là* par *-ci*.**
ceux-là ◆ celle-là ◆ cette fois-là ◆ ces enfants-là ◆ cette nuit-là ◆ celles-là ◆ celui-là ◆ voilà

5 ★ **Remplace les mots en gras par *ou bien* quand c'est possible.**
a. Prendrez-vous de la salade **ou** du fromage ?
b. **Où** irez-vous cet été ? En Irlande **ou** en Écosse ?
c. Que préfères-tu ? Des pommes **ou** des prunes ?
d. **Où** fais-tu les courses ? Au supermarché **ou** à l'épicerie du village ?
e. Je n'ai pas reconnu la maison **où** j'ai vécu enfant.

Orthographier les homonymes

6 ★ **Complète les phrases avec *la* ou *là*.**
a. Qui est …, derrière … porte ?
b. Son adresse, je … connais, il habite …-bas.
c. … première arrivée nous attendra … .
d. Si Lucie n'est pas … dans une heure, vous … rappellerez sur son portable.
e. Cette maison-…, c'est … maison de ma grand-mère.

7 ★★ **Complète les phrases par *la*, *là*, *l'as* ou *l'a*.**
« Hum ! Cette tarte est délicieuse. Je … préfère à celle de Mathilde. Comment …-tu faite ?
– J'ai étendu … pâte au rouleau à pâtisserie. J'y ai déposé … rhubarbe en petits morceaux. Puis j'ai recouvert les fruits avec de … crème, deux œufs battus et du sucre. … recette conseille ensuite de cuire … tarte à feu doux. Je l'ai copiée …, dans mon carnet.
– Qui te … donnée ?
– C'est … recette de Mathilde ! »

8 ★ **Complète par *ou* ou bien *où*.**
a. Savez-vous … est la sortie ?
b. … as-tu acheté tes chaussures ?
c. Je ne sais pas si je préfère les fraises … les cerises.
d. Veut-elle du thé … du café ?
e. C'était la nuit … le chien n'a pas cessé d'aboyer.

9 ★★★ **Complète par *ou*, *où*, *la*, *là*, *l'as* ou *l'a*.**
a. … carte vous indique les endroits … passer.
b. … maison … ils vivent se situe …-bas.
c. … as-tu rangé mon écharpe ? …-tu mise dans … commode … dans … penderie ?
d. Nous avons vu Saturne dans … lunette d'astronomie : on … reconnaît à ses anneaux.
e. Une araignée traversait … pièce : Lena … attrapée et … jetée par … fenêtre !

À toi d'écrire !

10 ★ **À la manière de Jacques Charpentreau, écris un poème pour nous aider à protéger la nature.**
La mer s'est retirée,
Qui **la** ramènera ?
La mer s'est démontée,
Qui **la** remontera ?

Jacques Charpentreau, *La mer s'est retirée*.

La terre est surchauffée
Qui la refroidira ?
Le fleuve était souillé
Qui l'a nettoyé ? …

Orthographe

ce, se / ces, ses

CHERCHONS

Trace ces figures d'après leur description.
a. La figure est formée de deux carrés de 3 cm de côté qui ont un côté en commun. Ces deux carrés forment un rectangle. On a tracé une diagonale de ce rectangle.
b. La figure est un carré de 4 cm de côté, on a tracé ses deux diagonales et les deux segments qui relient les milieux de ses côtés opposés.

Outils pour les Maths CM1, Magnard.

▸ Relevez les mots en rouge. Comment pouvez-vous les différencier ?
▸ Relevez le mot en vert. Trouvez un autre mot qui se prononce de la même façon. Comment pouvez-vous les différencier ?

● **Ne confonds pas ce et se :**
– **ce** est un **déterminant démonstratif** qui précède un nom masculin singulier.
On peut le remplacer par **ces** au pluriel : ce carré ➜ ces carrés
– **se** est un **pronom personnel** qui précède un verbe.
On peut le remplacer par **me** en changeant de sujet : Il se déplace. ➜ Je me déplace.

● **Ne confonds pas ces et ses :**
– **ces** est un **déterminant démonstratif** qui précède un nom pluriel.
On peut le remplacer par **ce, cet, cette** au singulier : ces figures ➜ cette figure
– **ses** est un **déterminant possessif** qui précède un nom pluriel.
On peut le remplacer par **son** ou **sa** au singulier : ses côtés ➜ son côté

Remplacer les homonymes pour les identifier

1 ∗ Reformule la règle.
a. Ce est un … … qu'on trouve devant un nom … … . On peut le remplacer par … au pluriel.
b. Se est un … … qu'on trouve devant un … .
c. Le déterminant … ces précède un … au … . On peut le remplacer par …, …, … au … .
d. Ses est un … … qu'on trouve devant un … au … . On peut le remplacer par … ou … au … .

2 ∗ Conjugue les verbes selon le modèle.
Il se lève. ▸ Je me lève.
a. Il se pose.
b. Il se souvient.
c. Elle se rappelle.
d. Elle se change.
e. On se méfie.
f. On se gare.
g. Il s'écrie.
h. On s'étire.
i. Elle se maquille.
j. Il se méfie.
k. On se range.
l. Il se plaint.

3 ✶ **Mets les groupes nominaux suivants au pluriel.**
a. ce carré ◆ cette figure ◆ ce losange ◆ cet exercice ◆ cette addition ◆ ce triangle ◆ cet énoncé
b. son côté ◆ sa règle ◆ sa diagonale ◆ son rectangle ◆ son trapèze ◆ son équerre ◆ sa division

4 ✶✶ **Mets les groupes nominaux suivants au singulier.**
a. ces nombres ◆ ces mesures ◆ ces calculs ◆ ces angles ◆ ces compas ◆ ces aires ◆ ces hectomètres
b. ses unités ◆ ses exemples ◆ ses additions ◆ ses soustractions ◆ ses droites ◆ ses dizaines ◆ ses cercles

Orthographier les homonymes

5 ✶ **Complète avec *ce* ou *se*.**
… plaindre ◆ … sportif ◆ … parler ◆ … bâtiment ◆ … poirier ◆ … réchauffer ◆ … train ◆ … fatiguer ◆ … doucher ◆ … tournoi ◆ … château ◆ … réjouir ◆ … comprendre

6 ✶✶ **Écris *ce* ou *se* devant les mots puis indique si ces mots sont des noms ou des verbes.**
se laver (verbe) ◆ *ce cahier* (nom)
… dépêcher ◆ … livre ◆ … cylindre ◆ … pavé ◆ … taire ◆ … détendre ◆ … cube ◆ … défendre ◆ … problème

7 ✶✶ **Choisis l'orthographe correcte.**
a. Léa *(se, ce)* connecte une heure par jour à Internet et passe la moitié de *(se, ce)* temps à rechercher des informations.
b. *(Se, Ce)* film *(se, ce)* déroule en Alaska.
c. *(Se, Ce)* soir, Clarisse *(se, ce)* rendra pour la première fois au théâtre.
d. Sofiane a résolu *(se, ce)* problème sans *(se, ce)* faire aider.
e. Dans *(se, ce)* château médiéval *(se, ce)* déroule une reconstitution costumée.
f. *(Se, Ce)* garçon *(se, ce)* plonge souvent dans *(se, ce)* roman d'aventures ou dans *(se, ce)* recueil de contes.

8 ✶ **Choisis l'orthographe correcte.**
a. Maman a fini *(ses, ces)* courses, j'entends *(ses, ces)* pas sur le palier.
b. *(Ses, Ces)* poires sont mûres mais *(ses, ces)* pommes sont encore vertes.
c. La fillette met *(ses, ces)* bras autour du cou de sa grand-mère.
d. *(Ses, Ces)* jours-ci, Paul n'a pas appris *(ses, ces)* leçons.
e. Elle a griffé sa camarade avec *(ses, ces)* ongles !

9 ✶✶ **Complète avec *ces* ou *ses*.**
a. … cahiers seront répartis entre les élèves.
b. Julien a emmené … deux frères à la piscine.
c. Avez-vous vu … deux films primés à Cannes ?
d. Mona a passé … vacances à ranger … placards !
e. … fruits et … légumes ne me semblent pas très frais.

10 ✶✶✶ **Complète avec *ce*, *se*, *c'* ou *s'*.**
a. … soir-là, Castor-Gris avait prévu d'établir le campement de l'autre côté du Mackenzie, car … était par là qu'il comptait trouver du gibier.
b. Croc-Blanc … attendait à une raclée. À cette pensée, il … tassa sur lui-même et son poil … hérissa légèrement.
c. Il finit ainsi par … retrouver couché aux pieds de son maître ; il … livrait à lui entièrement, corps et âme.
Jack London, *Croc-Blanc*, trad. D. Alibert-Kouraquine, Le Livre de Poche Jeunesse.

À toi d'écrire !

11 ✶ **Décris ce que ton ou ta meilleur(e) ami(e) fait le matin.**
Il (elle) se lève, il (elle) se coiffe…

12 ✶✶ **Imagine ce que fait Croc-Blanc (exercice 10) devant son maître en utilisant *se*, *s'*, *ce*, *c'*, *ses*, *ces*.**
Il s'attend à …, son poil se …, il se met à …

Orthographe

c'est, s'est / c'était, s'était

CHERCHONS

Le narrateur passe la nuit à bord du Ville de Marseille, *un bateau en route pour l'Algérie.*
La **brise** s'est levée. Accoudé au bastingage, je la laisse caresser mon visage. C'est frais. Je respire à fond pour devenir de plus en plus léger et si un miracle se produit, je vais dans un instant déployer mes ailes et faire un petit tour dans l'univers de la nuit où les étoiles, hier, s'étaient transformées en vers luisants dans mes rêves.

Azouz Begag, *Un train pour chez nous*, Thierry Magnier.

▸ Mettez la phrase en rouge au présent.
▸ Mettez la phrase en vert à la forme négative.
▸ Quel est le sujet du verbe en bleu ?

Ne confonds pas **s'est** et **c'est**, **s'était** et **c'était**.

● **s'est / s'était :**
« **s'** » est un **pronom personnel**. On peut le remplacer par *se* ou *me* :
   Elle **s'est** levée. ➡ Elle **se** lève. / Je **me** lève.
   Elle **s'était** transformée. ➡ Elle **se** transforme. / Je **me** transforme.

● **c'est / c'était :**
« **c'** » est un **pronom démonstratif**. À la forme négative, on peut le remplacer par *ce* :
   C'est frais. ➡ **Ce** n'est pas frais.   **C'**était la nuit. ➡ **Ce** n'était pas la nuit.

⚠ On écrit *c'est / c'était* devant un **nom singulier** : C'est / c'était notre bateau.
   On écrit *ce sont / c'étaient* devant un **nom pluriel** : Ce sont / c'étaient les vacances.

Remplacer les homonymes pour les identifier

❶ ✶ Reformule la règle.
a. On peut remplacer le pronom … c' par … .
b. On peut remplacer le pronom … s' par … ou … .
c. Le pluriel de *c'est* est … …, le pluriel de *c'était* est … … .

❷ ✶ Conjugue les verbes selon le modèle.
Il se repose. ▸ Il s'est reposé.
Il se reposait ▸ Il s'était reposé.
a. Il se coiffe. Il se peigne. Il se brosse. Il se douche. Il se baigne.
b. Il s'habillait. Il s'arrêtait. Il se souvenait. Il s'étirait. Il s'occupait.

3 ✱ **Écris ces phrases à la forme négative.**

C'est difficile. ▸ Ce n'est pas difficile.

a. C'est gentil. C'est stupide. C'est bon. C'est mauvais. C'est amusant.
b. C'était mon maître. C'était une belle journée. C'était ma petite sœur. C'était une réussite. C'était un bon souvenir.

4 ✱ **Associe les phrases qui ont le même sens.**

a. Ce sont ses affaires.   **1.** C'est celui-ci.
b. Ce sont ses copains.   **2.** C'est le mien.
c. C'est ce village.   **3.** Ce sont les siennes.
d. C'est cette maison.   **4.** Ce sont les siens.
e. C'est mon sac à dos.   **5.** C'est celle-ci.

5 ✱✱ **Transforme chaque phrase en l'écrivant à la 3ᵉ personne du singulier puis au présent.**

Ils se sont lavés. ▸ Il s'est lavé. ▸ Il se lave.

a. Ils se sont cachés dans l'arbre.
b. Ils se sont perdus dans la forêt.
c. Ils se sont baignés dans cet étang.
d. Ils se sont régalés avec ces gâteaux.
e. Ils se sont amusés de cette blague.
f. Ils se sont garés devant la poste.

6 ✱✱ **Transforme chaque phrase en l'écrivant à l'imparfait à la 3ᵉ personne du singulier puis du pluriel.**

Il s'est amusé. ▸ Il s'était amusé. ▸ Ils s'étaient amusés.

a. Il s'est envolé.
b. Il s'est perdu.
c. Il s'est endormi.
d. Il s'est enfui.
e. Il s'est égratigné.
f. Il s'est méfié.

7 ✱✱ **Mets les phrases au singulier.**

Ce sont mes stylos. ▸ C'est mon stylo.

a. Ce sont des mammifères marins.
b. C'étaient d'excellents amis.
c. Ce sont mes camarades.
d. C'étaient des actrices célèbres.
e. Ce sont de beaux bijoux.
f. C'étaient mes jouets préférés.

Orthographier les homonymes

8 ✱ **Écris *c'est* ou *ce sont*.**

a. … des amis de longue date.
b. … mon frère et ma sœur.
c. … une forêt de chênes.
d. … un roman facile à lire.
e. … des sommets infranchissables.

9 ✱✱ **Complète par *s'est* ou *c'est*.**

a. Mon petit frère … caché sous le lit : … son habitude !
b. … une bonne idée, … dommage de ne pas l'avoir eue plus tôt !
c. Elle … amusée toute la journée puis … couchée très tôt.
d. … Lucas qui … souvenu du chemin du retour.
e. … le week-end : Anna … recouchée après le petit déjeuner.

10 ✱✱ **Complète par *s'était* ou *c'était*.**

a. … un matin où il … levé de mauvaise humeur !
b. Antoine … coupé et … mis à pleurer.
c. … un chemin étroit et pentu.
d. Elle … endormie devant la télévision, … habituel !
e. Il ne … jamais plaint de sa blessure.

11 ✱✱✱ **Complète avec *c'était*, *s'était* ou *s'étaient*.**

… un dimanche où les enfants … levés tard. Ils … lavés puis … habillés. … déjà midi. Tout le monde … mis à table et … régalé d'un gratin dauphinois. Comme il … mis à pleuvoir, les grands … plongés dans leur roman et les enfants … mis à jouer au Monopoly. … un vrai dimanche de repos !

À toi d'écrire !

12 ✱✱ **Comme Azouz Begag (texte p. 138), raconte une nuit à bord d'un bateau. Utilise les mots *c'était*, *c'étaient*, *s'était*, *s'étaient*.**

C'était la nuit. Les étoiles s'étaient levées…

Orthographe

leur, leurs

CHERCHONS

Au XIIIᵉ siècle, seuls le boulanger et le meunier du village étaient des hommes libres.
*Mais les serfs, eux, n'étaient pas libres. Il **leur** était interdit de quitter le domaine, ou de se marier sans l'autorisation du seigneur. Il **leur** était interdit de pêcher dans les ruisseaux ou de chasser dans la forêt. Ils n'avaient, pour toute possession, que **leur cabane** de boue séchée et **leur petit lopin** de terre, parfois un bœuf ou une vache, deux ou trois chèvres ou moutons, peut-être quelques volailles.*

Dorothy Van Woerkom, *Perle et les ménestrels*, trad. R.-M. Vassalo, Flammarion Jeunesse.

▸ Observez les groupes nominaux en bleu : quelle est la nature de *cabane* et de *lopin* ? Mettez ces groupes au pluriel. Que pouvez-vous en déduire sur l'accord de *leur* ?
▸ Observez les mots en rouge : quelle est la nature du mot qui suit ?

● Devant un verbe, *leur* est **invariable**. C'est un **pronom personnel**. On peut le remplacer par *lui*.

Il **leur** était interdit de pêcher.
 (lui) verbe

● Devant un nom, *leur* s'accorde en genre et en nombre. C'est un **déterminant possessif**. On peut remplacer *leur* par *un*, *une* et *leurs* par *des*.

Ils possèdent **leur** cabane et **leurs** chèvres.
 (une) nom   (des) nom

Remplacer les homonymes pour les identifier

❶ ✶ Reformule la règle.
a. Si *leur* est devant un verbe, c'est un … … qui reste … . On peut le remplacer par … .
b. Si *leur* est devant un nom, c'est un … … qui s'accorde en … et en … avec le nom.
c. On peut remplacer … , déterminant possessif, par *un* ou *une*, et *leurs* par … .

❷ ✶ Remplace le nom en gras par le nom entre parenthèses.

Fais attention aux accords !

leur voiture (vélos) ▸ leurs vélos

leur **terrasse** (jardin) ◆ leurs **affaires** (pyjamas) ◆ leur **potager** (champs) ◆ leurs **armoires** (table) ◆ leur **pique-nique** (cuisine) ◆ leurs **problèmes** (solutions) ◆ leur **chambre** (salles de bains) ◆ leurs **contrôles** (note) ◆ leur **ami** (amis) ◆ leurs **enfants** (enfant)

3 ★ Remplace le pronom personnel *lui* par *leur*.
a. Je **lui** ai demandé de se taire.
b. Nous **lui** avons dit au revoir.
c. Elle **lui** a fait du chocolat et des tartines.
d. **Lui** as-tu acheté le journal ?
e. Papa ne **lui** a pas donné d'argent de poche.

4 ★★ Remplace le GN en gras par celui proposé entre parenthèses.

Fais les transformations nécessaires dans les phrases.

Ilan veut faire un exposé. Mathys lui prête son encyclopédie. (Ilan et Simon)
> *Ilan et Simon veulent faire un exposé. Mathys leur prête son encyclopédie.*

a. **Perla** part en sortie pour la journée : je lui donne un pique-nique. *(Perla et Louise)*
b. **Antoine** n'a plus de crayon à papier ; Mehdi lui prête le sien. *(Antoine et Robin)*
c. Pour rassurer **sa mère**, Paul lui a envoyé un mail ce matin. *(ses parents)*
d. Voulez-vous lui écrire ? **Madame Dupuy** appréciera. *(M. et Mme Dupuy)*
e. Lui donne-t-on un kiwi ? Je crois que **Léa** est allergique. *(Léa et Noé)*

5 ★★★ Remplace les mots en gras par ceux proposés entre parenthèses et effectue les transformations nécessaires.
a. **Mariana** *(Mariana et Victor)* va faire les courses : ses parents lui donnent de l'argent.
b. **M. Samson** *(M. et Mme Samson)* achète un lecteur CD : son **fils** *(enfants)* le lui a demandé pour Noël.
c. **Louis** *(Louis et Aristide)* aime aller aux champignons : son panier est plein en moins d'une heure !

Orthographier les homonymes

6 ★ Complète les noms avec l'un des déterminants possessifs : *leur* ou *leurs*.
… enfants ◆ … profession ◆ … parents ◆
… dictionnaire ◆ … cabane ◆ … soirées ◆
… trottinette ◆ … rollers ◆ … nez ◆
… téléphone ◆ … paire de chaussures

7 ★ Choisis la bonne orthographe.
a. Nous *(leur-leurs)* offrirons des fleurs.
b. *(Leur-Leurs)* maison a un balcon recouvert de géraniums.
c. Ils ont écrit *(leur-leurs)* cartes postales tout l'après-midi.
d. *(Leur-Leurs)* ont-ils rendu *(leur-leurs)* clés ?
e. Je ne *(leur-leurs)* achèterai pas *(leur-leurs)* hebdomadaire.
f. Margaux *(leur-leurs)* a apporté *(leur-leurs)* goûter et *(leur-leurs)* jouets.

8 ★★ Remplace les déterminants en gras par *leur* ou *leurs*.

Attention aux transformations.

a. Il a emporté **ses** affaires de piscine.
b. Elle a rangé **son** cahier dans **son** cartable.
c. **Sa** trousse est posée sur la table.
d. A-t-il pris **son** manteau et **ses** gants ?
e. **Ses** crayons ne sont plus dans **sa** pochette.
f. J'ai oublié **ses** chaussons dans **son** placard.

9 ★★ Complète avec *leur* ou *leurs*.
a. Vous … distribuerez … cahiers avant de sortir.
b. … notes, nous les … donnons maintenant.
c. Où sont … amis ? … ont-ils laissé … adresse ?
d. Ils ont … amis et nous, nous avons les nôtres qui ne … plaisent pas.
e. … projets, je les trouve intéressants et je … accorde toute mon attention.
f. Hugo … enverra un colis à … nouvelle adresse.

À toi d'écrire !

10 ★ Explique ce que tu vas faire pour inviter tes amis à ton anniversaire. Utilise *leur* et *leurs*.

Je leur écrirai une carte d'invitation. Je leur dirai la date…

Orthographe

Orthographe

quel, quels, quelle, quelles, qu'elle, qu'elles

CHERCHONS

« Mon Dieu ! Quel magnifique oiseau !
– Je vous l'avais bien dit que Nicostratos était le plus beau pélican du monde ! Venez l'embrasser, Popa Kostas.
Je suis sûr qu'il va vous reconnaître.
Il a une excellente mémoire. »
Le prêtre s'avança vers le pélican aux yeux rouges qui se mit aussitôt à grogner et à se dandiner d'une patte sur l'autre.

Éric Boisset, *Nicostratos*, Magnard Jeunesse.

▸ Observez le mot en vert. Avec quel nom s'accorde-t-il ? Comment s'écrirait-il si on remplaçait *oiseau* par *cigogne* ?
▸ Si Nicostratos n'était pas un pélican mais une cigogne, par quoi remplacerait-on le mot en rouge ?

● **quel, quels, quelle, quelles** sont des **déterminants exclamatifs** ou **interrogatifs**.
Ils **s'accordent en genre** et **en nombre** avec le nom auquel ils se rapportent :

Quelle belle cigogne !
déterminant exclamatif
féminin singulier

Quel âge as-tu ?
déterminant interrogatif
masculin singulier

● **Qu'elle, qu'elles** correspondent à la **contraction** de *que* suivi du **pronom personnel sujet** *elle* ou *elles*. On peut les remplacer par *qu'il* ou *qu'ils* au masculin :

Je suis sûr **qu'elle** va vous reconnaître.
→ Je suis sûr **qu'il** va vous reconnaître.

Remplacer les homonymes pour les identifier

1 ✶ Complète la règle.
a. *Quel, quels, quelle* et *quelles* sont des … … .
b. *Qu'elle* correspond à la … de *que* suivi du … personnel … *elle*.
c. *Qu'elles* correspond à la … de *que* suivi du … personnel … *elles*.

2 ✶ Remplace le groupe en gras par le pronom personnel correspondant.

*Que **ces chattes** sont curieuses !*
> *Qu'elles sont curieuses !*

a. Je sais que **ces filles** sont gourmandes.
b. Je trouve que **ta mère** est dynamique !
c. Je crois que **vos amies** sont arrivées.
d. Voici l'exposé que **Katia et Marie** ont présenté à la classe.
e. J'espère que **nos photos** seront réussies.

3 ⁕⁕ **Réécris ce texte en remplaçant *Nicolas* par *Cécile*.**

Fais toutes les transformations nécessaires.

Nicolas est heureux chaque fois qu'il peut sortir. Dès qu'il est sur son vélo, il part en pédalant vers la forêt. Ce qu'il préfère, c'est rouler sur les chemins.

4 ⁕⁕ **Réécris le texte de l'exercice 3 en remplaçant *Nicolas* par *les trois amies*.**

Orthographier les homonymes

5 ⁕ **Écris le plus de phrases possible en reliant les déterminants et les fins de phrases proposées.**

Quel •
Quels •
Quelle •
Quelles •

• talent !
• voix !
• heure est-il ?
• sont les nouvelles ?
• sont vos conseils ?
• succès !
• âge a-t-elle ?
• temps fait-il ?
• joie de vous voir !

6 ⁕ **Écris le genre et le nombre du nom en gras puis complète avec *quel*, *quelle*, *quels* ou *quelles*.**

En quelle année est-elle née ? > féminin singulier

a. … **livres** veux-tu que je te prête ?
b. … **personnages** de BD préfères-tu ?
c. … **langue** apprendrez-vous en sixième ?
d. … sont les **nouvelles** ?
e. … **jour** sommes-nous ?
f. … sont tes **jours** de repos ?

7 ⁕⁕ **Remplace les mots en gras par ceux qui te sont proposés, puis effectue les transformations nécessaires.**

a. Quel beau **tableau** ! *(peinture)*
b. Quel est **le plus rapide** d'entre vous tous ? *(les)*
c. Quel grand **jardin** ! *(cour)*
d. Quel vaste **paysage** ! *(étendues sauvages)*
e. Dans quel **wagon** t'installes-tu ? *(chambre)*
f. Par quel **chemin** passes-tu ? *(route)*

8 ⁕⁕ **Complète avec *quel*, *quels*, *quelle* ou *quelles*.**

a. … est ton film préféré ?
b. … manèges préférez-vous ?
c. Sais-tu à … heure commence la séance ?
d. … spectacle irez-vous voir samedi ?
e. … sont les actrices qui jouent dans ce film ?
f. Dans … région veux-tu passer tes vacances ?

9 ⁕⁕ **Complète avec *qu'elle* ou *qu'elles*.**

a. … se dépêchent, nous attendons … arrivent pour aller au parc d'attractions.
b. J'espère … arriveront à l'heure au cinéma !
c. Je pense … ne vont pas s'ennuyer et … vont passer une bonne journée.
d. Elle a tellement détesté le film … est partie avant la fin.
e. Il est vraiment triste depuis … lui a dit … ne viendrait pas cette année parce … partait à l'étranger.
f. Il paraît … nous attendent avec impatience !

10 ⁕⁕⁕ **Complète avec *quel*, *quelle*, *quels*, *quelles*, *qu'elle* ou *qu'elles*.**

a. … sont les principaux fleuves de France ?
b. … grandes villes la Seine traverse-t-elle ?
c. J'attends … me répondent et … s'excusent.
d. … région et … villes du Maroc pensez-vous visiter l'été prochain ?
e. Il faut … se mette au travail au plus vite !
f. … genre de vêtements faut-il mettre pour cette soirée ? À … heure faut-il s'y rendre ? Croyez-vous … se terminera tard ?
g. Avec … rapidité et … sang-froid les pompiers sont intervenus !

À toi d'écrire !

11 ⁕ **Tu es nouveau dans l'école. Imagine les questions ou les exclamations que tu peux formuler à tes nouveaux camarades.**

À quelle heure commence le cours de gym ? Quel grand gymnase ! …

Orthographe

RÉVISIONS

Pour bien orthographier certains mots, souviens-toi que tu peux les remplacer par d'autres mots.

a → avait	et → et puis	son → mon	on → il / elle
à → ~~avait~~	est → était	sont → étaient	ont → avaient
ou → ou bien	l'a → l'avait	ce + nom	ces → ce, cette
où → ~~ou bien~~	là → ici	se + verbe	ses → mes, tes
c' → cela	leur + verbe	qu'elle → qu'il	
s' → se, me	leur, leurs + nom	qu'elles → qu'ils	

Utiliser les homonymes

1 ★ **Complète avec les homonymes proposés.**
a. (et/est) Il … encore malade … n'ira pas à l'école.
b. (a/à) Agnès est encore … la maison, elle … égaré ses gants.
c. (ou/où) … te caches-tu ? Dans la cave … dans le grenier ?
d. (on/ont) … aime revoir de vieux films qu'… a déjà vus. Ils … du charme !
e. (son/sont) Ils … allés passer quinze jours dans … chalet à la montagne.
f. (ces, ses) Lia ouvre … cadeaux d'anniversaire : … deux livres sont ceux qu'elle espérait !

2 ★★ **Complète par on ou on n'.**

> Fais attention à la négation.

a. … revoit les leçons qu'… a pas bien comprises.
b. … arrive jamais à fermer cette porte. … graissera la serrure.
c. … a rien vu : … était derrière le mur.
d. … a lu un livre dont … avait jamais entendu parler.
e. … a voulu entrer mais … avait plus la clé.
f. … espère recevoir des nouvelles d'Alice car … a plus son adresse.

3 ★ **Complète les phrases avec ce ou se.**
a. Mathieu tombe, … plaint deux minutes puis … remet à courir !
b. … matin, Élodie … rendra chez sa grand-mère.
c. Mon petit frère … prend pour un super-héros, il … déguise souvent en Superman.
d. … cerisier n'a donné aucun fruit … printemps.
e. Sur scène, Clara … lamente et … désole puis est capable de … tordre de rire.
f. … film est excellent, le héros … sort de situations impossibles !
g. Il fait si froid … soir qu'il faut … dépêcher de rentrer !

4 ★★ **Complète avec ce, se, c' ou s'.**
a. … était un triste jour de pluie où le soleil ne … est pas montré.
b. Je vois chaque jour une mésange … envoler de … pommier.
c. … roman … vend très bien en librairie.
d. La reine … regarde dans le miroir et … demande qui est la plus belle.
e. Marine … est toujours demandé si … bijou était en or.
f. … matin, Chloé … est aperçue de son erreur.
g. Un accrochage a eu lieu dans la rue : … est incroyable, aucun conducteur ne … est fâché !

5 ★★ Complète avec *ces, ses, c'est* ou *s'est*.

a. … l'été ! Anis … inscrit à un stage de voile.
b. … chemins de randonnée n'ont pas été entretenus : … difficile d'y marcher.
c. Myriam a fermé … valises et … dirigée vers la gare.
d. … inutile d'emporter … cartes routières, nous en avons dans la voiture.
e. Karim … déconcentré pendant … contrôles : … notes ne reflètent pas … capacités.
f. … la rentrée : Adeline … décidée à apprendre l'espagnol ; … cours commencent demain.

6 ★★ Complète avec *la, là, l'as* ou *l'a*.

a. … porte est fermée, elle … claquée en sortant.
b. J'aime … vue qu'on a de … fenêtre.
c. Cette maison-…, à … sortie du village, est en vente.
d. … semaine dernière, … machine à laver est tombée en panne : …-tu fait réparer ?
e. Demande à Robin où il gare … voiture : il … prend tous les jours.
f. Élise ? Tu … connais ! Tu … rencontrée … semaine dernière à … sortie du cinéma.

7 ★★ Écris ces phrases à l'imparfait.

a. Noé n'est pas attentif. Il a toujours une consigne de retard !
b. Elle a une montre mais elle est toujours en retard.
c. Ils ont escaladé le sommet et sont redescendus très vite.
d. Elle l'a observé puis l'a jeté.
e. Tu l'as rangé dans ta case.

8 ★★ Choisis la bonne orthographe.

a. *(Leur, Leurs)* as-tu dit l'heure du rendez-vous ?
b. Le directeur ne *(leur, leurs)* rendra pas *(leur, leurs)* jouets.
c. Il ne faut pas *(leur, leurs)* donner de sucre : *(leur, leurs)* dents s'abîmeraient.
d. *(Leur, Leurs)* voiture est tombée en panne, *(leur, leurs)* départ est retardé.
e. Il faut *(leur, leurs)* apprendre un peu d'espagnol, *(leur, leurs)* voyage en Espagne sera facilité.

9 ★★★ Complète avec *quel, quelle, quels, quelles, qu'elle, qu'elles*.

a. … sont timides ! Je ne crois pas … pourront faire du théâtre.
b. De … acteurs parles-tu ?
c. En … année es-tu allée aux États-Unis ?
d. Dis-moi … film tu veux aller voir et à … heure.
e. Je pense … a oublié sa clé : … étourdie !
f. … film émouvant ! Je crois … a pleuré du début jusqu'à la fin !

10 ★★★ Remplace *Julien* par *Julien et Romain*.

Effectue les transformations nécessaires.

a. Je crois que Julien a égaré son cahier : quel distrait !
b. Julien fêtera son anniversaire en décembre, il est impatient.
c. Julien a trouvé des champignons : il les cherche dans son guide.
d. Julien adore mon nouveau jeu : je le lui prêterai la semaine prochaine.
e. Julien est sportif, il a de nombreuses médailles.
f. Julien est en grande forme : il emporte toujours ses baskets et son short.

11 ★★★ Remplace *Alice* par *Alice et Ambre*.

Effectue les transformations nécessaires.

a. Alice a pris ses crayons de couleur pour le cours de dessin.
b. Alice pense qu'elle n'ira pas en classe de nature cette année.
c. Alice m'a prêté un DVD : je ne le lui rendrai que la semaine prochaine.
d. Alice oublie toujours ses affaires de piscine : quelle étourdie !
e. Alice est en CM2 ; elle adore ses amies et son professeur d'arts plastiques.
f. Alice a vu des marmottes et les a prises en photo.

Orthographe

Le féminin des noms

CHERCHONS

*1910 : La Seine en crue force les Parisiens à abandonner leur logis. Les sans-logis s'aidaient les uns les autres, et Justin trimballa successivement l'horloge de faux marbre du père Barbotte, un cantonnier à la retraite, la collection de perruques de M. Lepoux, un ancien coiffeur désormais plus chauve qu'une boule de billard, et le fauteuil à bascule de Mme Michu, une très vieille **couturière** qui avait bien connu la **cousine** de la belle-sœur de l'**amie** intime d'une **voisine** de la femme de chambre préférée de l'**impératrice** Eugénie.*

Paul Thiès, *Crimes à la une*, Seuil Jeunesse.

▶ Et si la couturière, la cousine, l'amie, la voisine et l'impératrice étaient de genre masculin ? Changez les noms en gras de la fin du texte.
▶ Comment distinguez-vous en général le nom masculin du nom féminin ?
▶ Quels autres noms masculins du texte pourriez-vous mettre au féminin ?

● Le **féminin d'un nom** se forme généralement **en ajoutant un -e** au nom masculin :
un voisin ➡ une voisin**e**   un ami ➡ une ami**e**

● Les **noms masculins en -e** ne prennent **pas la marque du féminin** :
un fleuriste ➡ une fleuriste.

● Certains noms n'ont **pas de féminin**. On utilise alors un **autre mot** :
mon frère ➡ ma sœur   un empereur ➡ une impératrice

● Parfois, pour former le féminin d'un nom, il faut :
– ajouter un accent grave + -e : un couturi**er** ➡ une couturi**ère**
– doubler la consonne finale + -e : le pharmac**ien** ➡ la pharmac**ienne**
– changer la consonne finale + -e : un veu**f** ➡ une veu**ve**   un épou**x** ➡ une épou**se**
– changer le suffixe final : un coiff**eur** ➡ une coiff**euse**   un lec**teur** ➡ une lec**trice**
un comte ➡ une comt**esse**

Former le masculin et le féminin des noms

1 ＊ Complète la règle.
a. En général, on forme le … en ajoutant un … au nom … .
b. Certains noms n'ont pas de … .
c. Attention, il faut parfois changer le … final.
d. Parfois, le nom au … est complètement différent du nom au masculin.

2 ✱ **Mets ces noms au féminin.**
a. un voisin ◆ un client ◆ un passant ◆ un surveillant ◆ un cousin ◆ un Américain
b. un invité ◆ un ami ◆ un employé ◆ un marié ◆ un inconnu ◆ un apprenti
c. un ogre ◆ un âne ◆ un tigre ◆ un diable ◆ un prince ◆ un duc
d. un boulanger ◆ un boucher ◆ un berger ◆ un héritier ◆ un messager ◆ un étranger
e. un acteur ◆ un directeur ◆ un animateur ◆ un admirateur ◆ un spectateur ◆ un facteur

3 ✱ **Mets ces noms au masculin.**
a. une danseuse ◆ une chanteuse ◆ une menteuse ◆ une dompteuse ◆ une chercheuse
b. une cuisinière ◆ une épicière ◆ une ouvrière ◆ une droitière ◆ une sorcière ◆ une écolière
c. une architecte ◆ une alpiniste ◆ une élève ◆ une vétérinaire ◆ une guitariste ◆ une astronaute
d. une lionne ◆ une collégienne ◆ une chatte ◆ une gardienne ◆ une championne
e. une veuve ◆ une épouse ◆ une louve ◆ une captive ◆ une héroïne ◆ une copine

4 ✱ **Écris les prénoms féminins correspondant à ces prénoms masculins.**
Daniel ◆ Pascal ◆ Dominique ◆ André ◆ Augustin ◆ René ◆ Christian ◆ Paul ◆ Emmanuel ◆ Fernand ◆ Claude ◆ Gabriel ◆ Louis ◆ Martin

5 ✱✱ **Mets le nom masculin en gras au féminin et effectue les transformations.**
a. L'**ogre** dévore ses sept petits garçons.
b. Le **loup** poursuit un bouc.
c. Mon **compagnon** est employé de banque.
d. Mon **oncle** possède deux chiens noirs.
e. Le **dompteur** fait sauter le tigre dans un cerceau.

Associer le masculin et le féminin des noms

6 ✱ **Retrouve les couples d'animaux.**
le jars ◆ la pouliche ◆ le cerf ◆ la chèvre ◆ la brebis ◆ le cheval ◆ le singe ◆ la truie ◆ le poulain ◆ le sanglier ◆ la poule ◆ le bélier ◆ la vache ◆ la laie ◆ le coq ◆ l'oie ◆ le porc ◆ la biche ◆ le bouc ◆ le taureau ◆ la jument ◆ la guenon

7 ✱✱ **Trouve le nom des habitants des villes et des régions indiquées sur la carte et donne leur féminin.**

Aide-toi du dictionnaire.

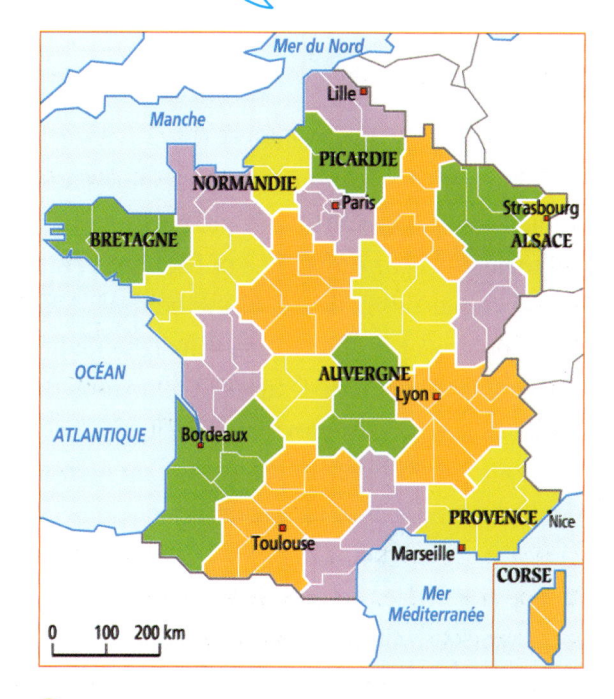

8 ✱✱ **Complète ce tableau avec les noms masculins et féminins qui correspondent aux verbes.**

verbe	nom masculin	nom féminin
plonger	le plongeur	la plongeuse

a. hériter
b. chanter
c. décorer
d. animer
e. enseigner
f. garder
g. présenter
h. cuisiner

À toi d'écrire !

9 ✱ **Écris plusieurs couples de prénoms et invente une poésie amusante.**
Martin et Martine sont voisin et voisine.

10 ✱✱ **Cherche quatre noms masculins et quatre noms féminins de métiers du cirque, puis raconte une représentation en expliquant ce que fait chacun des artistes.**

Orthographe

Le pluriel des noms (1)

CHERCHONS

Danse et fête populaire
Aucune fête révolutionnaire ne se passe sans danses, chansons et banquets. Presque partout, les banquets se terminent par une danse particulière : la farandole. Ouverte par des officiers et des soldats, elle accueille les citoyens et les citoyennes en signe d'appartenance à la nouvelle société. Danses et chansons tirées de la culture populaire deviennent les symboles d'une aspiration enthousiaste à l'égalité, en même temps que le rejet des fêtes aristocratiques de la cour.

H.-U. Thamer, *La Révolution française, la chute de l'Ancien Régime*, trad. C. Pachnike, Gallimard Jeunesse.

▶ Relevez tous les noms au pluriel du texte. Écrivez-les au singulier.
▶ Quelle lettre ajoute-t-on pour former le pluriel ?

- Le plus souvent, la **marque du pluriel** est **-s** : un citoyen ➡ des citoyens

- Les noms déjà terminés par **-s, -x** ou **-z** ne prennent **pas de marque du pluriel** :
  une souris ➡ des souris   un nez ➡ des nez   un prix ➡ des prix

- Les noms en **-ou** prennent un **-s** au pluriel : un clou ➡ des clous
  Exceptions : un bijou ➡ des bijoux, un caillou ➡ des cailloux, un chou ➡ des choux, un genou ➡ des genoux, un hibou ➡ des hiboux, un joujou ➡ des joujoux, un pou ➡ des poux.

Écrire le singulier des noms

1 ✱ **Reformule la règle.**
En général, le … des … se forme en ajoutant un …. Les noms déjà terminés par un …, un … ou un … ne prennent pas de … du ….

2 ✱ Recopie chaque liste au singulier et entoure l'intrus.
a. des paris ◆ des tamis ◆ des salsifis ◆ des radis ◆ des tapis ◆ des souris
b. les temps ◆ les puits ◆ les poids ◆ les champs ◆ les printemps ◆ les corps
c. les amas ◆ les tas ◆ des agendas ◆ les bras ◆ les repas ◆ des cadenas

3 ✱ Écris le singulier des noms sans l'intrus.
a. des mois ◆ des anchois ◆ des rois ◆ des putois ◆ des bourgeois ◆ des chamois
b. des poux ◆ des toux ◆ des bijoux ◆ des genoux ◆ des choux ◆ des hiboux
c. des prix ◆ des choix ◆ des perdrix ◆ des croix ◆ des joujoux ◆ des noix
d. des abris ◆ des amis ◆ des confettis ◆ des plis ◆ des cabris ◆ des semis

4 ✳ **Recopie les phrases en mettant les groupes nominaux en gras au singulier.**
a. Hier, on a ramassé **des noix**, **des pommes** et **des noisettes**.
b. Eliott a cueilli **des cèpes** et **des bolets**.
c. Ma petite sœur prend **les empreintes des feuilles des houx** et **des chênes**.
d. Quand elle entend **les hiboux** hululer, Fanny plonge sous **les draps**.
e. Nous nous amusons à marcher sur **les amas** de feuilles, **les branches** et **les tapis** de mousse.

Former le pluriel des noms

5 ✳ **Recopie ce texte. Souligne en bleu les noms au pluriel et entoure la marque du pluriel.**

Les vieux béliers viennent d'abord, la corne en avant, l'air sauvage ; derrière eux le gros des moutons, les mères un peu lasses, leurs nourrissons dans les pattes ; les mules à pompons rouges portant dans des paniers les agnelets d'un jour qu'elles bercent doucement en marchant ; puis les chiens tout suants, avec des langues jusqu'à terre, et deux grands coquins de bergers drapés dans des manteaux de cadis roux qui leur tombent sur les talons comme des chapes.

Alphonse Daudet, *Les Lettres de mon moulin*.

6 ✳ **Mets le deuxième nom au pluriel si nécessaire.**
un plat *(de spaghetti)* ◆ un album *(de timbre)* ◆ un panier *(à provision)* ◆ une course *(de lévrier)* ◆ une grappe *(de raisin)* ◆ un paquet *(de bonbon)* ◆ un paquet *(de thé)* ◆ une boîte *(de chocolat)* ◆ un bac *(à sable)*

7 ✳✳ **Recopie les phrases en mettant les groupes nominaux en gras au pluriel.**
a. Lucas préfère **le dessert** à la fraise.
b. Il voit **le chien** tourner comme **un fou** dans le jardin.
c. Pour Noël, M. Leroux a décoré **la fenêtre** avec **une guirlande**, et **la porte** avec **une couronne** de houx.
d. Élise est tombée sur **un caillou** et s'est blessé **le genou**.
e. L'entomologiste observe aussi bien **la coccinelle** que **le sphinx** ou **la fourmi**.

8 ✳✳ **Complète avec *s* ou *x*.**
Les hibou…
Ce sont les mères des hibou…
Qui désiraient chercher les pou…
De leurs enfants, leurs petits chou…,
En les tenant sur les genou… .
Leurs yeux d'or valent des bijou…
Leur bec est dur comme caillou…,
Ils sont doux comme des joujou…,
Mais aux hibou… point de genou… !
Votre histoire se passait où ?
Chez les Zoulou… ? Les Andalou… ?
Ou dans la cabane bambou ?
À Moscou ? Ou à Tombouctou ?
En Anjou ou dans le Poitou ?
Au Pérou ou chez les Mandchou… ?
Hou ! Hou !
Pas du tout, c'était chez les fou… .

Robert Desnos, *Chantefables*, Gründ.

9 ✳✳ **Écris les noms entre parenthèses au pluriel.**
a. Pour les *(repas)* du week-end, nous avons pris deux *(botte)* de *(radis)*, trois *(salade)*, un kilo de *(tomate)*, des *(pizza)* aux *(anchois)* et aux *(olive)*, des *(spaghetti)* et deux *(fromage)* aux *(noix)*.
b. Pour les *(réparation)* de la maison, il faudra acheter des *(clou)*, des *(vis)* et des *(écrou)*.
c. En tombant sur les *(caillou)*, je me suis écorché les deux *(genou)* et les deux *(coude)*.
d. Les *(pou)* sont de retour à l'école ! Ne prêtez ni vos *(écharpe)* ni vos *(bonnet)* ; préférez les *(natte)*, les *(couette)* et les *(queue)* de cheval !

À toi d'écrire !

10 ✳ **Observe les ingrédients que va utiliser la sorcière pour sa potion. Imagine sa recette et écris-la.**

Orthographe

Le pluriel des noms (2)

CHERCHONS

Le corail
L'apparence des coraux est des plus étranges. Ils sont fixés sur le fond de la mer. Parce qu'ils ont parfois plusieurs branches, on pourrait les confondre avec des végétaux. Par leur rigidité, ils se rapprochent des coquillages. Pourtant, il s'agit d'animaux marins, possédant un squelette. Il en existe quelque 2 500 espèces, de toutes les couleurs et de toutes les formes (branches, champignons, cerveaux humains…). Ils servent d'abri à de nombreuses espèces animales.

Mon Quotidien n° 39, numéro spécial « Les animaux marins », été 2012, Play Bac Presse.

▸ Relevez tous les noms au pluriel.
▸ Quelle est la marque la plus fréquente du pluriel ?
▸ Quelle autre lettre marque le pluriel ?

● **Les noms terminés par *-eau*, *-au* ou *-eu* ont un pluriel en *-x* :**
un cerveau ➜ des cerveaux   un tuyau ➜ des tuyaux   un jeu ➜ des jeux

Exceptions : un bleu ➜ des bleus ; un pneu ➜ des pneus ; un lieu (poisson) ➜ des lieus ; un landau ➜ des landaus…

● **Les noms terminés par *-al* ont un pluriel en *-aux* :** un végétal ➜ des végétaux

Exceptions : un bal ➜ des bals ; un carnaval ➜ des carnavals ; un chacal ➜ des chacals ; un festival ➜ des festivals ; un récital ➜ des récitals…

● **La plupart des noms terminés par *-ail* ont un pluriel en *-s* :** un rail ➜ des rails

Exceptions : un corail ➜ des coraux ; un bail ➜ des baux ; un émail ➜ des émaux ; un soupirail ➜ des soupiraux ; un travail ➜ des travaux ; un vitrail ➜ des vitraux…

! Certains pluriels sont très différents des singuliers : un œil ➜ des yeux   un ciel ➜ des cieux   un monsieur ➜ des messieurs …

Reconnaître les pluriels en *-x*

1 ∗ Indique pour chaque série si les mots ont un pluriel en *-x*, en *-aux* ou en *-s*.
a. cerveau, tuyau, jeu
b. végétal, animal, cheval
c. bal, carnaval, chacal
d. corail, émail, vitrail
e. rail, chandail, éventail

2 ✳ **Écris chaque liste au singulier et complète-la avec un des mots suivants.**
tableau ◆ *métal* ◆ *hibou* ◆ *feu*
a. bureaux ◆ poireaux ◆ moineaux ◆ écriteaux ◆ taureaux
b. bijoux ◆ cailloux ◆ poux ◆ genoux
c. aveux ◆ neveux ◆ milieux ◆ cheveux
d. locaux ◆ chevaux ◆ cristaux ◆ signaux ◆ canaux

3 ✳ **Recopie chaque liste au singulier sans l'intrus.**
a. des cadeaux ◆ des chameaux ◆ des drapeaux ◆ des bocaux ◆ des fourneaux
b. des baux ◆ des travaux ◆ des chevaux ◆ des coraux ◆ des émaux
c. des tribunaux ◆ des originaux ◆ des signaux ◆ des végétaux ◆ des vitraux

Former le pluriel des noms

4 ✳ **Mets ces noms au pluriel.**
un rail ◆ un détail ◆ un corail ◆ un festival ◆ un minéral ◆ un éventail ◆ un travail ◆ un végétal ◆ un bocal ◆ un portail ◆ un bal ◆ un journal ◆ un chandail ◆ un chacal ◆ un attirail ◆ un caporal ◆ un Provençal

5 ✳ **Recopie les phrases en mettant les groupes nominaux en gras au pluriel.**
a. Il m'a fait plaisir avec **ce cadeau**.
b. J'ai vu **un landau** à vendre chez le brocanteur.
c. Les péniches circulent sur **le canal**.
d. Le boxeur a **un bleu** au visage.
e. Elle est venue avec **son neveu**.
f. Quand aurez-vous fini **votre travail** ?

6 ✳ **Recopie chaque liste au pluriel et entoure l'intrus.**
a. un étau ◆ un préau ◆ un noyau ◆ un landau ◆ un tuyau
b. un neveu ◆ un pneu ◆ un cheveu ◆ un feu ◆ un vœu
c. un animal ◆ un général ◆ un bocal ◆ un hôpital ◆ un festival
d. un vitrail ◆ un rail ◆ un chandail ◆ un détail ◆ un épouvantail
e. un fou ◆ un clou ◆ un genou ◆ un écrou ◆ un trou

7 ✳✳ **Retrouve les noms correspondant aux définitions.**
a. On en fait avec une lampe torche ou avec de la fumée : des ….
b. Ils ont des plumes et un bec : les ….
c. On les souhaite traditionnellement au mois de janvier : les ….
d. Il en faut pour faire une omelette : des ….
e. On les crache quand on mange des cerises : les ….
f. Bleus, verts ou marron, ils nous servent à voir : les ….
g. Ils illuminent les cathédrales de leurs belles couleurs : les ….

8 ✳✳✳ **Écris les noms entre parenthèses au pluriel.**
Après avoir vu *Le Seigneur des (anneau)*, j'ai fait des *(cauchemar)* toute la nuit. Mes *(genou)* s'entrechoquaient et mon cœur envoyait des *(signal)* de détresse : ces *(oiseau)* nocturnes étaient-ils des *(hibou)* ou des *(archéoptéryx)* ? Ces *(cri)* d'*(animal)* provenaient-ils de *(lynx)* furieux ou de *(serpent)* venimeux ? Des *(rat)* sournois couverts de *(pou)* grouillants allaient-ils m'attaquer ? Devant mon visage pendaient des *(végétal)* étranges et des *(toile)* d'*(araignée)*. Il ne manquait que les *(hurlement)* des *(loup)* et des *(chacal)* ou le galop de *(cheval)* aux *(naseau)* fumants ! Quelle nuit !

À toi d'écrire !

9 ✳ **Trouve huit noms qui se terminent par le son [o] au pluriel. Écris un poème dont les vers se termineront par ces mots.**

10 ✳✳ **Raconte ce que tu as vu en visitant une ménagerie. Utilise des noms d'animaux au pluriel.**

Orthographe

Le féminin des adjectifs

CHERCHONS

Quand on vit sur une planète surnommée « Planète bleue », a priori on ne craint pas de manquer d'eau ! Pourtant, même s'il y a beaucoup d'eau sur la Terre, la grande majorité est de l'eau salée, et une toute petite part seulement est de l'eau douce utilisable par les hommes.

Anne Jankéliowitch et Philippe Bourseiller, *50 gestes pour la Terre*, De La Martinière Jeunesse.

▸ Relevez tous les adjectifs qualificatifs du texte. Quel est leur genre ?
▸ Quelle lettre marque le féminin ?

- **En général, on forme le féminin des adjectifs en ajoutant un -e au masculin :**
  bleu ➡ bleu**e**   grand ➡ grand**e**

  ⚠ Les adjectifs qui se terminent par un -e au masculin ne changent pas au féminin :
  un quartier calme ➡ une mer calme

- **Dans certains cas, il faut :**
  – **ajouter un accent grave + e :** léger ➡ lég**è**re
  – **doubler la consonne finale + e :** rituel ➡ rituel**le**   mignon ➡ mignon**ne**
  – **changer la consonne finale + e :** neuf ➡ neu**ve**   doux ➡ dou**ce**
  – **changer le suffixe :** menteur ➡ ment**euse**   destructeur ➡ destruc**trice**

- **Les adjectifs en -et ont en général un féminin :**
  – **en -ette :** muet ➡ mu**ette**   coquet ➡ coqu**ette**
  – **en -ète :** complet ➡ compl**ète**   discret ➡ discr**ète**   inquiet ➡ inqui**ète**
  secret ➡ secr**ète**   concret ➡ concr**ète**

  ⚠ Certains adjectifs ont une terminaison très différente entre le masculin et le féminin :
  vieux, vieil ➡ vieille   beau, bel ➡ belle   mou, mol ➡ molle

Écrire le masculin des adjectifs

1 ✱ Reformule la règle.
a. En général, on forme le … des … en ajoutant un … au masculin.
b. Les adjectifs qui se terminent par un … au … ne changent pas au … .

2 ✱ Écris les adjectifs au masculin.

Tu peux utiliser un dictionnaire si besoin.

magique ◆ exacte ◆ gentille ◆ publique ◆ agile ◆ aquatique ◆ laïque ◆ molle ◆ aiguë ◆ attentive ◆ libératrice ◆ farceuse ◆ fière ◆ franche ◆ vieille ◆ pareille

3 ✱ Remplace le nom en gras par le nom entre parenthèses puis accorde l'adjectif.
a. une **assiette** creuse *(un chemin)*
b. une **chatte** rousse *(un écureuil)*
c. une belle **bague** *(un bracelet)*
d. une **sacoche** neuve *(un cartable)*
e. une **jument** blanche *(un cheval)*
f. une **main** molle *(un pain)*

Former le féminin des adjectifs

4 ✱ Accorde les adjectifs des GN suivants.
a. une glace *(savoureux)*
b. une fille *(secret)*
c. une idée *(fou)*
d. une réunion *(amical)*
e. une voleuse *(agressif)*
f. une *(beau)* chambre
g. une libellule *(léger)*
h. une journée *(orageux)*
i. une punition *(injuste)*
j. une poire *(mûr)*
k. une artiste *(créatif)*
l. une amie *(naïf)*

5 ✱✱ Classe les adjectifs dans le tableau selon la terminaison de leur féminin.
discret ◆ simplet ◆ désert ◆ complet ◆ correct ◆ muet ◆ inquiet ◆ concret ◆ violet ◆ secret

-ette	-ète	-te

6 ✱ Remplace les mots en gras par ceux entre parenthèses puis accorde l'adjectif.
a. un **champ** cultivé *(une plaine)*
b. une superbe **maison** neuve *(un chalet)*
c. le **torrent** impétueux et boueux *(la rivière)*
d. la **fée** gentille et douce *(le lutin)*
e. sa dernière **trouvaille** ingénieuse *(son projet)*
f. une **enseignante** souriante et patiente *(un maître)*

7 ✱✱ Remplace le nom en gras par un nom féminin.
un cheval vif mais docile
> *une jument vive mais docile*
a. un jeune **artiste** génial
b. un **conducteur** prudent et attentif
c. un petit **garçon** matinal et discret
d. un **chien** blanc et fou
e. un **singe** malin et agile
f. un vieux **sorcier** agressif

8 ✱ Choisis la bonne orthographe.
Grand-mère était une femme *(fort/forte)* et *(massif/massive)*, très *(vieil/vieux/vieille)* et très *(ridé/ridée)*, *(vêtu/vêtue)* d'une robe de dentelle *(gris/grise)*. *(Majestueux/Majestueuse)*, elle trônait dans son fauteuil, où il n'y avait pas place pour la *(moindre/moindres)* souris !
Roald Dahl, *Sacrées sorcières*, trad. de M.-R. Farré, © Gallimard Jeunesse, © R. Dahl Nominee Ltd.

9 ✱✱✱ Recopie les phrases en accordant correctement l'adjectif entre parenthèses.
a. C'est une affaire *(personnel)* et *(secret)* qui ne vous regarde pas !
b. La douleur *(consécutif)* à cette chute *(accidentel)* reste *(aigu)*.
c. La jeune chatte de ma sœur *(aîné)* est vraiment *(mignon)* et *(docile)*. Elle est aussi très *(affectueux)* et *(gentil)* avec ma *(petit)* nièce.
d. Une *(haut)* cheminée est perchée sur la toiture très *(pentu)* de la maison.
e. Pour cette randonnée *(sportif)*, je me suis équipé d'une tente *(neuf)*, d'une gourde *(isotherme)* et d'une *(long)* cape de pluie.
f. J'ai acheté une tenue *(complet)* et très *(coquet)* pour le mariage de mon cousin : une robe *(violet)* et une écharpe en soie *(vert)*.
g. Mme Levert est toujours *(inquiet)* quand Héloïse rentre tard, mais elle sait que sa fille est *(bavard)* et oublie l'heure *(tardif)*.

À toi d'écrire !

10 ✱ Décris cette sirène. Utilise au moins cinq adjectifs au féminin.

Orthographe

Le pluriel des adjectifs

CHERCHONS

*La voix humaine est le premier instrument de musique !
Dans un opéra, la voix permet d'associer mots et musique.*

Les voix d'hommes
Les basses sont des voix d'hommes très graves et profondes.
Ils chantent souvent des rôles de personnages puissants
et inquiétants.
Les barytons sont un peu moins graves. Ce sont les voix les plus nombreuses chez les hommes. Les barytons jouent souvent des personnages de méchants.
Les ténors sont les voix d'hommes les moins graves.
Ils ont souvent le rôle du héros ou de l'amoureux.

M. Rosenfeld, *Tout sur la musique !*, © Gallimard Jeunesse.

▸ Relevez les adjectifs qualificatifs au pluriel de ce texte.
▸ Proposez d'autres adjectifs pour qualifier les noms en vert.
▸ Quelle lettre marque en général le pluriel de l'adjectif qualificatif ?

● L'adjectif qualificatif s'accorde **en genre et en nombre** avec le nom qu'il précise.
La plupart des adjectifs prennent un **-s** au **pluriel** :

profond ➡ *profond**s***   *profonde* ➡ *profonde**s***

● **Les adjectifs qui se terminent par -s ou -x ne changent pas** au pluriel :

un chant mélodieux ➡ *des chants mélodieux*

● **Les adjectifs qui se terminent par -eau prennent un -x** :

beau ➡ *beau**x***   *nouveau* ➡ *nouveau**x***

● **Les adjectifs en -al ont un pluriel en -aux** :   *matinal* ➡ *matin**aux***

Exceptions : *banal, bancal, final, glacial, natal* prennent un **-s** au pluriel.

Distinguer le genre et le nombre des adjectifs

❶ * Classe les adjectifs du texte
« Cherchons » dans le tableau.

masc. sing.	fém. sing.	masc. plu.	fém. plu.

❷ ** Observe le genre et le nombre de chaque adjectif et trouve un nom qu'il peut compléter.

L'adjectif peut se placer avant ou après le nom.

… *boueuses* > *des chaussures boueuses*

… *agressifs* ♦ … *curieuses* ♦ … *vieilles* ♦ … *orageux*
♦ … *secrète* ♦ … *principaux* ♦ … *hivernales*

3 ✶✶ **Indique le genre et le nombre de chacun des adjectifs de ces phrases.**

Le réfrigérateur d'une sorcière contient des aliments étonnants : des œufs rouges à rayures vertes, du lait phosphorescent, une bouteille de bave visqueuse, un gâteau moisi, des crapauds confits et des saucisses de dragon fumées ! Bon appétit !

4 ✶✶✶ **Complète le tableau.**

masculin singulier	féminin singulier	masculin pluriel	féminin pluriel
grand	*grande*	*grands*	*grandes*
	joyeuse		
			nationales
naturel			
		roux	
			inactives
	spacieuse		
final			
		complets	

Former le pluriel des adjectifs

5 ✶ **Écris les GN au pluriel.**

> Au pluriel, on utilise *de* au lieu de *des* devant un adjectif : *de jolies robes*.

un exercice difficile ◆ une jeune chienne intrépide ◆ un grand froid matinal ◆ un événement national inattendu ◆ une belle veste neuve ◆ un vieux tabouret bancal

6 ✶✶ **Complète les phrases avec les adjectifs proposés. Fais les accords nécessaires.**

vert ◆ glacial ◆ méchant ◆ étranger ◆ rare ◆ furieux ◆ craintif

a. Les enfants étaient vraiment …, on leur avait pris leur goûter !
b. Ce sont des grenouilles … que vous entendez coasser le soir !
c. Quelles matinées … !
d. Sarah ne collectionne que les timbres … et … .
e. Ces chiennes sont …, mais elles ne sont pas … .

7 ✶✶ **Écris les groupes nominaux au masculin pluriel puis au féminin pluriel.**

un ami séduisant ◆ le singe agile ◆ le dernier concurrent ◆ un artiste génial ◆ ce voisin mystérieux ◆ ce garçon discret ◆ son gentil chat ◆ un acteur célèbre

8 ✶✶ **Recopie ce texte en remplaçant le nom en gras par *garçons*, puis par *fillettes*. Fais les transformations nécessaires.**

Un jeune **garçon** pâle, maigre et osseux descendit de la voiture. Il était brun, plutôt petit, mal habillé et décoiffé. Il était bleu de froid et inquiet. Affolé, il regardait de tous côtés.

9 ✶✶✶ **Accorde les adjectifs qualificatifs entre parenthèses.**

Margaret, l'aînée des quatre sœurs, avait seize ans. Elle était très (*joli*) : des joues (*rond*) au teint (*clair*), de (*grand*) yeux, de (*beau*) cheveux (*brun*), une bouche (*doux*) et de (*beau*) mains (*blanc*) dont elle était assez (*fier*). Jo, quinze ans, était très (*grand*), (*mince*) et (*brun*). Elle faisait penser à un poulain ; car elle semblait ne jamais savoir que faire de ses (*long*) membres. Elle avait une bouche (*décidé*), un nez (*retroussé*), des yeux (*gris*) qui voyaient tout et pouvaient tour à tour être (*coléreux*), (*moqueur*) ou (*pensif*). Sa (*seul*) beauté résidait dans ses (*long*) cheveux (*épais*) qu'elle renfermait en général dans une résille pour ne pas en être (*embarrassé*).

Louisa May Alcott, *Les Quatre Filles du docteur March*, trad. A. Joba, Le Livre de Poche Jeunesse.

À toi d'écrire !

10 ✶ **Décris les habitudes d'un groupe d'animaux qui t'intéresse, utilise des adjectifs au pluriel.**

*Les crocodiles sont **dangereux**. Leurs dents **aiguisées** sont de **véritables** armes…*

Orthographe

Les accords dans le groupe nominal

CHERCHONS

La rôtisserie du Chapon Blanc faisait l'angle de la rue Berthelot et du boulevard Paul Cézanne. Ses hautes vitrines enluminées de dorures laissaient entrevoir de grandes corbeilles en osier pleines de produits de luxe : boîtes de foie gras, conserves artisanales de cassoulet à la graisse d'oie, petits pots de caviar, vins fins. À toute heure de la journée, d'infortunées volailles tournaient sur des broches dans un genre de gril électrique vitré qui occupait toute la largeur du trottoir.

Éric Boisset, *Le Grimoire d'Arkandias*, Magnard.

▶ Pouvez-vous donner le genre et le nombre des groupes nominaux en orange ?
▶ Quel est le nom noyau de chacun de ces groupes nominaux ? Pouvez-vous en donner le genre et le nombre ?
▶ Que remarquez-vous ?

● Dans le groupe nominal, les **déterminants** et les **adjectifs qualificatifs** s'accordent en genre et en nombre avec le **nom noyau** :

*ses hautes **vitrines** enluminées* ➜ nom noyau du GN féminin pluriel

❗ Quand le groupe nominal est composé d'un nom féminin et d'un nom masculin, l'adjectif se met au masculin pluriel : *une conserve et un vin **artisanaux***

Reconnaître le genre et le nombre du nom noyau

1 ★ **Reformule la règle.**
Les …, les … … s'accordent en … et en … avec le nom … du groupe … . Un adjectif qui accompagne un nom masculin et un nom féminin s'accordera au … … .

2 ★ **Relève le nom noyau de chaque groupe nominal en gras et indique son genre et son nombre.**
Le bébé vautour
C'était **une horrible petite bête**, avec **sa grosse tête** / **aux yeux exorbités**, **ses lourdes pattes maladroites**, et **ce petit corps tout nu et tordu** comme celui d'**un infirme**.

Michel Tournier, *Vendredi ou la Vie sauvage*, © Gallimard.

3 ★ **Souligne chaque groupe nominal, encadre le nom noyau puis indique son genre et son nombre.**
a. Sur la grande plage ensoleillée, des baigneurs bronzés sont allongés sur leurs serviettes.
b. Par cette fraîche matinée, les courageux cyclistes partent sur les routes.
c. Les guenons effrontées lancent leurs vieilles peaux de banane sur les promeneurs effrayés.
d. Les odorantes clochettes blanches du muguet, les fragiles jonquilles jaunes et les frêles jacinthes bleues parsèment la forêt au printemps.
e. Sur un étroit sentier de montagne, un groupe de randonneurs avance vers le col enneigé.
f. Quelques belles pêches jaunes et des abricots veloutés remplissent la corbeille de fruits.
g. Les quatre enfants salivent devant les volailles rôties et les charcuteries variées de la vitrine.

4 ✶ Relie les groupes nominaux aux adjectifs qui conviennent.

> Plusieurs solutions sont possibles. Tu dois utiliser tous les adjectifs.

un garçon et son père •
une fille et un garçon •
des filles •
des parents et des enfants •
une tante •
un oncle et une tante •
un cousin •

• gaies
• joyeux
• calmes
• pressés
• fluet
• maigre

Accorder les groupes nominaux

5 ✶ Accorde les groupes nominaux.
a. Vos *(parent impatient)* vous attendent tous les *(soir)*.
b. Chaque *(élève)* doit avoir tout son *(matériel scolaire)*.
c. J'ai trouvé une *(nouvelle paire)* de *(chaussure vernie)*.
d. Ces *(petit chiot)* ont des *(dent bien pointue)* !
e. Ces *(vieil arbre)* ont de *(gros trou)* dans leurs *(tronc)*.

6 ✶ Écris ces groupes nominaux au singulier.
des progrès scientifiques ♦ des champs moissonnés ♦ de vieux tapis ♦ des noix mûres ♦ des repas frugaux ♦ les dés colorés ♦ les accès interdits ♦ les vœux réalisés ♦ les temps passés ♦ les vacanciers joyeux ♦ des actrices élégantes ♦ des enfants curieux

7 ✶ Accorde les noms et adjectifs entre parenthèses.
a. Dans ces *(landau) (bleu)*, il y a des *(jumeau)* qui sont nés il y a quelques *(jour)*.
b. Qu'alliez-vous faire dans les *(bois)* derrière le *(château) (isolé)* ?
c. Nous avons vu ces *(autruche) (bruyant)* et ces *(chameau) (brun)*.
d. Attention aux *(verre) (posé)* sur ces *(plateau) (décoré)*.
e. A-t-il changé ses *(vieux) (pneu)* et vérifié les *(essieu)* avant de partir en vacances ?
f. Plus tard, je visiterai des *(ville) (lointain)* et survolerai les *(océan) (glacial)*.

8 ✶✶ Accorde les adjectifs entre parenthèses.

> Attention ! L'adjectif qualificatif apposé est parfois éloigné du nom auquel il se rapporte.

a. *(Alourdi)* par les fruits, les branches *(fragile)* menacent de casser.
b. Nos valises bien trop *(lourd)* et *(volumineux)* nous ont ralentis dans les escaliers du métro.
c. *(Fatigué)* de leur journée et *(pressé)* d'aller au lit, Sarah et Lucas n'ont même pas regardé leur émission *(préféré)*.
d. Les garçons et les filles *(impatient)* se rendent à la fête, *(costumé)* et *(enthousiaste)*.
e. *(Parvenu)* à l'étape, les coureurs *(épuisé)* sont acclamés par les spectateurs.

9 ✶✶✶ Accorde les noms et adjectifs entre parenthèses.
Imaginez une *(forêt) (touffu)*, aux *(arbre) (archicentenaire)*, dont les *(racine) (chenu)* labourent l'*(humus) (tapissé)* de *(feuille) (mort)*, s'enchevêtrent les unes aux autres, se disputent la *(moindre) (parcelle)* de terre, et voient prospérer sur leur *(écorce) (vermoulu)* des *(myriade)* de *(champignon) (multicolore)*, aux *(forme) (tentaculaire)*, et où s'ébattent quantité d'*(insecte)*, *(lucane)*, *(termite)*, *(blatte)* et *(punaise)* […]

Thierry Jonquet, *Lapoigne et la fiole mystérieuse*, Nathan Jeunesse.

À toi d'écrire !

10 ✶ Portrait chinois : pense à un camarade de ta classe et décris-le en quelques lignes. Utilise des groupes nominaux avec des adjectifs qualificatifs.
Échange ta description avec celle de ton voisin : il doit deviner à qui tu as pensé.

Orthographe

L'accord du verbe avec le sujet

CHERCHONS

Les cyclones

Ils se forment dans les mers chaudes. Ce sont d'abord des dépressions tropicales. En quelques jours, les vents deviennent plus forts (jusqu'à 250 ou 280 km/h). La dépression devient un cyclone, large de plusieurs centaines de kilomètres. Il tourne sur lui-même, finit par toucher des côtes et balaie tout sur son passage.

Mon quotidien environnement, mercredi 12 octobre 2011, second cahier du n° 4487, Play Bac Presse.

▸ Relevez les sujets et les verbes conjugués de ce texte.
▸ Mettez au pluriel les sujets et les verbes au singulier.
▸ Mettez au singulier les sujets et les verbes au pluriel.
▸ Comparez les terminaisons des verbes avant et après la transformation.

● Le verbe **s'accorde toujours** avec son sujet :
  Le cyclone balaie tout sur son passage. ➡ Les cyclones balaient tout sur leur passage.

● Lorsqu'un verbe a **plusieurs sujets au singulier**, il se met au **pluriel** :
  Le cyclone, l'inondation et le tremblement de terre **sont** des catastrophes naturelles.

● **Plusieurs verbes** peuvent s'accorder avec un **même sujet** :
  Le cyclone **tourne**, **finit** par toucher les côtes et **balaie** tout sur son passage.

● Lorsqu'il y a **plusieurs sujets de personnes différentes**, il faut remplacer le sujet par le **pronom personnel correspondant** pour bien accorder le verbe :
  – la 1ʳᵉ personne l'emporte sur les autres :
  Ta sœur, toi et moi rêvons. ➡ nous (1ʳᵉ pers. du pluriel)
  – la 2ᵉ personne l'emporte sur la 3ᵉ personne :
  Tes parents et toi rêvez. ➡ vous (2ᵉ pers. du pluriel)

● Le sujet peut être **avant le verbe**, **après le verbe** ou **éloigné du verbe** :
  La rivière **déborde**. **Déborde**-t-elle ? La rivière, emportant la route, **déborde**.

Repérer le sujet et le verbe

1 ★ **Complète la règle.**
a. Le verbe s'accorde toujours avec son … .
b. Lorsqu'un … a plusieurs … au singulier, il se met au … .
c. Plusieurs … peuvent s'accorder avec le même … .

2 ✱ Recopie uniquement le verbe et le sujet de chaque phrase dans ce tableau.

sujets	verbes
nous	étudierons

Cette année, nous étudierons la Révolution française.

a. Ignorez-vous le code de la route ?
b. Le directeur appelle les élèves du CM2 pour entrer en classe.
c. Le train, l'avion, la voiture sont des moyens de transport très utilisés.
d. Léo les voyait passer depuis sa fenêtre.
e. Les souris grignotent, rongent et digèrent même le papier !

3 ✱ Encadre le(s) verbe(s) et souligne le(s) sujet(s) de chaque phrase. Indique s'ils sont au pluriel ou au singulier.

a. La pluie tombe avec violence depuis hier.
b. Les voitures traversent les flaques d'eau et éclaboussent les passants.
c. Tous les matins, monsieur Duparc emprunte la même ligne de métro.
d. Dans cette rue circulent uniquement les autobus et les taxis.
e. Sur les toits des maisons, les antennes subissent le vent de la tempête.

4 ✱ Écris un sujet qui convient.

a. … prendront le thé à cinq heures.
b. Penses-… qu'elle va venir ?
c. … leur offrent de jolis bijoux.
d. Irons-… au cinéma ce soir ?
e. … met toujours sa robe noire pour sortir.

Accorder le verbe avec un sujet placé avant le verbe

5 ✱ Choisis la forme verbale correcte.

a. Plusieurs filles *(préparent/prépare)* un spectacle de théâtre.
b. Aucun élève *(n'oubliera/n'oublieront)* son livre.
c. Les jeunes de ce quartier *(ont créé/a créé)* une association.
d. Chaque souris *(doit/doivent)* retourner dans sa cage.

6 ✱ Forme toutes les associations possibles en respectant les accords.

a. Les enfants du village
b. La classe de CM1
c. Les parents des élèves
d. Les garçons de CM2
e. Le groupe des grands
f. L'équipe du relais

....

1. se prépareront.
2. se préparait.
3. se prépare.
4. se préparent.
5. se préparera.
6. se préparaient.

7 ✱ Transforme les phrases en utilisant le sujet entre parenthèses.

a. Elle voit les séquences. *(Nous)*
b. Je fais répéter le dialogue. *(Vous)*
c. Ils choisissent le plan. *(Je)*
d. Il réussit la cascade. *(Ils)*
e. Toi et lui paraissez calmes. *(Les acteurs)*

8 ✱✱ Transforme les phrases nominales en phrases verbales.

> *Fais bien attention aux accords.*

L'arrivée des véhicules.
> *Les véhicules arrivent.*

a. Le départ du peloton.
b. Les changements de programmes.
c. Le coucher du soleil.
d. Le déménagement des voisins.
e. La ressemblance des jumeaux.

9 ✱✱ Remplace le sujet en gras par celui entre parenthèses.

a. Il écoutait le dernier morceau de ce groupe. *(Pierre et Noémie)*
b. Est-ce que **tu** resteras ici la semaine prochaine ? *(Rachid et Adèle)*
c. Elle a rêvé de ce voyage pendant longtemps. *(Marie et moi)*
d. Je veux réussir ce parcours sans faute. *(Maxence et toi)*
e. Elles ne souhaitaient visiter que cette partie du musée. *(Ludivine)*

Orthographe

Orthographe

L'accord du verbe avec le sujet

10 ★★ **Choisis la forme verbale correcte.**

> *Commence par bien identifier le sujet du verbe.*

a. Lucie, Carla et Alexis *(rencontrons/rencontrent)* leurs amis devant l'école.
b. Ses amis, Louis les *(guette/guettent)* au coin de la rue.
c. L'autocar de ramassage des élèves *(était/étaient)* en retard ce matin.
d. Les parents d'Anthony nous *(prendront/prendrons)* au carrefour, après le stade.
e. Arthur et toi *(voyiez/voyaient)* les voitures passer sans s'arrêter.

11 ★★ **Écris la terminaison correcte du verbe au présent.**

a. Les randonneurs prépar… leur sac, attrap… leurs bâtons et déval… le sentier.
b. Annie, Claude, Mick et François, membres du club des cinq, résolv… des énigmes.
c. Nous chois… des cartes, les écriv… puis les post… .
d. Je fai… ma liste de courses, saut… dans la voiture et descen… au supermarché.
e. Le train et la voiture rest… les moyens de transport que les Français préfèr… .

Accorder le verbe avec un sujet éloigné

12 ★★ **Conjugue les verbes au présent puis à l'imparfait.**

a. Je la *(manger)*. ◆ Je lui *(dire)*. ◆ Je leur *(donner)*.
b. Tu la *(remarquer)*. ◆ Tu nous *(ennuyer)*. ◆ Tu la *(regarder)*.
c. On les *(oublier)*. ◆ On la *(réveiller)*. ◆ On lui *(offrir)*.
d. Nous le *(choisir)*. ◆ Nous les *(cueillir)*. ◆ Nous leur *(recommander)*.
e. Vous nous *(sourire)*. ◆ Vous leur *(écrire)*. ◆ Vous les *(aimer)*.
f. Ils les *(embrasser)* ◆ Ils leur *(parler)* ◆ Ils nous *(observer)*

13 ★★ **Conjugue les verbes entre parenthèses au présent puis au futur.**

a. Louis *(porter)* les paquets puis les *(poser)* dans l'entrée.
b. Vous *(finir)* vos bracelets, vous les *(offrir)* à vos amies.
c. Émilie et Delphine *(répéter)* leur enchaînement. Elles le *(connaître)* bien.
d. Tu *(lire)* ce texte, puis tu le *(donner)* à ton voisin.
e. Nous *(ouvrir)* la porte et vous la *(refermer)* derrière vous.
f. Je *(rendre)* mon livre à la bibliothèque et je le *(recommander)* à un ami.

Accorder le verbe avec un sujet inversé

14 ★★ **Souligne le sujet et conjugue le verbe au présent de l'indicatif.**

a. Loin devant, au-delà des collines, *(galoper)* les chevaux.
b. Devant le théâtre *(attendre)* les spectateurs.
c. Après cette animation *(avoir lieu)* un débat.
d. Tout en haut de la colline *(se détacher)* les ruines d'un château fort.
e. *(Vouloir)*-tu nous accompagner ?
f. Sous la terrasse, *(se terrer)* un nid de couleuvres.

15 ★★★ **Conjugue le verbe entre parenthèses au temps demandé.**

a. Présent : *(Entendre)*-tu le chien aboyer ?
b. Futur : *(Prendre)*-ils le train ou la voiture ?
c. Imparfait : Derrière la porte, *(se cacher)* Sylvain et sa sœur.
d. Passé simple : Du fond du couloir *(surgir)* Sophie et son cousin.
e. Présent : Devant le rang, *(s'avancer)* le directeur et notre maîtresse.
f. Futur : Dans l'appartement voisin *(s'installer)* bientôt un couple de personnes âgées.

Accorder le verbe avec le sujet qui

16 ✶ **Conjugue le verbe entre parenthèses au présent puis au futur.**
a. C'est moi qui *(inviter)*.
b. C'est toi qui *(chanter)*.
c. C'est lui qui *(payer)*.
d. C'est elle qui *(travailler)*.
e. C'est la maîtresse qui *(distribuer)*.

17 ✶✶ **Conjugue le verbe entre parenthèses au présent.**
a. On regarde un film qui nous *(plaire)* beaucoup.
b. J'aime les livres qui *(parler)* d'animaux.
c. Le plat qui *(mijoter)* *(répandre)* une délicieuse odeur dans tout l'appartement.
d. Les petits *(écouter)* leur mamie raconter une histoire qui les *(émerveiller)*.
e. On apprécie les romans qui *(sortir)* de l'ordinaire.

Accorder le verbe avec le sujet

18 ✶✶ **Conjugue les verbes au présent puis à l'imparfait.**
a. Les élèves qui *(bavarder)* n'*(écouter)* pas le professeur.
b. Nous leur *(conseiller)* souvent cet exercice.
c. Sur le cerisier *(piailler)* des étourneaux qui *(picorer)* les fruits.
d. *(Pouvoir)*-vous ranger le linge dans le placard ?

19 ✶✶ **Conjugue les verbes au présent.**
Les passagers *(avoir)* du mal à sortir du métro bondé. La narratrice *(surveiller)* une fille aux yeux étranges.
Tout le monde *(se précipiter)* pour sortir. Je n'*(échapper)* à l'emprise de ces yeux que pour voir Julien qui *(basculer)* comme une masse, de tout son long, et qui *(s'effondrer)* par terre, entre les portes, sans même faire un geste pour amortir le choc. Il *(être)* allongé par terre, tout blanc, encore plus pâle que moi ; il ne *(bouger)* pas. Ce n'*(être)* pourtant pas son genre, de s'évanouir. Des voyageurs l'*(enjamber)* pour descendre ; Anaïs *(se pencher)* sur lui, *(essayer)* de le redresser, mais il ne *(réagir)* pas.

Jean-Baptiste Evette, *Mademoiselle V.*, Magnard Jeunesse.

20 ✶✶✶ **Accorde les verbes entre parenthèses au temps demandé.**
Dehors, il *(faire, imparfait)* terriblement sombre. Je *(contempler, passé simple)* un moment, par la fenêtre, les énormes flocons qui *(descendre, imparfait)* sans trêve et *(se coller, imparfait)* parfois un instant à la vitre. Je me *(sentir, imparfait)* envahi par de sombres pressentiments. Ils *(être, imparfait)* si beaux, si purs, ces papillons blancs ! Mais ils *(tomber, imparfait)* si dru, comme s'ils *(provenir, imparfait)* de quelque réserve inépuisable, et leur innocence même *(avoir, imparfait)* quelque chose de mortellement dangereux.

Alan Wildsmith, *Un hiver aux arpents*, trad. R.-M. Vassalo, Flammarion Jeunesse.

À toi d'écrire !

21 ✶ **À la manière de Pierre Ferran, raconte ce que les ouvriers devraient faire au lieu de dormir !**

Attention, chantier !
Le vitrier dort,
Les maçons sommeillent,
Le serrurier ronfle,
L'architecte rêve,
Les peintres reposent,
Les menuisiers somnolent, […]

Pierre Ferran, dans *La Nouvelle Guirlande de Julie*, Éditions de l'Atelier.

Le menuisier plante des clous, les vitriers posent des carreaux…

22 ✶✶ **Explique ce qui se passe sur cette image en utilisant au moins trois verbes conjugués.**

Orthographe

L'accord du participe passé

CHERCHONS

a. Je suis née dans la bibliothèque du château, où j'ai rongé beaucoup de papier !
b. Les humains, qui nous avaient entendus, ont posé des pièges partout dans la maison.
c. Les graines que j'ai grignotées m'ont donné le hoquet : j'ai peut-être été empoisonné !
d. Nous avons trotté jusqu'à notre trou et attendu que le chat s'en aille : nous étions affolées.

▶ Cherchez qui parle dans chaque phrase : un rat, plusieurs rats, une souris, plusieurs souris ?
▶ Quels mots vous ont permis de repérer le genre et le nombre des personnages ?
▶ Pouvez-vous expliquer l'accord de ces mots ?

● Employé **avec l'auxiliaire *être*, le participe passé s'accorde** en genre et en nombre **avec le sujet** :

  La petite souris est n**é**e *dans la bibliothèque.*
  GN sujet   participe passé
  fém. sing.   fém. sing.

● Employé **avec l'auxiliaire *avoir*, le participe passé ne s'accorde jamais avec le sujet** : *Nous avons trotté.*

! Le participe passé employé avec l'auxiliaire *avoir* s'accorde avec le COD si celui-ci est placé avant le verbe :

  J'ai grignoté les graines.   *Les graines que j'ai grignotées.*
  COD placé après le PP ➜ pas d'accord   COD placé avant le PP ➜ accord

● **Lorsqu'un participe passé est employé sans auxiliaire, il s'accorde** en genre et en nombre **avec le nom auquel il se rapporte** :
  Les graines grignotées.

Écrire les participes passés employés avec l'auxiliaire être

1 ✳ Relie le début et la fin de chaque phrase.
a. Avec l'auxiliaire *avoir*, •   • le participe passé s'accorde avec le sujet.
b. Avec l'auxiliaire *être*, •   • le participe passé s'accorde en genre et en nombre avec le nom.
c. Sans auxiliaire, •   • le participe passé ne s'accorde pas avec le sujet.

2 ✱ Écris ces verbes au passé composé avec le sujet demandé.
a. Matthieu (tomber).
b. Les médecins (arriver).
c. Juliette et Esther (partir).
d. Mme Dubreuil (sortir).
e. Antonin et Lina (entrer).
f. Julie (rester).

3 ✱ Forme toutes les associations possibles (sujet / verbe) en respectant les accords.
a. Les membres du club
b. L'équipe de basket
c. La classe de CM2
d. Les enfants de cette école
e. Les filles de la classe
f. Les classes de cette école
g. Le club des nageurs de la ville

....

1. est allée à Lyon.
2. sont allées à Lyon.
3. sont allés à Lyon.
4. est allé à Lyon.

4 ✱✱ Réécris les phrases en remplaçant le sujet en gras par le sujet entre parenthèses.
a. **La chambre** sera rangée et nettoyée. (Les dortoirs)
b. **L'arbre centenaire** a été abattu par les bûcherons. (Les chênes)
c. **Les élèves** étaient allés visiter ce musée. (La classe)
d. **L'oiseau** est installé dans son nid. (Les oiseaux)
e. **Ces cordes à sauter** ont été retrouvées sur le terrain de sport ! (Ces ballons)

5 ✱✱ Transforme les phrases nominales en phrases verbales en respectant les accords sujet / verbe.

La livraison des paquets. ▶ *Les paquets sont livrés.*
a. La distribution du courrier.
b. La fin des vacances.
c. La réparation de la voiture.
d. La construction de la piscine.
e. La cueillette des myrtilles.
f. Le rangement des placards.

Écrire les participes passés employés avec l'auxiliaire avoir

6 ✱ Mets les infinitifs entre parenthèses au participe passé.
a. J'ai (acheter) ces deux CD.
b. La petite fille a (cueillir) une grappe de raisin.
c. Marc et Julien ont (installer) de nouveaux jeux.
d. Nos parents ont (faire) développer les photos.
e. Le chien a (courir) après la chatte.
f. On a (obtenir) un prix !

7 ✱✱ Mets les verbes en gras au passé composé.
a. Je **gare** la voiture devant le garage.
b. Nous **passons** toujours nos vacances à la montagne.
c. Quel papier peint **choisissent**-ils pour leur chambre ?
d. Edwin **range** sa trousse neuve dans son cartable.
e. Vous **utilisez** tous ces outils pour réparer mon vélo !
f. Tu **conduis** une belle voiture rouge !

8 ✱✱ Réponds aux questions comme dans l'exemple.

Avez-vous chanté ?
▶ *Oui, nous avons chanté.*
▶ *Non, nous n'avons pas chanté.*
a. As-tu donné sa pâtée au chien ?
b. A-t-elle terminé ses exercices ?
c. Ont-ils trouvé leur chemin ?
d. Avez-vous cueilli toutes les cerises ?
e. Ta mère a-t-elle appelé le médecin ?

9 ✱✱✱ Remplace les mots en gras par le mot proposé entre parenthèses et fais les accords nécessaires.
a. Quel **sac** as-tu emporté ? (sacoche)
b. Le directeur n'a pas accepté ce **contrat**. (offre)
c. Voilà le **gâteau** que j'ai fait pour le dessert. (petits choux)
d. C'est un **roman** qu'il a écrit quand il était jeune. (histoire)
e. Où as-tu trouvé mon **manteau** ? (veste)
f. C'est la **robe** que j'ai mise pour le mariage. (ensemble)

Orthographe

L'accord du participe passé

Accorder le participe passé employé sans auxiliaire

10 ✶ Accorde correctement le participe passé des verbes entre parenthèses.
a. les pommes et les poires (tomber)
b. une dinde (farcir) aux marrons
c. un gâteau (rouler) au chocolat
d. la viande (griller) au barbecue
e. les feuilles (jaunir)
f. les châtaignes (fendre)
g. un col (rouler)
h. une porte et une fenêtre (ouvrir)
i. un manteau et une veste (perdre)
j. des arbres (abattre)

11 ✶ Accorde les participes passés en gras si besoin.
a. Tu as encore laissé le robinet **ouvert**… !
b. Cette porte et ces volets **peint**… en bleu donnent bonne mine à notre maison !
c. Alice a offert une corbeille **garni**… de fruits **confit**… à sa grand-mère.
d. Il faudra rentrer le bois **fendu**… dans la grange.
e. Range les assiettes **essuyé**… dans ce placard.
f. Mathieu a toujours le nez **collé**… à la vitre de la voiture.
g. J'ai le nez et la gorge **pris**… par le rhume.

12 ✶✶ Écris les verbes entre parenthèses au participe passé.
a. Cette branche (casser) menace de tomber sur le toit de la maison.
b. Cette région (ravager) par une tempête tropicale n'attire plus les vacanciers.
c. Sitôt le col (passer), la randonnée devient facile.
d. Les jouets (vendre) de Marine lui ont rapporté cent euros.
e. Une fois la tarte (avaler), les enfants sortent de table.
f. Aussitôt la vaisselle (ranger), les déchets (trier) et le sol (balayer), nous prendrons l'air dans le jardin.

Accorder les participes passés en fonction de l'auxiliaire

13 ✶ Écris les phrases au pluriel.

Réfléchis bien à l'accord du participe passé.

Tu es allé à la patinoire.
> Vous êtes allés à la patinoire.
a. Elle a bronzé au soleil.
b. J'ai fermé la porte à clé.
c. Il est parti après le repas.
d. As-tu vu ce nouveau film ?
e. Je n'étais pas venue pour cela !

14 ✶ Écris les phrases au singulier.
a. Quand sont-elles sorties ?
b. Où avez-vous passé les vacances ?
c. Nous avons enregistré l'émission.
d. Êtes-vous partis à la campagne ?
e. Ont-ils lavé la vaisselle ?

15 ✶ Choisis la bonne orthographe.
a. Où êtes-vous donc (*passé-passés-passée-passées*) ?
b. Avez-vous (*fini-finie-finis-finies*) de faire les pitres ?
c. Où as-tu (*caché-cachée-cachés-cachées*) la surprise pour Papy ?
d. Par où sont-elles (*parti-partie-partis-parties*) ?
e. Nous avons (*apporté-apportée-apportés-apportées*) des disques pour la fête.

16 ✶✶ Réponds aux questions par une phrase au passé composé.
a. A-t-il connu ses grands-parents ?
b. As-tu oublié tes lunettes ?
c. Ont-ils lavé la vaisselle ?
d. Est-elle rentrée à la maison ?
e. Sont-ils repartis au Maroc ?
f. Avez-vous mangé toutes les tartelettes ?
g. Sont-elles allées au cinéma ?
h. Êtes-vous tombés sur le verglas ?

17 ✶ Remplace les sujets en gras par les sujets entre parenthèses.

> *Pense à bien accorder les participes passés !*

a. **Caroline et Fanny** sont allées au cinéma. *(Stéphane et Thomas)*
b. **Mes frères** ont rangé le garage, puis sont allés faire du vélo. *(Ma mère)*
c. Aviez-**vous** réussi à finir ce coloriage ? *(tu)*
d. **Les élèves de madame Beaugrand** sont partis en classe de découverte la semaine dernière. *(La classe de CM2)*
e. Après le carrefour, **la voiture** a percuté un poteau. *(l'autocar)*

18 ✶✶ Écris la question qui correspond à la réponse.

Elles sont parties ce matin.
> *Quand sont-elles parties ?*

a. Vous êtes tombés en bas de la pente.
b. Nous avons compris !
c. Elle est venue pour nous voir.
d. Ils ont rencontré le maire de la ville.
e. Marine est rentrée hier soir.

19 ✶✶ Accorde les participes passés si nécessaire.

a. Nous avons mangé… les tartes.
b. Vous avez vu… ces superbes sculptures !
c. Ont-elles rangé… leurs affaires ?
d. Nous ne sommes pas venu… ici pour rester devant la porte.
e. Où est-elle allé… ?

20 ✶✶✶ Conjugue les verbes avec l'auxiliaire qui convient. Accorde le participe passé si nécessaire.

1. ranger
a. Philippine et sa sœur … leur chambre.
b. Les papiers … dans le premier tiroir.
c. Patricia … tous les couverts.
d. Ma tasse … dans le placard.

2. sortir
e. Pascal et Kevin … à trois heures.
f. Cynthia … son chien.
g. Lucile … avec ses copains.
h. Nous … nos affaires d'hiver.

21 ✶✶ Écris les participes passés des verbes entre parenthèses.

> *Fais les accords nécessaires.*

Finalement, Alceste est *(monter)* dans le car et nous avons *(pouvoir)* partir pour de bon. Avant de tourner le coin de la rue, j'ai *(voir)* l'agent de police qui jetait son bâton blanc par terre, au milieu des autos *(accrocher)*. Nous sommes *(entrer)* dans le musée, bien en rang, bien sages, parce qu'on l'aime bien notre maîtresse, et nous avions *(remarquer)* qu'elle avait l'air très nerveuse […]

Sempé et Goscinny, *Les Récrés du Petit Nicolas*, IMAV éditions.

22 ✶✶✶ Accorde si nécessaire les participes passés entre parenthèses.

Ils étaient *(resté)* à Saint-Hippolyte au début des événements, n'ayant à priori rien à craindre des Allemands. Et puis, une nuit, ils ont été *(réveillé)* par deux soldats. Ils étaient furieux, et ont *(fouillé)* dans toute la maison. Le couple dormait au rez-de-chaussée, et leurs deux enfants en bas âge à l'étage. Ils n'ont pas été *(inquiété)*, mais cette visite les a *(terrorisé)*. Le lendemain, ils pliaient bagage. On ne les a jamais *(revu)*.

Francisco Arcis, *Le Mystère du marronnier*, Magnard.

À toi d'écrire !

23 ✶ Des souris et des rats sont entrés dans ta maison ! Raconte au passé composé leurs méfaits et leurs aventures !

Les souris ont grignoté… Les rats sont passés sous la table…

24 ✶ Raconte, à la façon du Petit Nicolas (exercice 21), une sortie au musée. Utilise le passé composé.

Participe passé en -é ou infinitif en -*er* ?

CHERCHONS

On va inaugurer une statue dans le quartier de l'école, et nous on va défiler. C'est ce que nous a dit le directeur quand il est entré en classe ce matin et on s'est tous levés, sauf Clotaire qui dormait et il a été puni. Clotaire a été drôlement étonné quand on l'a réveillé pour lui dire qu'il serait en retenue jeudi. Il s'est mis à pleurer et ça faisait du bruit et moi je crois qu'on aurait dû continuer à le laisser dormir.

Sempé et Goscinny, *Les Récrés du Petit Nicolas*, IMAV éditions.

▶ Quel est le point commun des mots en couleur ?
▶ Remplacez *inaugurer* par *construire* et *étonné* par *surpris*.
▶ Proposez une méthode pour ne pas confondre l'infinitif et le participe passé des verbes en -*er*.

● Il ne faut pas confondre le **participe passé** des verbes du 1er groupe en **-é, -és, -ée, -ées** avec l'**infinitif** en **-*er***.

● Pour savoir si un verbe est au participe passé ou à l'infinitif, on peut le **remplacer par un verbe du 3e groupe** comme *prendre, conduire, partir*… pour entendre la **syllabe finale**.

> On va **inaugurer** une statue. Il est **entré** en classe.
> (prendre) (conduit)
> infinitif participe passé

● Si le verbe est au participe passé, il ne faut pas oublier de l'accorder selon les règles.

Remplacer pour orthographier

1 ∗ **Reformule la règle.**
Pour ne pas confondre l'… en -*er* et le … des verbes du 1er groupe, je les remplace par un verbe du … groupe.

2 ∗ **Remplace le verbe en gras par l'une des formes entre parenthèses.**
a. Florent est **parti** manger. *(aller/allé)*
b. Camille et Vanessa ont **mis** des graines dans ce pot. *(semer/semé)*
c. Quand vas-tu **cueillir** les cerises ? *(ramasser/ramassé)*
d. Leïla n'a pas **vu** les rosiers en fleur ! *(regarder/regardé)*

3 ∗∗ **Remplace le verbe *dire* par un synonyme de la liste que tu mettras à l'infinitif ou au participe passé.**
prononcer ◆ annoncer ◆ réciter ◆ exprimer
a. Thomas nous a dit qu'il allait partir quelques jours.
b. Cet élève n'a aucune difficulté à dire son texte de poésie.
c. Quand va-t-il dire son discours ?
d. Diane a dit à tous ses amis son bonheur de les revoir.

4 ** Transforme les phrases comme dans le modèle.

Pose ton stylo. ▸ *Tu dois poser ton stylo.*
▸ *Je l'ai déjà posé.*

a. Répare ton vélo.
b. Range ton bureau.
c. Allume ton ordinateur.
d. Appelle ton grand-père.
e. Envoie ce colis.

5 ** Remplace les infinitifs et les participes passés en gras par des synonymes correctement accordés.

a. Nous n'avons pas **mangé** le reste de la tarte !
b. Elle s'est **regardée** dans la glace.
c. **Effrayés** par le grondement de l'orage, les moutons essayaient de **s'échapper** de leur enclos.
d. Mamie aime **sommeiller** devant la télévision ; elle se sent **reposée** ensuite.
e. Elle a **porté** cette robe pour le mariage de Pierre et Lila ?

Orthographier correctement les verbes

6 * Complète les phrases avec l'infinitif ou le participe passé du verbe proposé.

jouer ◆ *joué*

a. Nous avons … longtemps dans la cour ce matin !
b. Veux-tu … avec moi aux billes ?
c. Il ne faut pas … sur la pelouse lorsqu'il a plu.
d. Laura a très bien … son morceau de piano cet après-midi.
e. J'ai appris à … aux osselets.

7 ** Choisis la bonne orthographe.

terminer ◆ *terminé* ◆ *terminés* ◆ *terminée* ◆ *terminées*

a. Qui a … son puzzle ?
b. Les tartes ont été … en un clin d'œil !
c. Les devoirs sont …, je peux jouer dans ma chambre.
d. La pièce de théâtre est …, nous pouvons rentrer.
e. Faut-il … cet exercice avant ce soir ?

8 ** Écris la terminaison des verbes, accorde le participe passé si besoin.

a. Vous auriez gagn… s'il n'avait pas trich… !
b. Elles n'ont même pas encore commenc… !
c. Solange est couch… depuis une heure !
d. On ne peut plus pass…, la prairie est inond… .
e. Va-t-elle pouvoir rentr… ?

9 *** Complète les phrases de ce texte avec l'infinitif en *-er* ou le participe en *-é* des verbes.

– Holà ! On dirait que tu viens de rencontr… le diable en personne !
Je dois en effet avoir conserv… sur le visage tout mon étonnement.
– Tu ne crois pas si bien dire, je lui lance, essouffl… .
– Quoi, tu as vraiment rencontr… le diable ? plaisante-t-il, le ton faussement sérieux.
– Écoute, François, il faut que je te montre quelque chose d'incroyable. Mais il faut d'abord me promettre de n'en parl… absolument à personne. Je suis sérieux, c'est un truc que tu ne peux même pas imagin… . Mais tu dois gard… le secret, c'est très important.

Francisco Arcis, *Le Mystère du marronnier*, Magnard.

À toi d'écrire !

10 * Décris la scène. Choisis des verbes du 1ᵉʳ groupe et utilise-les au passé composé ou avec le verbe *aller* suivi d'un infinitif.

Ils ont…, ils vont, elles…

Orthographe

RÉVISIONS

Identifier le nom noyau du groupe nominal

1 * Souligne le nom noyau de chaque groupe nominal. Indique son genre et son nombre.
a. un fastidieux travail préparatoire
b. ma grande cape noire et chaude
c. des enfants polis et respectueux
d. ce très agréable week-end printanier
e. de trop longs exercices grammaticaux
f. quelques longs après-midis pluvieux
g. les mignonnes petites souris grises

2 * Souligne tous les adjectifs qui qualifient le nom noyau en gras.
a. Immense et respectée, la très célèbre **actrice** salua son public.
b. Accablés par la chaleur, les **randonneurs** assoiffés se rafraîchissaient à la fontaine.
c. Ce jeune **chanteur**, adulé par un public pressant, a dû sortir par l'issue de secours !
d. Mon cousin est un **enfant** grognon, paresseux, malpoli et irascible !
e. Le petit **Paul**, toujours enthousiaste et joyeux, a fait rire toute la maisonnée.
f. Trempés par l'averse, les **touristes**, fatigués par leur longue journée, se réfugient, réconfortés, dans un café.

Accorder les groupes nominaux

3 * Écris les groupes nominaux au masculin singulier.
a. les groupes nominaux féminins
b. mes meilleures amies d'enfance
c. de longs combats victorieux
d. des ciels matinaux
e. ces vitraux médiévaux somptueux
f. tes délicieux gâteaux au miel
g. ces juments noires et ombrageuses
h. ses douloureux genoux égratignés

4 ** Écris les GN au féminin pluriel.
a. ce nouveau directeur sévère
b. cet ami chaleureux et réconfortant
c. un puissant cheval fougueux
d. mon petit chat discret
e. ce chien agile et doux
f. le puissant tigre sauvage
g. un célèbre danseur international
h. le terrible sorcier invincible

5 ** Remplace le nom en gras par celui entre parenthèses puis accorde ce nouveau groupe nominal.
a. un joli **chemin** frais et ombragé (une allée)
b. un **garçon** agressif et querelleur (une fillette)
c. un **appartement** coquet et soigné (une maison)
d. un long **roman** passionnant (une histoire)
e. un joyeux **pique-nique** estival (une fête)
f. un terrible **ouragan** destructeur et meurtrier (tempête)

6 ** Accorde les adjectifs entre parenthèses avec le nom en gras.
a. des **patries** (natal et lointain)
b. des **poutres** (gros et inégal)
c. les **cyclistes** (dernier et épuisé)
d. les **pommes de terre** (nouveau et juteux)
e. des **vaisseaux** (spatial et interplanétaire)
f. des **pays** (équatorial et immense)
g. les **peintures** (ancien et coûteux)

7 ** Complète chaque nom noyau en gras par un adjectif qualificatif épithète de ton choix.
Après cette **pluie** …, la nature resplendissait. Un **soleil** … réchauffait l'atmosphère. Les … **oiseaux** gazouillaient et les **feuilles** … s'égouttaient. Le **chemin** … serpentait entre les **talus** … . Le **ciel** très … était lavé des **nuages** … de l'**heure** … . On pouvait commencer une … **chasse** aux escargots !

8 ★★ Accorde correctement, quand c'est nécessaire, les noms et les adjectifs entre parenthèses.

Je n'ai à la (maison) que deux (chien), quatre (chat), six (petit) (lapin), deux (perruche), trois (canari), un (perroquet) (vert), une (tortue), un (bocal) (plein) de (poisson) (rouge), une (cage) (plein) de (souris) (blanc) et un (vieux) (hamster) complètement gaga ! Je veux un (écureuil) !

Roald Dahl, *Charlie et la chocolaterie*, trad. É. Gaspar, © Gallimard, © R. Dahl Nominee Ltd.

9 ★★ Accorde correctement l'adjectif en italique.
a. le blé et l'avoine *mûr*
b. le frère et la sœur *fâché*
c. le bracelet, le collier et la bague *doré*
d. l'épingle et l'aiguille *pointu*
e. la jupe et le pantalon *noir*
f. la poire et la pomme *pourri*

Accorder le verbe avec le sujet

10 ★ Mets le sujet en gras au pluriel. Accorde le verbe en conséquence.
a. **La guêpe** surgit devant la vitre.
b. **Ma sœur** cueille les tomates du jardin.
c. **Ce poissonnier** vend de magnifiques dorades.
d. **Mon voisin** meurt d'envie d'aller en Chine.
e. **La bourrasque** secoue l'arbre avec violence.
f. **La serveuse** met les couverts sur la table.

11 ★ Remplace le sujet en gras par le sujet entre parenthèses. Accorde le verbe si nécessaire.
a. **Le médecin** recommande un nouveau médicament. *(Le médecin et son infirmière)*
b. **Le chant du coq** retentit au petit matin. *(Le chant du coq et l'aboiement d'un chien)*
c. **Ma mère** prépare un délicieux poulet rôti aux herbes. *(Ma mère et mon père)*
d. **La balle** rebondit contre le mur. *(La balle et le ballon)*
e. **Sylvain** organise un voyage au Viêtnam. *(Sylvain et Lucie)*

12 ★★★ Écris le verbe entre parenthèses au présent de l'indicatif.

Le fauteuil roulant (s'envoler) dans les airs. Deux flotteurs latéraux autogonflants se (déployer), un stabilisateur se (mettre) en place à l'avant et un gouvernail (compléter), à l'arrière, l'équipement aquatique du fauteuil volant. Avec la légèreté d'un hydravion, la Turbobo se (poser) sur l'eau en ouvrant un faisceau de vaguelettes dans la piscine comme quand des canards (rejoindre) leur étang.

Alain Serres/Pef, *Tempête sur la piscine*, © Gallimard Jeunesse.

Accorder le participe passé

13 ★ Accorde les participes passés.
a. la porte et la fenêtre fermé…
b. le camion et la voiture embourbé…
c. le pêcher et l'abricotier fleuri…
d. la lampe et le plafonnier éteint…
e. mon animateur et mon animatrice préféré…

14 ★ Accorde si nécessaire le participe passé entre parenthèses.
a. Nous avons (lu) tous ces livres. ◆ La lettre des correspondants est (lu) devant toute la classe.
b. Les vagues ont (battu) la côte toute la nuit. ◆ Les Français sont (battu) en finale.
c. Mamie a (mangé) tous les chocolats ! ◆ La tarte a été (mangé) en deux minutes !
d. Ma voiture sera (réparé) demain. ◆ Elles ont (réparé) ce vieux poste de radio.

15 ★★★ Écris le participe passé correctement accordé des verbes entre parenthèses.

– Eh oui Stan, Paris est (naître) de l'eau. C'est difficile à croire aujourd'hui, mais il y a très longtemps, notre Bassin parisien était (recouvrir) par les océans originels. Les eaux tièdes abritaient aussi bien des crevettes que des baleines… Et puis la mer a (commencer) à se retirer. Des îles et des lagunes ont (émerger), les formes de vie se sont (diversifier) et (multiplier) sur les terres…
– Ici même ? demanda Stan les yeux ronds.
– Toute cette région est (sortir) de la mer. Ce n'est pas pour rien qu'on l'appelle l'Île-de-France.

Hugo Verlomme, *Les Indiens de la Ville Lumière*, © Gallimard Jeunesse.

Vocabulaire

Utiliser le dictionnaire (1)

CHERCHONS

vaporisateur

vaporisateur n. m. Appareil qui projette un liquide en fines goutelettes.
Cette eau de toilette se vend en flacon ou en vaporisateur (**syn.** atomiseur).
vaporiser v. Projeter un liquide en fines gouttelettes avec un vaporisateur. *Paul vaporise de l'insecticide sur les rosiers* (**syn.** pulvériser).

vaquer v. *Vaquer à ses occupations*, c'est se consacrer à faire ce que l'on a à faire.
varan n. m. Lézard carnivore qui atteint deux à trois mètres de long.

Dictionnaire *Super Major* Larousse.

▸ Comment sont classés les mots de cet extrait de page de dictionnaire ?
▸ Quand tous les mots commencent par la même lettre, comment classe-t-on les mots ?
▸ Comment appelle-t-on le mot écrit en haut à gauche d'une page de dictionnaire ?

● Pour chercher dans un dictionnaire, il faut bien connaître l'**ordre alphabétique**. Le premier et le dernier mot d'une double-page de dictionnaire s'appellent des **mots repères**.

● Dans un dictionnaire, les verbes apparaissent à l'infinitif, les noms au singulier et les adjectifs au masculin singulier.

Classer les mots dans l'ordre alphabétique

1 ✶ Classe ces mots dans l'ordre alphabétique.
a. crocodile ◆ girafe ◆ bison ◆ rhinocéros ◆ antilope ◆ éléphant ◆ wapiti ◆ oryx ◆ fennec
b. caïman ◆ couleuvre ◆ chèvre ◆ canard ◆ chat ◆ chien ◆ crocodile ◆ cheval ◆ crevette ◆ cygne
c. macareux ◆ moule ◆ mygale ◆ moustique ◆ mouche ◆ macaque ◆ murène ◆ mouflon ◆ mouette
d. mollusque ◆ crustacé ◆ gastéropode ◆ céphalopode ◆ mammifère ◆ reptile ◆ oiseau ◆ amphibien ◆ insecte ◆ arachnide
e. belette ◆ hérisson ◆ fouine ◆ hermine ◆ souris ◆ héron ◆ furet ◆ guépard ◆ bouc ◆ girafe

2 ✶ Recopie chaque liste en ajoutant le mot en gras à sa place dans l'ordre alphabétique.
a. présentable : prescription ◆ prescrire ◆ présent ◆ présentateur ◆ présentation ◆ présenter ◆ préserver
b. humain : humaniser ◆ humanitaire ◆ humanité ◆ humanoïde ◆ humble ◆ humecter
c. maintien : mainate ◆ maintenant ◆ maintenir ◆ maire ◆ mairie ◆ mais ◆ maison
d. terrer : terrain ◆ terrasse ◆ terrassement ◆ terrasser ◆ terrassier ◆ terre ◆ terreau
e. entremets : entrée ◆ entrefilet ◆ entrelacer ◆ entremise ◆ entrepont ◆ entreposer ◆ entrepôt
f. décharge : déchaîner ◆ déchanter ◆ décharger ◆ décharné ◆ déchausser ◆ déchet

❸ ★ Recopie chaque liste en écrivant les mots en gras à leur place dans l'ordre alphabétique.

a. **chagrin** ◆ **chair** : chahut ◆ chaise ◆ chaland
b. **pupitre** ◆ **purée** : pureté ◆ purger ◆ purifier
c. **mitoyen** ◆ **mixeur** : mitrailler ◆ mitron ◆ mixte
d. **injustice** ◆ **innocent** : injure ◆ inlassable ◆ innocenter
e. **déchanter** ◆ **déchéance** : déchaîner ◆ décharge ◆ déchargement
f. **cinquante** ◆ **cintre** : cinq ◆ cinquantenaire ◆ cinquième

❹ ★★ Souligne en rouge les mots qui sont situés avant le mot en gras et en bleu ceux qui sont situés après dans l'ordre alphabétique.

a. **insensible** : insensé ◆ insignifiant ◆ insecticide ◆ insigne ◆ inséparable ◆ insister ◆ insécurité
b. **manie** : manigancer ◆ manifestement ◆ manière ◆ manioc ◆ manipuler ◆ manifester ◆ manivelle
c. **poursuivre** : poursuite ◆ pourquoi ◆ pourtant ◆ pourvoir ◆ pourrir ◆ pourchasser ◆ pourtour
d. **entremêler** : entrevoir ◆ entrecouper ◆ entrecroiser ◆ entrée ◆ entrepôt ◆ entrecôte ◆ entreprendre
e. **velours** : veillée ◆ vendange ◆ velouté ◆ vénéneux ◆ vendre ◆ vélodrome ◆ véloce ◆ vendeur

Savoir à quelle forme sont les mots dans un dictionnaire

❺ ★★ Trouve sous quelle forme apparaissent ces mots dans un dictionnaire.

chantez > chanter

a. allons ◆ finissons ◆ gaies ◆ skieurs ◆ chevaux
b. soigneuses ◆ changeront ◆ générales ◆ couteaux ◆ peignons (deux solutions)
c. folle ◆ saurai ◆ rousse ◆ travaux ◆ chanteuse
d. naïve ◆ iront ◆ poux ◆ viendra ◆ vieille
e. douces ◆ joyeuses ◆ nouvelle ◆ tiennent ◆ coquette ◆
f. appelleront ◆ cliquetis ◆ ont joué ◆ sera ◆ douce

Utiliser les mots repères

❻ ★ Écris à chaque fois deux mots qui seraient placés entre les mots repères suivants.

a. naissance / naturaliser
b. capitale / caractéristique
c. arbre / arctique
d. licencier / lilas
e. tourisme / tracer

❼ ★★ Écris un mot qui pourrait être placé avant les mots repères et un mot qui pourrait être placé après.

a. matinal / mèche
b. sécateur / secteur
c. palais / pancarte
d. rejet / relever
e. bougie / bourde

❽ ★★ Indique où tu dois chercher le mot indiqué en fonction des mots repères donnés.

mots à chercher	mots repères	dans les pages	aller plus loin	revenir en arrière
couteau	couper courir		x	
fourchette	fourbu fourmi			
assiette	assis associer			
verre	verser vertical			
nappe	naître nature			
serviette	service sévère			

À toi d'écrire !

❾ ★ Écris une phrase dont le premier mot commence par la lettre *a*, le deuxième par la lettre *b*… Va le plus loin possible !

Alice boude car…

Vocabulaire

Utiliser le dictionnaire (2)

CHERCHONS

loyal, -ale, -aux adj. Qui respecte les engagements pris, les règles de l'honnêteté, de l'honneur. *Un ami loyal* (**syn.** dévoué, fidèle ; **contr.** perfide). *De bons et loyaux services.*

Dictionnaire *Super Major* Larousse.

▶ Que signifient les abréviations *adj.*, *syn.* et *contr.* ?
▶ Quand utilise-t-on l'écriture en italique ?
▶ Quelle est la nature du mot *loyal* ?
▶ Comment écrit-on *loyal* au féminin ? au pluriel ?

● On utilise un dictionnaire pour :
– connaître la **prononciation** d'un mot ;
– vérifier l'**orthographe** d'un mot ;
– comprendre les **différents sens** d'un mot inconnu ;
– trouver la **nature** d'un mot ;
– chercher des **mots de la même famille**, des **synonymes** ou des **contraires** ;
– connaître l'**origine** d'un mot (étymologie).

Comprendre les abréviations utilisées dans un dictionnaire

1 ★ Donne la signification de ces abréviations.
a. v. ◆ interj.
b. adj. ◆ adv.
c. n. m. ◆ prép.
d. fam. ◆ n. f.
e. contr. ◆ syn.
f. abrév. ◆ lat.

2 ★ À l'aide d'un dictionnaire, écris l'abréviation correspondant aux mots suivants.
a. exclamation ◆ interrogation
b. histoire ◆ géographie
c. littéraire ◆ populaire
d. conjonction ◆ coordination
e. exemple ◆ environ
f. invariable ◆ figuré
g. pronom ◆ conjugaison
h. habitant ◆ homonyme

3 ★★ Cherche le genre de ces noms dans un dictionnaire.
pétale ◆ pédale ◆ espèce ◆ hippocampe ◆ réglisse ◆ omoplate ◆ aparté ◆ atmosphère ◆ planisphère ◆ équinoxe ◆ solstice ◆ icône ◆ effluve ◆ aspect ◆ incident ◆ anicroche ◆ étincelle

4 ★★ Souligne en vert les mots qui sont à la fois noms et verbes et en noir ceux qui sont noms et adjectifs.

Aide-toi du dictionnaire.

aller ◆ devoir ◆ bas ◆ battant ◆ bête ◆ boucher ◆ calme ◆ capital ◆ centenaire ◆ chouette ◆ commode ◆ complexe ◆ louche ◆ noyer

5 ★★ Cherche la nature des mots suivants dans un dictionnaire. Écris une phrase pour chacune.

cocher > *Le cocher (nom) arrête les chevaux.*
> *Il faut cocher (verbe) la bonne case.*

dîner ◆ pouvoir ◆ bon ◆ savoir ◆ manuel

Lire un article de dictionnaire

6 * Lis ces articles de dictionnaire et complète les questionnaires.

A

> **ennemi, -e** n. et adj. ❶ Personne, pays contre lesquels on combat, en temps de guerre. *L'ennemi a passé la frontière. Les ennemis sont en déroute* (**contr.** allié). ❷ Personne qui veut du mal à quelqu'un. *C'est mon ennemi personnel* (**contr.** ami). ❸ Personne farouchement opposée à quelque chose. *C'est un ennemi déclaré de l'injustice* (**syn.** adversaire ; **contr.** adepte, partisan).
>
> Dictionnaire *Super Major*, Larousse.

a. L'orthographe du mot *ennemi* au féminin : …
b. Les classes grammaticales du mot *ennemi* : …
c. Le nombre de sens du mot *ennemi* : …
d. La définition du premier sens : …
e. Un des exemples du premier sens : …
f. Le contraire du deuxième sens : …
g. Le synonyme du troisième sens : …
h. Deux contraires du troisième sens : …

B

> **Michel-Ange** (1475 - 1564) Sculpteur, architecte et peintre italien. Il travailla à Florence et pour le pape à Rome. Dans la chapelle Sixtine, il a peint des fresques représentant la Création du monde et le Jugement dernier. Il réalisa aussi des sculptures et la coupole de l'église Saint-Pierre de Rome. Il est l'un des artistes les plus importants de l'art occidental. Rem. On prononce [mikɛl-].
>
> Dictionnaire *Super Major*, Larousse.

a. Les dates de naissance et de décès de Michel-Ange : …
b. Les métiers qu'il a exercés : …
c. Son pays d'origine : …
d. Deux lieux célèbres qu'il a décorés : …

Vérifier l'orthographe d'un mot

7 * Cherche dans un dictionnaire le nom des animaux dessinés et écris ces mots.

8 ** Écris correctement les mots qui répondent à ces définitions après avoir vérifié leur orthographe dans un dictionnaire.

a. C'est un spécialiste des oiseaux : l'orni… .
b. Mammifère herbivore à la peau coriace ayant une ou deux cornes sur le nez : le r… .
c. C'est un avion qui atterrit sur l'eau : l'…avion.
d. C'est le contraire de *vertical* : …al.
e. Liquide servant au lavage des cheveux : le … .

Connaître les différents sens d'un mot

9 * Associe chaque nom à sa définition.
a. diadème
b. fiasco
c. gibus
d. marmotter
e. corvette

....

1. Se dit de quelque chose qui n'a pas été réussi
2. Couronne garnie de bijoux.
3. Bâtiment de guerre à trois mâts.
4. Chapeau haut de forme à ressort que l'on peut aplatir.
5. Dire entre ses dents.

10 *** Cherche dans le dictionnaire tous les sens de ces mots. Emploie chacun dans deux phrases où ils auront un sens différent.

a. palais
b. adresse
c. affranchir
d. botte
e. campagne
f. accent

À toi d'écrire !

11 * Pour chacun des mots inventés ci-dessous, écris un article tel qu'il pourrait apparaître dans un dictionnaire. Note la nature du mot, invente une définition et termine en écrivant une phrase d'exemple.

a. une tourniquette
b. abomifreux
c. une biotifoule
d. un formifiant

Vocabulaire

Vocabulaire

Les mots de la même famille

CHERCHONS

M. Brunner était un quinquagénaire* en fauteuil roulant électrique. Il avait les cheveux clairsemés, la barbe hirsute et une veste en tweed élimé qui sentait toujours le café. A priori pas le portrait-robot du type super cool, pourtant il racontait des histoires, plaisantait et nous faisait faire des jeux en cours. Comme, en plus, il avait une redoutable collection d'armes et d'armures romaines, c'était le seul professeur dont les cours ne m'endormaient pas.

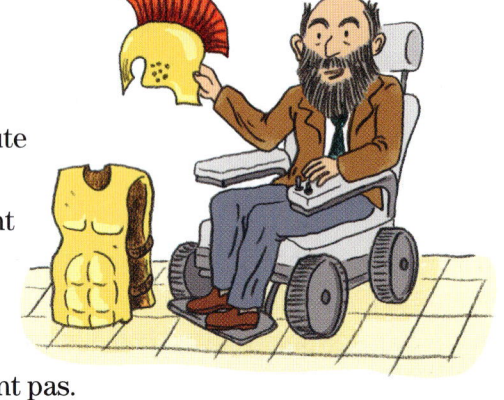

*quinquagénaire : personne âgée de cinquante ans.

Rick Riordan, *Percy Jackson*, t. 1, *Le voleur de foudre*, trad. M. de Pracontal, Albin Michel Jeunesse.

- Dans ce texte, trouvez les deux mots qui se ressemblent.
- Sont-ils de la même famille ? Pourquoi ?
- Pouvez-vous trouver d'autres mots de cette famille ?

- Les mots qui ont un **radical commun** appartiennent à la **même famille** :
  *arm*e, *arm*ure, dés*arm*er

  ! Certains mots peuvent avoir un radical qui se ressemble mais ne pas être de la même famille.
  terre → *terri*toire, en*terr*er
  *terr*eur → *terr*ifiant

- **Chercher les mots d'une même famille** (ou mots dérivés) peut aider à :
– connaître l'**orthographe** d'un mot :
  ➡ *pomm*ier s'écrit avec *mm* comme *pomm*e.
  ➡ *lait* s'écrit avec un *t* qu'on entend dans *laitier*.

– comprendre le **sens** d'un mot :
  ➡ une *pommeraie* est un terrain planté de *pommiers*.

Reconnaître les mots d'une même famille

1 ∗ Recopie les listes de mots en supprimant l'intrus qui n'appartient pas à la même famille.

a. blanchir ◆ blanchisseur ◆ blanchâtre ◆ blanc ◆ banc ◆ blancheur

b. noir ◆ noircir ◆ noirceur ◆ noirâtre ◆ noircissement ◆ noix

c. bleuté ◆ bleuet ◆ blouson ◆ bleu ◆ bleuâtre ◆ bleuir

d. rouge ◆ infrarouge ◆ routine ◆ rougeoyer ◆ rougeâtre ◆ rougeole

e. ver ◆ vert ◆ verdure ◆ verdâtre ◆ verdir ◆ verdoyant

2 ✶ Encadre le radical commun des mots de chaque famille.

a. lait ◆ laitage ◆ laiterie ◆ laitier ◆ allaiter ◆ allaitement
b. laid ◆ laideur ◆ laideron ◆ enlaidir ◆ enlaidissement
c. terre ◆ enterrer ◆ terrestre ◆ territoire ◆ atterrir ◆ souterrain
d. terreur ◆ terrible ◆ atterrer ◆ terroriser ◆ terroriste
e. vol ◆ envoler ◆ survoler ◆ volant ◆ voleter ◆ volière
f. volonté ◆ volontairement ◆ involontairement ◆ volontaire ◆ volontiers
g. concentrer ◆ concentration ◆ déconcentrer ◆ concentrique
h. condition ◆ conditionnel ◆ inconditionnel ◆ conditionner ◆ conditionnement

3 ✶ Recopie huit mots de la famille de *couleur* cachés dans cette grille.

A	M	U	L	T	I	C	O	L	O	R	E
R	D	E	C	O	L	O	R	E	R	L	O
O	L	I	N	C	O	L	O	R	E	B	R
C	B	I	C	O	L	O	R	E	U	C	O
E	O	C	O	L	O	R	A	T	I	O	N
C	O	L	O	R	I	E	R	T	I	O	N
D	C	O	L	O	R	I	A	G	E	T	I

4 ✶✶ Recopie en bleu les mots de la famille de *sale* et en noir ceux de la famille de *sel*.
saler ◆ salir ◆ salant ◆ saleté ◆ salaison ◆ salière ◆ salissure ◆ salement ◆ salé ◆ salissant ◆ insalissable ◆ salage

5 ✶✶ Retrouve et recopie les trois familles de mots.
reliure ◆ relire ◆ interligne ◆ lire ◆ lier ◆ liaison ◆ alignement ◆ rectiligne ◆ lien ◆ lisible ◆ lisiblement ◆ allié ◆ ralliement ◆ surligner ◆ ligne ◆ aligner

6 ✶✶ Retrouve et recopie les quatre familles de mots.
teinture ◆ portant ◆ peindre ◆ teint ◆ exporter ◆ exister ◆ repeindre ◆ existence ◆ porteur ◆ coexister ◆ peinture ◆ teinturier ◆ peintre ◆ inexistant ◆ transporter ◆ déteindre

7 ✶✶✶ **a.** Associe les mots de la même famille. Attention, le radical change.
b. À l'aide des mots de la première colonne, écris le sens des mots de la seconde colonne.

mère •   • diurne
frère •   • nocturne
mer •   • altitude
haut •   • maritime
nuit •   • fratrie
jour •   • maternité

Trouver des mots de la même famille

8 ✶ Cherche des mots de la même famille que les mots proposés. Donne la classe de chacun des mots trouvés.

chaîne > *enchaîner* (verbe) ; *enchaînement* (nom) ; *enchaîné* (adjectif)
a. habiter   **b.** ranger   **c.** éclair

9 ✶✶ Complète le tableau avec des mots de la même famille, de différentes classes.

verbe	nom	adjectif
	accident	
aimer		
		simple
triompher		
	vie	

À toi d'écrire !

10 ✶ À la manière de Luc Bérimont, écris un court texte comprenant plusieurs mots de la même famille.

Les pompiers
Les pompiers
Un jour d'incendie
Étaient à côté de leur pompe
Le pommier
Au vent de la nuit
Manquait de tomber dans les pommes […]

Luc Bérimont, dans *L'Esprit d'enfance*, éditions de l'Atelier.

Vocabulaire

Les préfixes et les suffixes

CHERCHONS

Aldabra fait partie des Seychelles, c'est un lointain atoll de l'océan Indien, le plus grand atoll d'origine volcanique du monde. Je lus qu'il était devenu un sanctuaire, un refuge protégé où l'on veillait sur les tortues d'Aldabra, une race en voie d'extinction. *Geochelone gigantea*, tel est le nom de la créature préhistorique qui parcourait la planète avant même l'arrivée des dinosaures.

Silvana Gandolfi, *Aldabra : la tortue qui aimait Shakespeare*, trad. N. Bauer, Seuil Jeunesse.

▸ Recherchez dans ce texte des mots formés sur les noms *volcan* et *histoire* puis sur les verbes *courir* et *créer*.
▸ Comment ces mots sont-ils construits ?
▸ Comment s'appellent les éléments qui ont été ajoutés à ces mots ?

● On peut former un **mot dérivé** en ajoutant un **préfixe** ou un **suffixe** au **radical**.

histoire ➞ **pré**histoire ➞ histor**ique**
          préfixe   suffixe

● **Les préfixes modifient le sens du mot.** Ils peuvent indiquer :
– le **contraire** *(il-, im-, in-, ir-, dé-, des-, dis-, mal-)* :
    complet ➞ **in**complet   barbouiller ➞ **dé**barbouiller
– la **répétition** *(re-, ré-)* :
    lire ➞ **re**lire

● **Les suffixes changent :**
– la **nature** du mot :
    utile (adjectif) ➞ utili**té** (nom), util**iser** (verbe)
– le **sens** :
    tour ➞ tour**elle**   noir ➞ noir**âtre**

Reconnaître les préfixes et les suffixes

1 ★ Complète la règle.
a. On forme les mots dérivés en ajoutant un … ou un … au … .
b. Les … changent la classe grammaticale et le sens du mot.
c. Les … modifient le sens du mot.
d. *il-, im-, in-, ir-* sont des … .
e. *-elle, -âtre, -té, -eur* sont des … .

2 ✱ Trouve dans chaque liste le mot qui n'est pas formé d'un radical et d'un préfixe. Recopie les listes sans intrus puis indique le préfixe commun des mots.
a. antidopage ◆ anticyclone ◆ antiatomique ◆ antigel ◆ antipoison ◆ antilope
b. préfixe ◆ préhistoire ◆ prémolaire ◆ préfet ◆ prévenir ◆ prédire
c. malsain ◆ malade ◆ malchanceux ◆ maladroit ◆ malhonnête ◆ maltraité
d. superman ◆ supermarché ◆ supercarburant ◆ superbe ◆ superstar ◆ supersonique

3 ✱ Classe ces mots dans le tableau selon que la première syllabe (re- ou ré-) est un préfixe ou appartient au radical.

re- est un préfixe	re- appartient au radical
refaire	résine

retenir ◆ regard ◆ reproduction ◆ reposant ◆ relais ◆ repiquer ◆ repeint ◆ relief ◆ relever ◆ reçu ◆ redescendre ◆ repas ◆ repasser ◆ retouche ◆ réunir ◆ répondre ◆ revêtir

4 ✱✱ Classe les noms suivants en fonction du sens du préfixe qui exprime une quantité.

1	2	3	4	10	beaucoup

unijambiste ◆ trimestre ◆ bipède ◆ quadriréacteur ◆ monoski ◆ décalitre ◆ quadrupède ◆ multicolore ◆ quadruplés ◆ tricycle ◆ bimensuel ◆ polyculture ◆ décathlon ◆ bilatéral ◆ trident ◆ monosyllabe ◆ quadrilatère ◆ décamètre ◆ multinational

5 ✱✱ Trouve le mot de chaque liste qui n'est pas formé d'un radical et d'un suffixe. Recopie les listes sans intrus et indique le suffixe commun des mots.
a. pianiste ◆ artiste ◆ journaliste ◆ piste ◆ trapéziste ◆ guitariste
b. savoyard ◆ renard ◆ campagnard ◆ vieillard ◆ chauffard
c. rasoir ◆ plongeoir ◆ lavoir ◆ bougeoir ◆ accoudoir ◆ soir
d. enseignant ◆ gagnant ◆ habitant ◆ participant ◆ chant ◆ récitant

6 ✱✱ Encadre le radical puis souligne le préfixe et/ou le suffixe de chaque mot.
rectangulaire ◆ dissymétrique ◆ agrandissement ◆ multiplicateur ◆ fractionner ◆ décroissant ◆ proportionnel ◆ décomposition ◆ additionner

Utiliser les préfixes et les suffixes

7 ✱ Relie les préfixes de la première colonne aux verbes de la deuxième colonne pour former des dérivés.

dé- •
re- •
pré- •
em- •

• barbouiller
• faire
• voir
• mêler
• couper
• dire
• mener
• monter

8 ✱ À l'aide des verbes et des suffixes, forme des noms dérivés.
verbes : piloter ◆ naviguer ◆ amuser ◆ découper ◆ bricoler ◆ fabriquer
suffixes : -age ◆ -ement ◆ -ation

9 ✱✱ Utilise les suffixes suivants pour former des dérivés des verbes :
-oter ◆ -ailler ◆ -iller ◆ -ouiller ◆ -onner.
vivre ◆ siffler ◆ discuter ◆ mordre ◆ mâcher ◆ gratter ◆ traîner ◆ chanter ◆ tousser

À toi d'écrire !

10 ✱ Crée des noms qui n'existent pas en utilisant des préfixes et des suffixes.
La rigolation (au lieu de la rigolade).
Puis rédige les définitions de ces mots nouveaux :
La rigolation est une maladie des mâchoires qui oblige à rire en permanence.
Tu peux t'aider des mots suivants :
amuser, bricoler, mordre, piloter...

Vocabulaire

Les abréviations et les sigles

CHERCHONS

En sortant du métro, Mlle Dumont remonta la rue Lepic. Elle habitait au 6e étage d'une modeste HLM. Elle dîna de pain bio et d'une salade de soja sans OGM qui était dans le frigo. En regardant la télé, elle apprit la date des journées portes ouvertes de la SPA et décida d'adopter un chat.

▶ Relevez les mots du texte qui ont été abrégés : connaissez-vous les mots d'origine ?
▶ Relevez les initiales de ce texte : en connaissez-vous le sens ?

● Une **abréviation** est un **mot abrégé** ou **raccourci**. On l'utilise pour écrire plus vite ou prendre moins de place. Une abréviation se termine par un point ou par des lettres en exposant.

adj. ➡ adjectif   Mlle ➡ mademoiselle

Une abréviation peut remplacer le mot entier dans l'usage courant.

un vélo ➡ un vélocipède   le métro ➡ le métropolitain   le bac ➡ le baccalauréat

● Un **sigle** est formé des **initiales** de plusieurs mots.

SNCF ➡ Société nationale des chemins de fer   les WC ➡ les water-closets

---

Connaître les abréviations d'usage

1 ✽ Complète la règle.
a. Une abréviation est un mot … ou … . Elle se termine par un … ou par des lettres en … .
b. Un sigle est formé des … de plusieurs … .

2 ✽ Associe chaque abréviation au mot entier.

- fém. • • pluriel
- fam. • • masculin
- fig. • • familier
- masc. • • quelque chose
- qqn • • féminin
- plur. • • figuré
- qqch. • • avant Jésus-Christ
- av. J.-C. • • quelqu'un

3 ✽ Écris le mot entier.
a. Mlle   d. 1er   g. 10e
b. Mme   e. 1re   h. 2d
c. M.   f. 2e   i. 2{de}

4 ✽ Recopie le mot qui correspond à l'abréviation.
a. **métro** : métropole, métropolitain, métronome
b. **photo** : photosynthèse, photographie, photocopieuse
c. **vélo** : vélodrome, vélomoteur, vélocipède
d. **auto** : autorisation, autoroute, automobile
e. **moto** : motocyclette, motoculteur, motorisé
f. **bus** : autobus, rébus, bustier
g. **tram** : tramontane, tramway, trampoline

5 ✱ Écris le nom complet de ces praticiens de santé.

Tu peux t'aider du dictionnaire.

a. un dermato
b. un ostéo
c. un psy
d. un ophtalmo
e. un kiné
f. un rhumato

6 ✱✱ Recopie les phrases en remplaçant les abréviations par les mots entiers.

a. Hier, Maxime a été bloqué par une manif. Ni bus ni tram ne roulaient. Il a voulu prendre le métro mais celui-ci était en grève. Finalement, il a enfourché un vélo et il est rentré chez lui !
b. Au CM2, nous devons étudier les kg, hg, dag et g, les m, dm, cm et mm, les L et les m² !
c. La finale de foot va commencer dans 2 h, 35 min et 28 s !
d. Notre prof de maths nous a donné des tas d'exos pour préparer l'interro de lundi.
e. Quentin s'est jeté sur le frigo en revenant de rando.

Connaître les sigles

7 ✱ Retrouve les sigles usuels de ces organisations, pays, régions.

a. Organisation des Nations unies
b. Organisation non gouvernementale
c. Organisation mondiale de la santé
d. United States of America
e. United Nations Educational, Scientific and Cultural Organization
f. Département d'outre-mer
g. Collectivité d'outre-mer

8 ✱✱ Retrouve puis recopie les mots qui composent ces sigles.

a. **SDF** : Sans Domicile Fixe, Société Des Femmes, Salle Des Finances.
b. **TGV** : Très Grande Variété, Troisième Guerre Violente, Train à Grande Vitesse.
c. **RATP** : Région Autonome à Tarifs Privilégiés, Régie Autonome des Transports Parisiens, Rapport Anonyme sur les Trains Provinciaux.
d. **SPA** : Syndicat des Patrons Anonymes, Société Protectrice des Animaux, Sans Propreté Apparente.

9 ✱✱ Recopie ce texte en remplaçant les sigles par les mots entiers.

Chère Mamie,
Cette année, nous passons nos vacances en région PACA. J'ai emporté quelques BD, CD et DVD pour m'occuper le soir. Dans la journée, je me recouvre de crème contre les UV et pars faire un tour en VTT. Quand il fait gris, nous allons voir un film en VF ou en VO. Gros bisous.
P.S. : Quel temps avez-vous ?
Augustin

10 ✱✱✱ À l'aide d'un dictionnaire, recherche le sens des sigles suivants.

a. OGM
b. OVNI
c. NB
d. EPS
e. IRM
f. OPEP
g. RSA
h. CM2
i. UE
j. UHT
k. PV

11 ✱✱✱ Recopie ce texte en remplaçant les abréviations et les sigles par les mots entiers.

Je vais faire mes courses. 1ᵉʳ rayon : un kg de légumes bio et du maïs sans OGM ; 2ᵉ rayon : liquide WC ; 3ᵉ rayon : lait UHT. Ma CB est HS. Je paie en liquide. Je trouve un PV sur mon auto. Quelle poisse !

À toi d'écrire !

12 ✱ Écris des noms amusants à partir de sigles que tu connais.

DVD : Drôle de Véhicule Dynamique
SPA : Sauterelle Presque Adulte

13 ✱✱ Écris une signification pour chacun de ces sigles inventés.
PPCC ◆ ABCD ◆ RGH ◆ JCF ◆ MAIS

Vocabulaire

Vocabulaire

RÉVISIONS

Chercher un mot dans le dictionnaire

1 ✶ Écris sous quelle forme tu trouveras ces mots dans le dictionnaire.
a. institutrice ◆ poteaux ◆ locaux ◆ tigresse ◆ travaux ◆ iront
b. belle ◆ vécurent ◆ coquette ◆ naïves ◆ joyeuse
c. molle ◆ craignons ◆ coraux ◆ banale ◆ baignons
d. active ◆ burent ◆ fit ◆ cheveux ◆ croisent
e. adroites ◆ eûmes ◆ soyeuses ◆ vinrent ◆ crut

2 ✶ Classe ces mots selon l'ordre alphabétique.
a. ardu ◆ ardoise ◆ ardent ◆ arbre ◆ araignée ◆ arrivée ◆ armoire ◆ armurier
b. devise ◆ barbare ◆ prévention ◆ dériver ◆ bredouille ◆ perpétuel ◆ permanent ◆ détail
c. grimoire ◆ grimace ◆ agricole ◆ gratter ◆ guerre ◆ grimacer ◆ gredin ◆ agreste

3 ✶ À l'aide du dictionnaire, recopie l'orthographe correcte de chaque mot.
a. amétiste ◆ améthiste ◆ améthyste
b. crisalide ◆ crysalide ◆ chrysalide
c. armonieux ◆ armonyeux ◆ harmonieux
d. hortophoniste ◆ orthophoniste ◆ horthophoniste
e. hebdomadaire ◆ ebdomadaire ◆ hebdomadère

4 ✶✶ Cherche la nature des mots en gras dans le dictionnaire.
a. Les enfants travaillaient à l'usine jusqu'à 12 **ou** 14 heures **par** jour, avec **peu** de temps de repos. Ils se blessaient avec les machines, **parfois** mortellement. En 1841, le **travail** des moins de huit ans fut interdit en **France**.
b. À partir des années 1790, les machines à vapeur remplacèrent les machines mues par la **force** de l'eau. **Dans** les usines, le bruit était **assourdissant**. La fumée **rendait** les villes sales **et** insalubres.

La Grande Encyclopédie, © Gallimard Jeunesse, © Dorling Kindersley Ltd.

5 ✶✶ Recopie pour chaque mot les définitions correctes.

Aide-toi du dictionnaire. Attention, il peut y avoir deux définitions.

▶ **écoutille** (n. f.) :
a. Ouverture pratiquée sur le pont d'un navire pour donner accès aux entreponts et aux cales.
b. Appareil transformant des signaux électriques en sons perceptibles par l'oreille.

▶ **dague** (n. f.) :
a. Construction servant à contenir les eaux marines ou fluviales.
b. Épée très courte ; poignard à lame très aiguë.

▶ **lutrin** (n. m.) :
a. Petit démon familier d'esprit malicieux ou taquin.
b. Pupitre sur pied, support oblique sur lequel on pose un livre encombrant et lourd pour le consulter commodément.

▶ **calotte** (n. f.) :
a. Épaisse couche de glace des régions polaires.
b. Petit bonnet rond qui ne couvre que le sommet du crâne.
c. Sous-vêtement couvrant de la ceinture au haut des cuisses, porté par les femmes.

▶ **rotule** (n. f.) :
a. Petit os plat et mobile situé à la partie inférieure du genou.
b. État d'une personne ou d'un héritage qui n'est pas noble.
c. Articulation formée d'une pièce sphérique tournant dans un logement, permettant la rotation dans toutes les directions.

▶ **harde** (n. f.) :
a. Troupeau de bêtes sauvages.
b. Instrument de musique formé d'un cadre triangulaire dans lequel sont tendues des cordes.
c. Mauvaise humeur qui se manifeste par un comportement agressif.

D'après *Dictionnaire Hachette encyclopédique*.

Trouver des mots de la même famille

6 ✶ Écris la nature des mots dérivés suivants.
a. colle ◆ décoller ◆ décollage ◆ collant
b. vert ◆ reverdir ◆ verdure ◆ verdoyant
c. vent ◆ venteux ◆ paravent ◆ venter
d. porter ◆ emporter ◆ portage ◆ apport
e. suffire ◆ suffisamment ◆ suffisant ◆ insuffisant
f. habitude ◆ habituel ◆ habituellement ◆ habituer

7 ✶✶ À partir du mot proposé, trouve d'autres mots de la même famille et de la nature demandée.

verbe	nom	adjectif	adverbe
		lent	
servir			
vivre			
	paix		
			bruyamment
			passionnément

8 ✶✶ Écris le contraire des mots en ajoutant les préfixes *in-, im-, il-, ir-, dé-* ou *dés-*.
a. verrouiller ◆ réalisable ◆ buvable
b. intéressé ◆ habiller ◆ patient
c. imaginable ◆ lisible ◆ ordonner
d. réel ◆ couper ◆ légal
e. acceptable ◆ palpable ◆ hériter
f. équilibrer ◆ habituel ◆ régulier

9 ✶✶ À l'aide des suffixes diminutifs *-ette, -elle, -eau, -et, -on*, trouve le nom dérivé de chaque nom proposé.

Vérifie l'orthographe dans un dictionnaire.

un chat > un chaton
a. une malle ◆ une tour ◆ une souris
b. un canard ◆ une gaufre ◆ un garçon
c. un lapin ◆ un sac ◆ un renard
d. un âne ◆ une fille ◆ un éléphant
e. une poule ◆ une cabine ◆ un chat
f. une cabane ◆ un lion ◆ une cloche

10 ✶✶✶ Complète chaque ensemble de phrases par des mots de la même famille.
a. Le … envahit progressivement le nord de l'Afrique. ◆ Peu d'animaux survivent dans cette région ….
b. Le vent m'a …, mes cheveux sont emmêlés. ◆ Mes cheveux sont trop longs, il faut que j'aille chez le ….
c. Les Britanniques circulent à … de la chaussée. ◆ Ma sœur est … mais se sert aisément de sa main droite.
d. Le maître a effectué la … du contrôle au tableau. ◆ J'utilise souvent le … orthographique de mon ordinateur. ◆ Jack a eu un comportement … avec l'animateur et a été puni.
e. Mes parents ont installé une … sur laquelle nous jouons tous les jours. ◆ Il ne faut pas se … sur sa chaise, on peut tomber en arrière. ◆ Sur la …, j'ai vu que j'avais pris 5 kg pendant les vacances !

Utiliser les abréviations et les sigles

11 ✶ Écris le nom complet correspondant à ces abréviations de dictionnaire.
a. abrév.   d. qqch.   g. litt.   j. v.
b. qqn.   e. pop.   h. syn.   k. poét.
c. vulg.   f. rép.   i. masc. l. vx.

12 ✶✶ Retrouve le nom complet de ces abréviations aujourd'hui utilisées couramment.

une photo > une photographie
a. une auto ◆ une moto ◆ un frigo
b. un ciné ◆ la gym ◆ la météo
c. le métro ◆ un vélo ◆ un pneu
d. une radio ◆ un hebdo ◆ un hélico
e. un kiné ◆ un restau ◆ un congélo

13 ✶✶✶ Cherche les mots correspondant à ces abréviations usuelles d'origine étrangère ou latine.
a. etc.   d. KO
b. CV   e. PC
c. PS   f. CD

Vocabulaire

Les noms génériques

CHERCHONS

Le sport
Les sports réunissant le plus vaste public en Amérique du Nord sont le basket-ball, le base-ball, le football américain et le hockey sur glace. Les footballs américain et canadien obéissent à des règles différentes du football européen. Le Mexique, en revanche, préfère la version européenne.

La Grande Encyclopédie, © Gallimard Jeunesse, © Dorling Kindersley Ltd.

▸ Relevez dans le texte le terme générique qui peut regrouper tous les termes spécifiques en rouge.
▸ Pouvez-vous compléter cette liste par d'autres termes spécifiques ?

● Un **nom générique** désigne une collection, un ensemble d'objets ou d'êtres vivants. Chaque élément de la collection est nommé **nom spécifique** ou **nom particulier**.

métiers : commerçant, enseignant, informaticien, médecin
nom générique   noms spécifiques ou particuliers

● On utilise soit les noms génériques, soit les noms spécifiques :
– pour **éviter les répétitions** :

J'aime les **roses** : ces **fleurs** parfument mon jardin.
nom spécifique   nom générique

– dans les textes documentaires, pour **regrouper différents éléments** :

La **Terre**, **Mars** et **Jupiter** sont des **planètes** du système solaire.
noms spécifiques   nom générique

Identifier les noms génériques

1 ✶ Complète la règle.
a. Un nom … désigne une collection d'… ou d'êtres … .
b. Chaque élément de la … est nommé nom … ou nom … .
c. On utilise les noms génériques et les noms spécifiques pour … ou pour … .

2 ✶ Relève le nom générique de chaque série.
a. pommier ◆ érable ◆ hêtre ◆ arbre ◆ chêne ◆ cerisier
b. légume ◆ courgette ◆ aubergine ◆ haricot ◆ chou
c. ours ◆ cerf ◆ mammifère ◆ chevreuil ◆ lapin ◆
d. amour ◆ haine ◆ honte ◆ joie ◆ sentiment
e. géographie ◆ vocabulaire ◆ histoire ◆ matière

3 ⭑ Souligne en vert le terme générique et en rouge les termes spécifiques.

Les États-Unis sont le berceau de plusieurs des styles de musique les plus populaires du monde, parmi lesquels le jazz, le rock and roll, le blues, le hip-hop et la country.

La Grande Encyclopédie, © Gallimard Jeunesse, © Dorling Kindersley Ltd.

Utiliser les noms génériques et spécifiques

4 ⭑ Trouve le nom générique correspondant à chaque liste de noms spécifiques.

a. abricot ◆ pomme ◆ prune ◆ poire ◆ fraise ◆ citron
b. péroné ◆ tibia ◆ humérus ◆ cubitus ◆ phalange ◆ sternum
c. scie ◆ marteau ◆ pince ◆ râpe ◆ ciseau ◆ lime
d. fourmi ◆ abeille ◆ guêpe ◆ mouche ◆ moustique ◆ bourdon
e. tarte ◆ éclair ◆ religieuse ◆ fondant ◆ crumble ◆ clafoutis
f. triangle ◆ rectangle ◆ cercle ◆ carré ◆ losange ◆ hexagone

5 ⭑⭑ Écris cinq noms spécifiques pour chacun des noms génériques.

Attention aux majuscules, ce sont des noms propres.

pays ◆ fleuves ◆ régions ◆ départements ◆ massifs montagneux ◆ capitales ◆ continents ◆ villes

6 ⭑⭑ Remplace les noms spécifiques en gras par le nom générique qui leur correspond.

*Mes parents ont placé **un canapé, une table et des chaises** dans le salon. > Mes parents ont placé des meubles dans le salon.*

a. Je me suis blessé **le pouce, l'index et l'annulaire** en coupant du saucisson.
b. Il y a **des primevères, des anémones et des jacinthes** dans ce petit bouquet.
c. Ce **rose** et ce **bleu** se marient bien.
d. On ne place pas **le python, l'anaconda et le cobra** dans le même vivarium.
e. J'adore **le camembert, le chèvre et le cantal** !

7 ⭑⭑ Associe chaque nom générique à un terme spécifique.

a.
moyen de transport • • cylindre
solide • • polyamide
tissu • • arbalète
arme • • jonque

b.
poète • • Pablo Picasso
peintre • • Nijinski
danseur • • Erik Satie
musicien • • Arthur Rimbaud

8 ⭑⭑ Complète chaque phrase avec un terme générique auquel tu ajouteras une précision.

La canine est une dent qui sert à déchirer.

a. Le tambour est un …
b. Le tyrannosaure est un …
c. L'aigle est un …
d. La tulipe est une …

9 ⭑⭑⭑ Remplace les termes génériques en gras par trois noms spécifiques.

*On a arraché **trois dents** à mon grand-père !*
*> On a arraché **une molaire, une incisive et une canine** à mon grand-père !*

a. Nous avons mangé **trois céréales différentes** au cours du repas.
b. Anis a tracé **trois quadrilatères** sur son cahier.
c. Il faut mettre **trois couverts** autour de l'assiette.
d. Pour sa recette, maman a acheté **trois sortes de poissons** chez le poissonnier.

À toi d'écrire !

10 ⭑ Jeu du baccalauréat (deux joueurs minimum).

Tire une lettre de l'alphabet au hasard et remplis le plus vite possible le tableau suivant. Celui qui a fini le premier annonce ses mots, puis c'est au tour des autres joueurs. Quand deux joueurs ont mis le même mot, ils perdent le point. Tu peux varier les colonnes du tableau.

fleur	métier	arbre	animal	couleur

Vocabulaire

Les synonymes

CHERCHONS

Cubitus se vante de ne pas être un chien de race.

> LA PREUVE : C'EST ÉCRIT SUR MON PÉDIGRÉE.
> RACE : INDÉTERMINÉE.
>
> SYNONYMES : IMPRÉCISE, INDÉFINISSABLE, INDÉFINIE.
> FLOUE. CONFUSE.
>
> EN UN MOT : MYSTÉRIEUSE !
> TENEZ ! TENEZ ! TENEZ !

Cubitus, n° 39, *Tu te la coules douce…* © Dupa - Le Lombard, 2012.

▶ Relevez les adjectifs cités par Cubitus pour caractériser sa race. Lesquels sont synonymes ?

- **Des mots qui signifient la même chose ou ont un sens voisin sont des synonymes :**
    La race du chien Cubitus est indéterminée. La race du chien Cubitus est imprécise.

- **On utilise des synonymes pour éviter les répétitions ou enrichir un texte** en apportant des nuances.
    Quelle délicieuse odeur ! C'est le parfum du chocolat !

- **Un même mot peut avoir plusieurs synonymes.**
    une chambre **obscure** ➡ une chambre **sombre**
    une idée **obscure** ➡ une idée **incompréhensible**

Reconnaître des synonymes

1 ✶ Classe les mots dans le tableau.
superbe ◆ gai ◆ joyeux ◆ joli ◆ satisfait ◆ ravi ◆ splendide ◆ gracieux ◆ plaisant ◆ enchanté

synonymes de *content*	synonymes de *beau*

2 ✶ Dans chaque liste, un mot n'est pas synonyme des autres. Recopie les listes sans les intrus.

a. grand ◆ avide ◆ immense ◆ géant ◆ haut ◆ gigantesque
b. mince ◆ frêle ◆ trapu ◆ fin ◆ maigre
c. peur ◆ frayeur ◆ terreur ◆ crainte ◆ souffrance
d. gagner ◆ vaincre ◆ posséder ◆ remporter
e. retirer ◆ enlever ◆ ôter ◆ éliminer ◆ glisser

3 ★★ Retrouve, dans cette grille, huit synonymes du verbe *demander*.

R	E	V	O	I	B	C	Z	O	H	F	A
P	X	R	E	C	D	E	S	I	R	E	R
R	I	R	E	C	L	A	M	E	R	I	T
I	G	S	U	I	V	O	U	L	O	I	R
E	E	C	O	M	M	A	N	D	E	R	E
R	R	S	O	L	L	I	C	I	T	E	R
Q	U	E	S	T	I	O	N	N	E	R	R

4 ★★ Classe ces adjectifs synonymes par ordre d'intensité.
a. délicieux ◆ bon ◆ succulent
b. froid ◆ glacial ◆ frais ◆
c. humide ◆ mouillé ◆ détrempé
d. infini ◆ grand ◆ immense
e. énorme ◆ dodu ◆ gros

5 ★★★ Relève dans ce texte les synonymes de : *calme*, *honnête*, *sage*, *obéissant* et *tendre*.

Chaque adjectif peut avoir plusieurs synonymes.

Francis Scrymgeour, employé à la banque d'Écosse à Édimbourg, avait atteint l'âge de vingt-cinq ans au sein d'une famille paisible et honorable. Sa mère était morte alors qu'il était enfant ; mais son père, homme probe et sensé, lui avait donné une excellente éducation et l'avait élevé sous son toit dans le respect de l'ordre et de la frugalité. Francis, qui était d'un naturel docile et affectueux, avait tiré profit avec zèle de ces attentions, et se consacrait pleinement à son travail.

R.-L. Stevenson, « Histoire de la maison aux stores verts » dans *Le Diamant du rajah*, © Gallimard Jeunesse.

Utiliser des synonymes

6 ★ Dans les phrases, remplace l'adjectif *rapide* par un des synonymes proposés.
expéditif ◆ précipité ◆ bref ◆ vif ◆ soudain
a. Il a été condamné après un jugement rapide.
b. As-tu vu passer cet écureuil ? Il est très rapide.
c. Elle jeta un rapide coup d'œil à sa leçon.
d. Son départ rapide a surpris tout le monde !
e. Ce changement d'avis fut très rapide.

7 ★★ Recopie chaque expression en remplaçant le verbe *dire* par le synonyme qui convient.

raconter ◆ réciter ◆ chuchoter ◆ annoncer ◆ confier ◆ déclamer
a. Dire la solution à l'oreille de son voisin.
b. Dire un secret à un ami.
c. Dire les résultats d'un concours.
d. Dire une histoire.
e. Dire un poème.
f. Dire une réplique au théâtre.

8 ★★ Retrouve l'adjectif synonyme de tous les adjectifs en gras, puis utilise-le dans une phrase.
a. Tu as l'air d'humeur particulièrement **triste** aujourd'hui.
b. Il fait trop **obscur** ici, allumez la lumière.
c. Les rideaux **foncés** empêchent le soleil de pénétrer dans la pièce.
d. Quelle nuit **noire** !

9 ★★★ Dans ces expressions, des mots ont été remplacés par des synonymes. Réécris-les correctement.

Brûler la bougie par les deux extrémités.
> *Brûler la chandelle par les deux bouts.*

a. Chercher le petit animal.
b. Avoir d'autres matous à battre.
c. Battre l'acier pendant qu'il est brûlant.
d. Poser tous ses œufs dans la même corbeille.
e. Être potage au lait.

À toi d'écrire !

10 ★ Réécris cette recette en remplaçant les mots en gras par des synonymes plus précis.

Mettre trois œufs dans un saladier. **Mettre** deux verres de lait, puis **mettre** la farine, le chocolat et la levure. Bien mélanger. **Mettre** 30 minutes dans le four. Quand le gâteau est cuit, le **mettre** sur un plat. **Mettre** enfin du sucre glace pour le décorer.

Vocabulaire

Les contraires

CHERCHONS

Kenny, un petit lapin, rencontre un dragon qui devient son ami.
Sur ce, Kenny dévala la colline et sauta sur son vélo.
Tout excité, il pédala à fond jusqu'à sa maison, impatient
de raconter à ses parents que le dragon qui s'appelait
Grahame était, chose incroyable mais vraie, une créature
extrêmement curieuse et cultivée.

Tony DiTerlizzi, *Kenny et le dragon*, trad. F. Budon, Pocket Jeunesse.

▸ Relevez les adjectifs qualificatifs de ce texte.
▸ Pouvez-vous donner le contraire de chacun des adjectifs ?

● Pour exprimer des **idées opposées**, on utilise des **mots de sens contraires** :
  un défaut / une qualité   excité / calme   entrer / sortir
Les mots contraires s'appellent aussi des **antonymes**.

● On peut former des mots contraires en ajoutant un **préfixe**.
  heureux / **mal**heureux   patient / **im**patient   monter / **dé**monter

● Les mots contraires ont la **même nature** : le contraire d'un nom est un nom, le contraire d'un adjectif est un adjectif, etc.

❗ On peut aussi exprimer le contraire en utilisant la forme négative, mais le sens peut être légèrement différent.
   Ce tableau est laid. ➡ Ce tableau n'est pas laid. ➡ Ce tableau est beau.

Trouver les mots contraires

❶ ✶ Reformule la règle.
a. Les mots de sens … expriment des idées … .
b. On les appelle aussi des … .
c. Les contraires ont toujours la même … .

❷ ✶ Reconstitue les paires de verbes de sens contraires.
partir ◆ s'énerver ◆ entrer ◆ éteindre ◆ ouvrir ◆ se calmer ◆ arriver ◆ économiser ◆ trier ◆ salir ◆ nettoyer ◆ dépenser ◆ mélanger ◆ sortir ◆ allumer ◆ fermer

❸ ✶ Trouve le contraire des noms suivants.
a. le haut   d. la droite
b. le début   e. la rapidité
c. le premier   f. la jeunesse

❹ ✶ Écris le contraire des adjectifs suivants.
a. beau   d. généreux
b. gros   e. bavard
c. agréable   f. fade

5 ✶ Dans chaque série d'adjectifs, relève celui qui n'est pas le contraire du premier mot.

a. **triste** : sinistre ◆ joyeux ◆ gai ◆ jovial ◆ réjoui ◆ rieur
b. **gros** : petit ◆ minuscule ◆ mince ◆ important ◆ minime ◆ étroit
c. **calme** : agité ◆ nerveux ◆ paisible ◆ remuant ◆ turbulent ◆ mouvementé
d. **peureux** : brave ◆ poltron ◆ hardi ◆ vaillant ◆ courageux ◆ valeureux
e. **clair** : obscur ◆ foncé ◆ noir ◆ bronzé ◆ lumineux ◆ ténébreux

6 ✶✶ Dans ces séries, entoure en rouge les deux mots synonymes et en vert le mot contraire.

a. glacé ◆ gelé ◆ brûlant
b. muet ◆ bavard ◆ silencieux
c. courageux ◆ intrépide ◆ lâche
d. turbulent ◆ sage ◆ dissipé
e. flou ◆ clair ◆ précis

7 ✶✶✶ Relie chaque qualité à son contraire.

le courage •   • la méchanceté
la générosité •   • l'avarice
l'attention •   • l'orgueil
le calme •   • la lâcheté
la gentillesse •   • la distraction
la modestie •   • la grossièreté
la politesse •   • l'agitation

Former des contraires avec des préfixes

8 ✶ Forme le contraire de ces verbes à l'aide des préfixes *dé-*, *dés-* ou *dis-*.

a. faire
b. embarquer
c. coller
d. régler
e. espérer
f. emmêler
g. qualifier
h. tendre

9 ✶✶ Écris le contraire de ces adjectifs.

a. compréhensible
b. agréable
c. content
d. possible
e. couvert
f. chanceux
g. responsable
h. habituel

Utiliser des contraires

10 ✶✶ Transforme ces phrases pour écrire le contraire de deux façons :
– en utilisant la forme négative ;
– avec des antonymes.

Ce chien est gentil.
> *Ce chien n'est pas gentil.*
> *Ce chien est méchant.*

a. Il fait froid ce matin !
b. Ewan est très gai aujourd'hui.
c. Laurie adore les croque-monsieur.
d. Il voulait une grosse part.
e. Je veux enlever ces affiches.

11 ✶✶ Dans chaque phrase, remplace le mot en gras par son contraire.

a. Antoine est un élève très **passif** en classe.
b. Mais il est très **turbulent** dans les couloirs.
c. Ses notes sont très **basses**.
d. Il est très **étourdi** pendant les dictées.
e. Il est toujours **endormi** le matin.
f. Son maître le trouve très **irrégulier** dans son travail.

12 ✶✶ Complète les GN avec un mot de la liste qui convient.
un père ◆ du bois ◆ un enfant ◆ un travail ◆ un lit

… dur ou … frais
> *du pain dur ou du pain frais*

a. … dur ou … mou
b. … dur ou … facile
c. … dur ou … tendre
d. … dur ou … sage
e. … dur ou … indulgent

À toi d'écrire !

13 ✶ Regarde le portrait de Julie. Fais le portrait de sa meilleure amie, Marion, qui est tout son contraire. Décris sa taille, ses cheveux, etc.

Vocabulaire

Les différents sens d'un mot

CHERCHONS

Le petit Tistou a bien du mal à rester éveillé pendant la classe !
« Je ne veux pas dormir, je ne veux pas dormir », se disait Tistou.
Il vissait les yeux au tableau, collait ses oreilles à la voix du maître.
Mais il sentait venir le petit picotement… Il essayait de lutter
par tous les moyens contre le sommeil.

Maurice Druon, *Tistou les pouces verts*, © Gallimard Jeunesse.

▸ Quel est le sens habituel des verbes en violet ? Quel est leur sens dans ce texte ?
▸ Relevez un autre verbe à l'infinitif qui n'est pas utilisé dans son sens habituel.

● **Un mot peut avoir plusieurs sens :**

une **carte** → à jouer / routière / de visite

● Quand on ne connaît pas le sens d'un mot, le **contexte** aide à le deviner.
Ils ont joué aux cartes tout l'après-midi.
Il a vérifié l'itinéraire sur la carte.

● Certains mots ont un **sens propre** et un **sens figuré**. Le sens propre est le sens **concret**, **habituel**, d'un mot. Le sens figuré est un sens **imagé**.
Il colle un timbre sur l'enveloppe. / *Il colle ses oreilles à la voix du maître.*
   sens propre   sens figuré

Comprendre le sens d'après le contexte

1 ✱ **Reformule la règle.**
a. On peut retrouver le sens d'un mot grâce au …. En effet, un mot peut avoir plusieurs ….
b. Un mot peut avoir un sens …, c'est-à-dire un sens … du mot, ou un sens …, c'est-à-dire un sens … du mot.

2 ✱✱ **À l'aide du contexte, retrouve dans chaque liste le sens des mots en gras.**
a. Ils avaient une tête triangulaire, comme les serpents à sonnette du Montana, mais leurs corps couleur de boue étaient d'un **embonpoint** qui ne disait rien qui vaille. Roy reconnut des **mocassins** « bouches-de-coton », très venimeux.
▸ **embonpoint** : excès de poids / récompense.
▸ **mocassin** : chaussure souple / serpent.
b. Roy lutta pour rester immobile le temps que les serpents se démêlent à ses pieds. La langue frétillante, certains mocassins **se déployèrent** sur toute leur longueur tandis que d'autres **se lovaient** mollement.
▸ **se déployer** : s'étendre / s'enrouler.
▸ **se lover** : s'étendre / s'enrouler.

C. Hiaasen, *Chouette*, trad. Y. Sarda, © Gallimard Jeunesse.

3 ★★★ **Écris le sens des mots en gras à l'aide du contexte.**

Pendant dix minutes, Roy demeura dans le kiosque, **dégoulinant** sur le sol, attendant que l'averse diminue. Le tonnerre et les éclairs semblèrent rouler vers l'est, mais la pluie ne cessait pas. Roy finit par sortir, tête baissée, et prit en **pataugeant** la direction de son quartier. Chaque pas provoquait une **gerbe** d'éclaboussures. Des gouttes de pluie **sillonnaient** son front et s'accrochaient à ses cils. Il aurait aimé porter une casquette.

C. Hiaasen, *Chouette*, trad. Y. Sarda, © Gallimard Jeunesse.

Connaître les différents sens d'un mot

4 ★ **Trouve le mot qui a plusieurs sens et qui peut compléter les phrases suivantes.**
a. Tu as raté une … de l'escalier et tu es tombé jusqu'en bas.
b. Elle n'aime pas la …, elle préfère la course.
c. Il faudrait remettre cet appareil en état de … .
d. J'ai réservé une place de train dans le sens de la … .
e. Quelle est la … à suivre pour obtenir un abonnement ?
f. Une … nuptiale est une œuvre musicale que l'on écoute lors d'un mariage.

5 ★ **Associe chaque mot à sa définition.**
a. banc
b. arbre
c. bouche
d. quartier
e. bleu

1. Il peut être végétal ou généalogique.
2. Il peut être une partie de ville ou de fruit.
3. On peut s'asseoir dessus et il peut être constitué de poissons.
4. Ce peut être une couleur ou la trace d'un coup sur la peau.
5. Elle peut servir à l'aération ou permettre de manger.

6 ★★ **Remplace les mots en gras par un des synonymes suivants.**

morceau ◆ leçon ◆ milieu ◆ carte ◆ instituteur ◆ propriétaire

a. J'ai perdu une **pièce** de mon puzzle.
b. Pense à prendre ta **pièce** d'identité.
c. Ce chien n'obéit pas à son **maître**.
d. Les élèves écoutaient leur **maître**.
e. Ne m'attends pas, j'ai un **cours** de piano.
f. Il a appris la nouvelle au **cours** d'une conversation.

Distinguer le sens propre et le sens figuré d'un mot

7 ★ **Indique si le mot est employé au sens propre ou au sens figuré.**
a. Avec son arc et ses flèches (sens …), il se prend pour un Indien.
b. La flèche (sens …) de cette cathédrale est la plus haute de la région.
c. Pourquoi dis-tu que ce n'est pas une flèche (sens …) ? Il me paraît dégourdi !
d. Vous ne pouvez pas vous perdre si vous suivez les flèches (sens …).

8 ★★★ **Dans chaque phrase, le mot en gras est utilisé au sens figuré. Invente une phrase dans laquelle il sera utilisé au sens propre.**
a. Quelle déception **amère**, nous pensions vraiment pouvoir venir !
b. Cette nouvelle nous a causé un **choc**.
c. Il n'y avait pas de quoi en faire tout un **plat** !
d. Il faut une bonne **dose** de patience pour supporter tes grimaces !
e. Avant de parler, pense à **peser** tes mots.

À toi d'écrire !

9 ★ **Invente des phrases dans lesquelles un verbe est utilisé au sens figuré.**

*Je **tombe** de sommeil.*
*Je me **colle** au radiateur.*
*Je **plonge** dans mon lit.*

Vocabulaire

Les niveaux de langage

CHERCHONS

Lena et Trille fabriquent une sorcière qui doit brûler lors des feux de la Saint-Jean. Le frère de Trille se moque d'eux.
– C'est quoi ce que vous nous avez bricolé, là ? Un épouvantail ?
– C'est une sorcière, j'ai expliqué.
Il a éclaté de rire.
– Ça ? Jamais de ma vie j'ai vu une sorcière plus pourrie que la vôtre. Encore heureux qu'elle crame dans pas longtemps.

Maria Parr, *Cascades et gaufres à gogo*, trad. J.-B. Coursaud, éditions Thierry Magnier.

▸ Comment qualifieriez-vous le niveau de langage de ce texte ?
▸ Remplacez les mots en bleu par des mots du langage courant.
▸ Comment transformeriez-vous les propositions en vert pour qu'elles soient correctes à l'écrit ?

● On ne s'exprime pas de la même façon selon la **personne** à qui on s'adresse, la **situation** dans laquelle on se trouve, à l'**oral** ou à l'**écrit**.

● Le **niveau de langage** peut être :
– **familier** : *T'as vu l'heure ?*
– **courant** : *As-tu vu l'heure ?*
– **soutenu** : *Avez-vous remarqué l'heure qu'il est ?*

⚠ Il faut éviter d'écrire en utilisant le langage familier, sauf dans des dialogues.

Reconnaître les différents niveaux de langage

1 * Classe ces noms selon le niveau de langue auquel ils appartiennent.

familier	courant	soutenu

a. bagnole ◆ voiture ◆ véhicule
b. cheval ◆ destrier ◆ canasson
c. bicyclette ◆ vélo ◆ bécane
d. appréhension ◆ trouille ◆ peur
e. ouvrage ◆ bouquin ◆ livre
f. profession ◆ boulot ◆ travail

2 * Souligne les mots ou les expressions appartenant au niveau de langage familier.
« Hier, pendant l'orage, les gosses ont eu la trouille. Le plus petit s'est planqué sous la table et s'est mis à chialer. Alors je me suis mis en pétard et je les ai envoyés au pieu. Je commençais à en avoir ras le bol de ces pleurnicheries. On peut avoir la pétoche sans la flanquer à tout le monde ! »

3 ** Regroupe par paires les mots du langage familier et de langage courant désignant des parties du corps.

tronche ◆ paluches ◆ tête ◆ ventre ◆ pif ◆ guibolles ◆ cheveux ◆ mains ◆ tignasse ◆ bidon ◆ nez ◆ jambes

> *Pour les exercices 4 et 5, cherche les mots que tu ne connais pas dans le dictionnaire.*

4 ** Trouve un synonyme en langage courant de ces verbes appartenant au langage soutenu.

se restaurer ◆ rédiger ◆ s'esquiver ◆ lacérer ◆ tressaillir ◆ se fourvoyer ◆ dérober ◆ résider ◆ feindre ◆ se morfondre ◆ hausser ◆ s'assoupir

5 ** Trouve un synonyme en langage courant de ces noms du langage familier.

un cabot ◆ du fric ◆ un rafiot ◆ du boucan ◆ un pote ◆ du pot ◆ une baraque ◆ un gamin ◆ une frimousse ◆ des fringues ◆ une raclée ◆ un cuistot

6 *** Complète le tableau avec des verbes synonymes appartenant aux différents registres de langue.

soutenu	courant	familier
		rouspéter
se quereller		
	se dépêcher	
		paumer
choir		

Utiliser les différents niveaux de langage

7 * Choisis le mot qui convient selon le niveau de langue de la phrase.

a. C'est l'heure de piquer un petit (*roupillon* ◆ *somme*).
b. Je souhaiterais que tu fasses un effort et que tu (*bouffes* ◆ *manges*) tout ce que tu as dans ton assiette.
c. C'est quoi (*ta profession* ◆ *ton boulot*) ?
d. Qui m'a fauché mon (*bouquin* ◆ *ouvrage*) ?
e. J'ai eu la frousse : j'ai les (*guibolles* ◆ *jambes*) en coton.

8 ** Remplace les mots du langage soutenu en gras par un synonyme du langage courant.

a. Ne peux-tu pas te **vêtir** plus simplement ?
b. Cette **demeure** est **somptueuse**.
c. Cet ouvrage **relate** une histoire **énigmatique**.
d. Ils se **hâtèrent** et arrivèrent **promptement**.
e. Nos **convives** ont apprécié ce **succulent** plat.

9 ** Réécris ces phrases du langage familier en langage courant.

a. C'est quand qu'on mange ?
b. C'est qui qui l'a pris ?
c. Pourquoi t'as fait ça ?
d. Y'a qu'à le laisser !
e. Y'en a plus.

10 *** Réécris ce poème de Jean Tardieu en langage courant.

La môme néant

(*Voix de marionnette, aiguë, cassée, caquetante, voix de fausset.*)

Quoi qu'a dit ?
– A dit rin.
Quoi qu'a fait ?
– A fait rin.
À quoi qu'a pense ?
– A pense à rin.
Pourquoi qu'a dit rin ?
Pourquoi qu'a fait rin ?
Pourquoi qu'a pense à rin ?
– A'xiste pas.

Jean Tardieu, *Monsieur, monsieur*, © Gallimard.

À toi d'écrire !

11 * Tu t'es disputé avec un autre élève de l'école. Raconte l'incident à tes parents puis à tes camarades. Adapte le niveau de langage à chacun.

Vocabulaire

Vocabulaire

RÉVISIONS

Utiliser les noms génériques

1 ★ **Complète chaque phrase avec un mot générique.**
a. Le français, les mathématiques, la géographie et l'histoire sont des … .
b. La Corse, la Sicile, la Sardaigne et les Baléares sont des … .
c. Un dictionnaire, un grimoire, un manuel et un album sont des … .
d. Un pyjama, une robe, une jupe et un pantalon sont des … .
e. Un violon, une contrebasse, un violoncelle et une harpe sont des … .

2 ★★ **Regroupe ces noms spécifiques par séries puis trouve le nom générique qui leur convient.**
soupière ◆ triangle ◆ banquette ◆ commode ◆ hexagone ◆ assiette ◆ desserte ◆ tibia ◆ bureau ◆ pentagone ◆ omoplate ◆ quadrilatère ◆ vertèbre ◆ saladier ◆ humérus ◆ saucière

3 ★★ **Pour chaque nom générique, écris cinq noms spécifiques.**
a. poisson
b. mammifère
c. oiseau
d. insecte
e. mollusque
f. crustacé

Utiliser les synonymes et les contraires

4 ★ **Indique si chaque paire de mots est un couple de synonymes ou d'antonymes.**
a. dodu ◆ mince
b. imiter ◆ mimer
c. minuscule ◆ immense
d. raconter ◆ narrer
e. économe ◆ dépensier
f. murmurer ◆ chuchoter

5 ★★ **Afin d'éviter la répétition du verbe *dire*, remplace chaque verbe en gras par un des synonymes proposés.**
s'exclame ◆ demande ◆ répond ◆ soupire ◆ ronchonne ◆ termine
« Bonjour Yohan, **dit** Valentin.
– Salut Valentin, **dit** Yohan.
– Tu ne vas pas au foot aujourd'hui ? **dit** Valentin.
– Non, je me suis fait mal au tibia la dernière fois, **dit** Yohan.
– Tu as intérêt à revenir la semaine prochaine pour le match ! **dit** Valentin.
– Bof, je n'ai plus envie d'y aller, ça me fatigue ! **dit** Yohan.
– Tu n'es vraiment pas courageux. Un petit bobo et tu laisses tomber. Tant pis pour toi ! **dit** Valentin. »

6 ★★★ **Relève dans le texte ci-dessous :**
a. deux synonymes du nom *odeur*.
b. un synonyme du nom *boisson*.
c. un synonyme de l'adjectif *fort*.
d. un synonyme de l'adjectif *sucré*.
e. un contraire du nom *douceur*.
f. un contraire de l'adjectif *fluide*.

Au fond d'un petit récipient, qui ressemblait fort aux cafetières qu'elle avait vues chez la marquise, restaient quelques gouttes d'un épais liquide brun. La fillette reconnut les odeurs mélangées du lait, du sucre, de la girofle et de la vanille. Mais il y avait quelque chose de plus. D'abord la couleur, mais surtout un arôme qui dominait tous les autres.
– Tu n'as jamais vu une chocolatière sale ! se moqua un garçon de cuisine qui passait par là.
Ainsi, ce parfum gourmand, intense et suave à la fois, où se mêlaient délicatement amertume et douceur, c'était celui du cacao dont on parlait tant !
La fillette récupéra sur son index un peu du breuvage et le goûta. C'était délicieux.

Annie Pietri, *Les Orangers de Versailles*, Bayard Jeunesse.

Utiliser les différents sens d'un mot

7 ✶ **Indique si les mots en gras sont employés au sens propre ou au sens figuré.**
a. Basile **dévore** les livres de la bibliothèque. Apolline **dévore** son pain au chocolat.
b. Le chien a **flairé** une piste. Le commissaire a **flairé** un piège.
c. Sam est tout **propre** après son bain. On dit que ce vendeur n'est pas très **propre** en affaires.
d. Je suis devant la **façade** de l'immeuble. Sa gentillesse n'est qu'une **façade**.

8 ✶✶✶ **Indique le sens du mot en gras d'après le contexte.**
On ne pénètre pas dans le **sanctuaire** (*un lieu saint* ◆ *un vêtement de deuil*), moins encore dans le temple, sans observer tout un **rituel** (*une musique* ◆ *une coutume*). Il faut d'abord se présenter, attendre d'être admis. Heureusement, la saison n'est pas **propice** (*ensoleillée* ◆ *qui convient bien*) aux longs voyages, et les **consultants** (*ceux qui viennent demander conseil* ◆ *ceux qui sont malades*) sont assez peu nombreux : Œdipe et Glycos ne doivent passer qu'une nuit dans l'auberge qui, à l'extérieur de l'**enceinte** (*la muraille* ◆ *la femme*) sacrée, accueille les voyageurs. Nuit terrible pour Œdipe : **tourmenté** (*calme* ◆ *inquiet*), agité, il est incapable de trouver le sommeil.

Marie-Thérèse Davidson, « Œdipe le maudit », *Histoires noires de la mythologie*, Nathan.

Utiliser les différents niveaux de langage

9 ✶✶ **Classe les mots dans le tableau.**
impudent ◆ pauvre ◆ turlupiner ◆ galurin ◆ poireauter ◆ voler ◆ patienter ◆ misérable ◆ dérober ◆ gonflé ◆ contrarier ◆ couvre-chef

familier	courant	soutenu
chiper		
	attendre	
fauché		
		importuner
	chapeau	
	effronté	

10 ✶✶ **Réécris chacune de ces phrases en langage courant.**
a. T'as vu sa bouille ? Il a les tifs dans les yeux et le pif qui coule !
b. Pourriez-vous sommer cet individu de se retirer ?
c. Où t'as mis mes fringues ? Rapplique vite, j'les trouve pas !
d. Veuillez vous asseoir : nous allons débuter la conférence.
e. Grouille-toi, les flics débarquent dans cinq minutes !
f. Prenez place à bord de cette superbe automobile.

11 ✶✶ **Indique le niveau de langage de chaque phrase.**
a. Nous avons dégusté de succulentes spécialités dans cet établissement.
b. On s'est régalé, la bouffe était géniale.
c. J'ai mangé une entrée, un plat et un dessert délicieux.
d. Si tu nous fais l'honneur de ta présence, nous serons ravis.

12 ✶✶✶ **Réécris le texte en remplaçant les phrases ou les mots en gras par des mots du langage courant.**
– **Fonce, papy !** j'ai crié. **Fonce comme un dératé !** Et papy a foncé.
Pour la première fois, j'ai compris pourquoi maman ne voulait pas qu'on roule avec lui, installés dans cette **caisse**. Même Lena n'avait pas l'air très rassurée quand on a commencé à **dévaler** la colline. On filait **à toute berzingue** dans les descentes, on faisait des bonds de deux mètres de haut à cause des nids-de-poule, à tel point que je me suis mordu la langue à trois reprises. Et pourtant, on n'allait pas assez vite.
– **Grouille-toi !** Le ferry vient de baisser la barrière ! j'ai crié.
– Reviens, **abruti** de ferry ! a crié Lena.

Maria Parr, *Cascades et gaufres à gogo*, trad. J.-B. Coursaud, éditions Thierry Magnier.

Vocabulaire

Sentiments et émotions

CHERCHONS

« Au vocabulaire de l'amour » est une boutique qui vend des mots à ceux qui en manquent. Une femme en larmes vient y chercher un mot pour décrire sa tristesse.
Le vendeur, un jeunot, commença par rougir, « tout de suite, tout de suite », plongea dans un vieux volume et se mit à feuilleter comme un forcené : « j'ai ce qu'il vous faut, une petite seconde. Voilà, vous avez le choix : affliction… »
– Ça sonne mal.
– Neurasthénie…
– On dirait un médicament.
– Désespérade.
– Je préfère, celui-là, il me plaît. Désespérade, je suis en pleine désespérade !

Erik Orsenna, *La grammaire est une chanson douce*, Stock.

▶ Quel sentiment la cliente cherche-t-elle à exprimer ?
▶ Quels mots propose le vendeur ? Le mot *désespérade* existe-t-il ?
▶ Si vous étiez vendeur dans cette boutique, quels mots proposeriez-vous pour exprimer la tristesse ? la joie ? la haine ? l'amour ?

Nommer les sentiments

1 ✶ Classe ces mots selon le sentiment qu'ils expriment.

joie	tristesse

la gaieté ◆ la mélancolie ◆ le désespoir ◆ la satisfaction ◆ l'allégresse ◆ la jubilation ◆ l'affliction ◆ le bonheur ◆ le malheur ◆ la détresse

2 ✶ Recopie les noms exprimant l'amour ou l'amitié.

la passion ◆ l'affection ◆ l'engouement ◆ la fureur ◆ l'amitié ◆ la colère ◆ le courroux ◆ la méchanceté ◆ la bienveillance ◆ la malveillance ◆ la tendresse ◆ la mélancolie ◆ l'attachement ◆ l'entente

3 ✶ Trouve le sentiment recouvrant tous ces noms.

la frousse ◆ la trouille ◆ la panique ◆ l'effroi ◆ la frayeur ◆ l'épouvante ◆ l'angoisse ◆ la terreur ◆ la crainte ◆ l'anxiété ◆ la pétoche

4 ✶✶ Indique quel est le sentiment exprimé dans chaque phrase.

a. Chouette ! J'ai réussi mon examen de piano !
b. Ouf ! J'ai évité le vélo de justesse !
c. Hélas ! Aucun de mes amis ne peut venir à mon anniversaire.
d. Bravo ! C'est mon groupe préféré, la chanteuse est super !
e. Appelez vite les pompiers ! La maison est en flammes !
f. Wouah ! Je n'ai jamais rien vu d'aussi beau !
g. Quelle horreur ! Une araignée sur mon bras !

Exprimer un sentiment

5 ✱ Classe les expressions dans le tableau.

le dépit	la peur	la colère

a. Devenir blanc comme un linge.
b. Voir rouge.
c. Lancer un regard noir.
d. Rire jaune.
e. Se fâcher tout rouge.
f. Être vert de rage.

6 ✱✱ Écris le verbe correspondant au nom, puis emploie-le dans une phrase.

l'amour > *aimer* > *J'aime mes parents.*

a. la crainte
b. l'effroi
c. le courage
d. la déception
e. la haine
f. l'espoir

7 ✱✱ Écris le ou les adjectif(s) qualificatif(s) correspondant au nom.

le désespoir > *désespéré, désespérant*

a. la frayeur
b. la terreur
c. la satisfaction
d. la colère
e. la passion
f. l'épouvante
g. la fureur
h. l'amitié

8 ✱✱✱ Pour chaque sentiment, écris deux phrases qui décrivent ce que tu éprouves.

la peur > *Je tremble comme une feuille.*
> *Je transpire à grosses gouttes.*

a. la colère
b. l'amour
c. la haine
d. l'envie
e. la joie
f. la tristesse

À toi d'écrire !

9 ✱ Donne tes sentiments et impressions sur des artistes (chanteurs, acteurs) que tu connais.

J'adore cet acteur, il est stupéfiant !

10 ✱✱ À ton tour d'entrer dans la boutique *Au vocabulaire de l'amour*. Quel sentiment souhaites-tu acheter ? Que te propose le vendeur ? (Dans sa boutique, il vend aussi bien des noms que des verbes ou des adjectifs qualificatifs !)

RÉPERTOIRE

la tristesse	la peur	la colère	l'amour
l'abattement	l'angoisse	colérique	amoureux
l'accablement	angoissant	le courroux	l'adoration
l'affliction	anxieux	courroucé	l'affection
affligé	la crainte	la fureur	affectueux
le chagrin	l'épouvante	furibond	l'amitié
chagriné	l'effroi		la bienveillance
le désespoir	la frayeur	**la joie**	bienveillant
désespéré	effrayé	l'allégresse	la passion
désespérant	l'inquiétude	le bonheur	passionné
la détresse	la panique	enjoué	la tendresse
la mélancolie	la terreur	la gaieté	tendre
mélancolique	terrifiant	la jubilation	

Vocabulaire

Communiquer et s'informer

CHERCHONS

Le courrier électronique
Le courrier électronique (e-mail), inventé en 1971, permet d'envoyer des messages écrits d'un ordinateur à un autre. C'est aujourd'hui l'un des moyens de communication les plus prisés. Nul ne le sait au juste, mais on estime le nombre de mails échangés chaque jour dans le monde entre 100 et 500 milliards.

Le téléphone mobile
Le téléphone classique est fixe car relié au réseau par des fils.
À l'inverse, le portable, dont le nombre s'élève aujourd'hui à 3 milliards dans le monde, envoie et reçoit les signaux sonores par ondes radio. Il est très répandu dans les pays en développement, où le réseau téléphonique classique coûte trop cher à installer.

La Grande Encyclopédie, Les Yeux de la Découverte, © Gallimard Jeunesse.

▶ Relevez les moyens de communication cités dans ces deux textes.
▶ Quels autres moyens de communication connaissez-vous ?

Connaître des mots pour communiquer

1 * **Écris la réponse qui correspond à chaque définition.**

un texto ◆ une carte postale ◆ un courrier électronique ◆ un fax ◆ une lettre ◆ une conversation téléphonique

a. On l'envoie souvent pendant les vacances.
b. On se parle à voix haute mais à distance.
c. On la met dans une enveloppe timbrée.
d. On le transmet grâce à l'ordinateur.
e. On l'envoie avec un télécopieur.
f. On le lit sur son téléphone mobile.

2 * **Complète les phrases avec les mots proposés.**

courrier ◆ expéditeur ◆ répondeur téléphonique ◆ destinataire ◆ e-mail ◆ messages ◆ destination

a. Pour qu'une lettre parvienne à …, il faut écrire l'adresse du … sur l'enveloppe.
b. Le facteur distribue le … chaque matin.
c. L'… de cet … est mon cousin.
d. Dès qu'il rentre chez lui, Noé écoute ses … sur son … .

3 ** **Associe les groupes nominaux comme il convient.**

a. un fax
b. un e-mail
c. une adresse e-mail
d. un portable

1. une adresse électronique
2. un téléphone mobile
3. une télécopie
4. un courriel

196

Connaître des mots pour s'informer

4 ✶ **Trouve les réponses à ces devinettes.**
lecteur ◆ téléspectateur ◆ internaute ◆ auditeur
a. Je regarde la télévision, je suis un … .
b. J'écoute la radio, je suis un … .
c. Je lis le journal, je suis un … .
d. Je consulte des sites sur Internet, je suis un … .

5 ✶✶ **Associe chaque lettre au numéro qui convient.**
a. Un journal qui paraît chaque jour.
b. Un magazine qui paraît chaque semaine.
c. Un magazine qui paraît chaque mois.
d. Un magazine qui paraît deux fois par mois.
e. Un magazine qui paraît tous les trois mois.

1. un bimensuel
2. un hebdomadaire
3. un mensuel
4. un quotidien
5. un trimestriel

6 ✶✶ **Lis le texte puis réponds aux questions.**
Alex s'assit. Kaspar fit pivoter le journal. C'était l'*Evening Standard*. Le gros titre à la une résumait toute l'histoire en trois mots :
   ERREUR DE KIDNAPPING
Comme personne ne disait rien, Alex lut rapidement l'article. Il y avait une photo de St. Dominic, mais aucune de Paul Drevin ni de lui.
Anthony Horowitz, *Les Aventures d'Alex Rider*, tome 6 : *Arkange*, trad. A. Le Goyat, Hachette Jeunesse.

a. Indique le nom du quotidien.
b. Quelle est la une du journal ?
c. Relève deux noms qui désignent un texte dans un journal.

7 ✶✶ **Complète les phrases avec les mots proposés.**
ordinateur ◆ connecter ◆ journaux ◆ présentateur ◆ site Internet ◆ chaîne de télévision ◆ nouvelles ◆ la une ◆ informations ◆ station de radio ◆ tablette numérique

a. Le … du journal télévisé annonce les … de la journée.
b. Pour préparer son exposé, Mélusine recherche des … sur un … .
c. De nos jours, de nombreuses personnes peuvent se … à Internet grâce à leur … .
d. Anastasia peut lire ses journaux préférés sur sa … .
e. Un événement important est toujours présenté en gros titre sur … des … .
f. France Info est une … ; France 5 est une … .

8 ✶✶✶ **Réponds aux devinettes.**
a. Personne dont le métier est d'informer le public grâce aux journaux, à la radio ou à la télévision.
b. Publication quotidienne ou périodique où sont imprimées les nouvelles récentes.
c. Article de journal où le journaliste rapporte ce qu'il a vu et vécu.
d. Texte d'un journal ou d'une revue.
e. Métier du journaliste.

À toi d'écrire !

9 ✶ Écris un article de journal pour raconter un événement sportif ou un film qui vient de sortir.

RÉPERTOIRE

une station de radio	le courrier	quotidien	consulter
un auditeur	un destinataire	hebdomadaire	se connecter
un internaute	un expéditeur	mensuel	distribuer
un courriel	les nouvelles	bimensuel	expédier
une messagerie électronique	la une	trimestriel	transmettre

Vocabulaire

Vivre en société

CHERCHONS

Une figure, une devise
• Marianne personnifie la France sous les traits d'une femme. Elle est coiffée du bonnet phrygien. Elle représente la liberté, droit fondamental établi dans la Déclaration des droits de l'homme et du citoyen. Les Français, devenus citoyens, élisent des représentants qui prennent les décisions concernant le pays.
• La France est une nation. Elle a pour devise : Liberté, Égalité, Fraternité. Ce sont les grands principes établis pendant la Révolution.

Histoire cycle 3, Magnard.

▸ Que représente Marianne ?
▸ Quels sont les grands principes établis pendant la Révolution de 1789 ?
▸ Que signifie « être citoyen » ?

Connaître le vocabulaire du citoyen

1 * **Reconstitue les familles des mots *liberté, égalité, fraternité*.**
libre ◆ égal ◆ fraternel ◆ égalitaire ◆ inégal ◆ fraternellement ◆ librement ◆ également ◆ libérer ◆ égaler ◆ libération ◆ frère ◆ fraterniser ◆ libéral ◆ inégalité ◆ fraternisation ◆ libérateur ◆ équité

2 ** **Complète les phrases avec ces mots de la famille d'*élire* (en latin *legere*).**
élections ◆ électeurs ◆ éligible ◆ élu ◆ électorales ◆ électrices
a. Pour voter, il faut s'inscrire sur les listes … .
b. Pour qui as-tu voté lors des … présidentielles ?
c. Les … et les … doivent être français et avoir 18 ans.
d. Celui qui obtient le plus de voix est … .
e. Pour être …, il faut être majeur, de nationalité française et avoir un casier judiciaire vierge.

3 ** **Choisis le mot de la famille de *loi* qui convient.**
a. On vote pour les députés aux élections (*légistes* ◆ *législatives*).
b. Le médecin (*légal* ◆ *légiste*) examine les corps dans les affaires criminelles.
c. Quand on se défend lors d'une agression, on est en état de (*législative* ◆ *légitime*) défense.
d. Il a acquis cet argent de manière tout à fait (*légale* ◆ *illégale*), conformément à la loi.
e. Voler est (*légal* ◆ *illégal*).

4 ** **Réponds aux devinettes à l'aide des mots suivants :**
juré ◆ justice ◆ juge ◆ jugement
a. C'est un magistrat qui rend la justice en appliquant les lois.
b. C'est une personne désignée pour participer à un jury d'assises au tribunal.
c. Principe selon lequel il faut respecter les droits de chacun.
d. Décision prise lors d'un procès.

5 ★★★ Complète ces phrases avec les mots issus du nom latin *civitas* qui veut dire *ville*. Un mot est utilisé plusieurs fois.

Accorde le mot quand c'est nécessaire.

cité ♦ citoyen ♦ citoyenneté ♦ civil ♦ civilisation ♦ civique

a. L'instruction … est une matière qui prépare les élèves à devenir de bons … .
b. C'est sur l'île de la …, à Paris, que fut fondée la ville de Lutèce.
c. Les … grecque et romaine ont laissé de nombreuses traces en Europe.
d. Le principe de … a été instauré par la Révolution française. Les Français ne sont plus de simples sujets du roi mais des … .
e. Une guerre … est une guerre qui oppose les … d'un même pays.

Vivre en société

6 ★ Complète chaque phrase par un des verbes.

aider ♦ secourir ♦ participer ♦ collaborer ♦ dépanner

a. Des représentants de chaque classe de l'école vont … au conseil des enfants.
b. Cette association à pour but d'… les personnes âgées dans leur quotidien.
c. Les pompiers ont pour mission d'éteindre le feu et de… les personnes lors d'un incendie.
d. Un automobiliste est venu nous … sur la route et nous avons pu repartir.
e. Ces différentes associations humanitaires vont … à des projets de construction d'écoles, d'hôpitaux et de puits en Afrique.

7 ★★ Classe ces sentiments dans le tableau selon leur valeur citoyenne.

☺	☹

tolérance ♦ malveillance ♦ respect ♦ égoïsme ♦ solidarité ♦ fraternité ♦ intolérance ♦ bonté ♦ racisme ♦ partage ♦ rancune ♦ haine ♦ civilité ♦ incivilité

8 ★★★ Recopie chaque affirmation avec l'adjectif qualificatif qui convient.

a. Une personne qui en aide une autre sans se faire payer est *(bénévole, bénéficiaire, bernée)*.
b. Une action destinée à aider les autres est une action *(humaine, humoriste, humanitaire)*.
c. Quelqu'un qui offre son aide spontanément sans y être obligé est *(prioritaire, volontaire, unitaire)*.
d. Quand les gens s'entraident, ils sont *(solitaires, solidaires, solides)*.

À toi d'écrire !

9 ★ Rédige le règlement de ta classe. Écris les droits et les devoirs de chacun dans la classe.

RÉPERTOIRE

la justice	la citoyenneté	l'entraide	les élections
la loi	les devoirs	la civilité	un élu
le tribunal	les droits	l'honnêteté	un électeur
l'équité	l'égalité	s'entraider	les listes électorales
juger	la fraternité	solidaire	éligible
un juge	la liberté	bénévole	législatif
légal/illégal	le respect	volontaire	
légitime	la tolérance		

Vocabulaire

Les arts

CHERCHONS

L'art sans limites

Il est souvent difficile de reconnaître les pays d'origine des artistes à travers leurs œuvres. Les artistes d'aujourd'hui voyagent facilement, exposent souvent à l'étranger et grâce à Internet, ils ont accès au monde entier.
L'art n'est plus réservé à la peinture, la sculpture et l'architecture. Les artistes explorent sans cesse de nouveaux domaines. Ils prennent des photos, tournent des films en vidéo, construisent des installations, utilisent tous les langages, même la musique et la danse. Ils décloisonnent les genres artistiques pour nous faire découvrir un nouvel univers. Ils nous provoquent, nous dérangent et nous remettent en question. Ils nous font rêver et rire. L'histoire de l'art est loin d'être terminée !

Sonia Chaine, *L'Art à travers les âges*, Castor Doc Flammarion.

Installation de D. Buren dans la nef du Grand Palais à Paris, pour l'exposition Monumenta 201.

▶ Quels sont les arts cités dans ce texte ?
▶ Vers quels domaines l'art se dirige-t-il aussi désormais ?
▶ Que nous apportent les artistes ?

Reconnaître le domaine artistique

1 ✶ Associe à chaque artiste l'œuvre qu'il pourrait créer.

- un peintre •   • un buste
- un compositeur •   • un roman
- un écrivain •   • un concerto
- un sculpteur •   • un court-métrage
- un cinéaste •   • un ballet
- un architecte •   • une fresque
- un chorégraphe •   • une maquette
- un photographe •   • un cliché

2 ✶ Quel artiste se cache dans ces devinettes ?

un sculpteur ◆ un peintre ◆ un photographe ◆ un architecte ◆ une ballerine ◆ un acteur

a. À l'opéra, je suis une étoile.
b. Je modèle la terre ou je taille la roche.
c. Je trace des plans, je fais des maquettes.
d. Je pose ma toile sur mon chevalet puis j'observe mon modèle.
e. Je crève l'écran.
f. Je vise dans un objectif mais ne tire pas !

3 ✶✶ Relève l'intrus de chaque liste.

Aide-toi du dictionnaire si nécessaire.

peinture : pinceau ◆ palette ◆ toile ◆ chevalet ◆ huile ◆ écran
musique : tuba ◆ basson ◆ triangle ◆ hautbois ◆ rectangle ◆ piccolo
théâtre : scène ◆ acte ◆ générique ◆ monologue ◆ aparté ◆ tirade
danse : télégraphie ◆ ballet ◆ pointe ◆ ballerine ◆ chorégraphie ◆ valse
cinéma : écran ◆ film ◆ pellicule ◆ plan ◆ carte ◆ caméra

4 ✶✶ Trouve l'intrus de chaque liste.
a. L'intrus n'est pas un chant.
une berceuse ◆ un hymne national ◆ un refrain ◆ une cantate ◆ une récitation
b. L'intrus n'est pas un morceau de musique.
une sonnette ◆ un concerto ◆ une symphonie ◆ une sonate ◆ un adagio
c. L'intrus n'est pas un ensemble musical.
un orchestre ◆ un quatuor ◆ un solo ◆ une fanfare ◆ un quintet

5 ✶✶ **a.** Classe les instruments dans le tableau.
b. Pour chaque instrument, écris le nom du musicien.

instruments à cordes	instruments à vent

saxophone ◆ violon ◆ trompette ◆ clarinette ◆ violoncelle ◆ piano ◆ hautbois ◆ flûte ◆ harpe

6 ✶✶ Classe les verbes dans le tableau.

dessin	peinture

dessiner ◆ peindre ◆ gribouiller ◆ badigeonner ◆ barbouiller ◆ tracer ◆ estomper ◆ crayonner ◆ griffonner ◆ peinturlurer ◆ esquisser

7 ✶✶ Rassemble ces mots en deux groupes selon qu'ils évoquent un son agréable ou désagréable.
mélodieux ◆ musical ◆ harmonieux ◆ discordant ◆ assourdissant ◆ dissonant ◆ bruyant ◆ doux

8 ✶✶✶ Réponds aux devinettes par un des métiers du cinéma.
le cadreur ◆ le metteur en scène ◆ le maquilleur ◆ l'ingénieur du son ◆ l'acteur ◆ l'éclairagiste ◆ le monteur ◆ le scénariste
a. Il joue dans le film.
b. Il maquille les acteurs.
c. Il s'occupe des éclairages.
d. Il fait les prises de son.
e. Il écrit l'histoire qui va être filmée.
f. Il manie la caméra.
g. Il dirige les acteurs.
h. Il découpe et rassemble les prises de vue pour constituer le film.

À toi d'écrire !

9 ✶ Décris cette peinture. Quelles couleurs le peintre a-t-il utilisées ? Imagine ce qu'il a voulu évoquer.

Henri-Edmond Cross, *Les Îles d'or*.

RÉPERTOIRE

musique, chant, danse	peinture, sculpture, architecture, dessin	cinéma, photographie
un ballet	un buste	un acteur
une chorale	un chevalet	un cinéaste
un chœur	une fresque	un cliché
un orchestre	une maquette	un court-métrage
un opéra	une palette	un documentaire
une symphonie	modeler	un metteur en scène
harmonieux	esquisser	un réalisateur
mélodieux		un scénario

Vocabulaire

Lecture et littérature

CHERCHONS

Malgré la multiplication des **livres** et celle des **lieux de lecture**, on constate que les jeunes, sollicités par de multiples activités, lisent de moins en moins. Pourtant, lire ouvre au rêve. C'est un acte individuel, intime : le lecteur passionné s'identifie au héros, se laisse emporter dans un monde imaginaire dont il s'approprie les événements. C'est aussi une occasion d'échange avec les autres, enfants et adultes.
Bibliothécaires, documentalistes, libraires proposent toutes sortes d'activités motivantes : éveil culturel des enfants de zéro à six ans avec l'accueil des « bébés lecteurs » dans des lieux spécifiques ; comité de lecture, accueil des classes dans les bibliothèques, prêt d'ouvrages dans les écoles ; expositions…

K. Delobbe, *Littérature jeunesse*, coll. Histoire d'un art, © pemf.

▶ À quoi ouvre l'acte de lire ? Pourquoi à votre avis ?
▶ Qu'arrive-t-il au lecteur passionné ?
▶ Citez quelques catégories de livres et quelques lieux de lecture.

Distinguer les catégories de livres et les lieux de lecture

1 ∗ Associe chacun de ces titres à sa catégorie.
a. *Le Médecin malgré lui*, Molière
b. *Barbe-Bleue*, Charles Perrault
c. *La Planète des singes*, Pierre Boulle
d. *Astérix et Cléopâtre*, Goscinny et Uderzo
e. *Un cadavre dans la bibliothèque*, Agatha Christie
f. *Le Corps humain*

1. science-fiction
2. policier
3. théâtre
4. documentaire
5. bande dessinée
6. conte

2 ∗ Complète les phrases avec les mots suivants.

bibliothèque ◆ *médiathèque* ◆ *documentaire* ◆ *dictionnaire* ◆ *encyclopédie* ◆ *librairie*

a. Mes parents achètent souvent des romans à la … .
b. Nous pouvons emprunter des livres, des CD et des DVD à la nouvelle … .
c. L'usage du … est nécessaire pour comprendre les mots inconnus.
d. La … du quartier organise souvent des lectures en présence des auteurs.
e. Diderot pensait au XVIIIe siècle énumérer tous les savoirs humains dans une grande … .
f. Julie et Noé consultent un … sur les arachnides pour étudier les araignées.

3 ✱ **Indique pour chaque élément si tu peux le trouver en librairie ou le voir au cinéma.**

> Certains éléments peuvent convenir aux deux endroits.

un roman ◆ un western ◆ un policier ◆ un poème ◆ un documentaire ◆ une comédie musicale ◆ un dessin animé ◆ une bande dessinée

Connaître le vocabulaire de la littérature

4 ✱✱ **Complète chaque phrase avec les mots suivants.**

chapitre ◆ paragraphe ◆ auteur ◆ éditeur ◆ roman

a. Je n'ai pas pu arrêter la lecture de ce … avant la fin.
b. Laisse-moi terminer mon … avant d'aller déjeuner.
c. Il faut sauter une ligne entre chaque … .
d. J'ai lu tous les ouvrages de cet … .
e. Cet … est spécialisé dans les ouvrages scolaires.

5 ✱✱ **Réponds aux devinettes avec les mots suivants.**

une comédie ◆ une tragédie ◆ un sketch ◆ un aparté ◆ un monologue ◆ un acte

a. C'est une courte scène, en général comique.
b. Scène à un personnage qui parle seul.
c. Pièce de théâtre de divertissement.
d. Parole que l'acteur dit à part et que seul le spectateur est censé entendre.
e. Œuvre représentant un grand malheur.
f. Partie d'une pièce de théâtre.

6 ✱✱✱ **Lis cet extrait de pièce de théâtre et réponds aux questions.**

Le père fantôme, *d'une voix sépulcrale.*
Midi !
La mère fantôme, *lugubre.*
Midi, c'est terrible !
Le père fantôme
Calme-toi, le jour ne va pas tarder à tomber…
La mère fantôme
Oh, c'est effroyable ces journées sans sommeil.
Le père fantôme
Ce n'est rien, c'est de l'insomnie…
À ce moment on entend un bruit (un âne qui brait ou un oiseau qui chante).
Le bébé fantôme, *se réveillant en sursaut.*
Papa, j'ai peur !

Jacques Prévert, Le Bel Enfant,
Folio Junior Théâtre, © Gallimard Jeunesse.

a. À quel genre appartient ce texte ?
b. Qui est l'auteur de cette saynète ? Quel est le titre du recueil ?
c. Combien y a-t-il ici de personnages ? Lesquels ?
d. Relève les didascalies (indications en italique pour les interprètes).

À toi d'écrire !

7 ✱ **Deux personnages en attendent un troisième qui ne vient pas. Écris une courte scène de théâtre, n'oublie pas d'indiquer les didascalies.**

RÉPERTOIRE

un conte	un acte	une saynète	un chapitre
un documentaire	une scène	un aparté	un paragraphe
une encyclopédie	les didascalies	un monologue	une bibliothèque
une nouvelle	une comédie	un recueil	une librairie
un roman	une tragédie	une rime	un auteur
la poésie	un personnage	une strophe	un éditeur
le théâtre	un sketch	un vers	un lecteur

Vocabulaire

L'environnement

CHERCHONS

Certaines matières sont particulièrement nocives pour les cours d'eau. C'est le cas des tissus synthétiques (polyester, Nylon, Lycra, etc.) dont la fabrication nécessite soude caustique, acide sulfurique et sulfate de soude : un vrai bain de produits toxiques ! Évite de les choisir pour t'habiller. En revanche, les fibres polaires peuvent être fabriquées à partir de bouteilles de plastique recyclées (14 à 25 bouteilles suffisent pour confectionner un pull).
Alors pense bien à trier tes bouteilles avant de les jeter, et choisis des polaires toutes douces et toutes chaudes fabriquées de cette façon.

Planète attitude junior : pour protéger la nature et sauver les animaux, Seuil Jeunesse.

▶ Relevez le nom de trois produits toxiques et de trois matières nocives pour l'eau.
▶ L'eau n'est hélas pas seule à être polluée : citez d'autres éléments de notre planète qui le sont.

Distinguer les différentes sortes de pollution

1 ✱ **Associe à chaque symbole chimique le verbe qui convient.**
irrite ◆ ronge ◆ tue ◆ flambe ◆ explose ◆ empoisonne l'environnement

a.  b.  c. 
d.  e.  f.

2 ✱✱ **Classe le nom des déchets dans le tableau.**

recyclable	non recyclable	compostable

emballages en carton ◆ bouteilles en plastique ◆ sachets en plastique ◆ boîtes de conserve ◆ bouteilles en verre ◆ épluchures ◆ journaux ◆ ordures ménagères ◆ tonte de gazon ◆ papiers gras

3 ✱✱ **Complète chaque phrase avec l'une de ces expressions.**
trou dans la couche d'ozone ◆ réchauffement climatique ◆ pluies acides ◆ algues vertes ◆ disparition d'espèces animales

a. En raison du …, la banquise fond à grande vitesse.
b. Le trafic d'animaux rares, la chasse, la pollution entraînent la … .
c. Il ne faut pas s'exposer sans protection au soleil en raison du … .
d. Des … se répandent sur les plages de Bretagne à cause du rejet de nitrates dans les eaux.
e. Le dépérissement des forêts est dû aux … .

Connaître le vocabulaire de l'environnement

4 ✶ Complète chaque phrase avec un mot de la famille de *polluer*. Attention aux accords.

pollueur • polluant • dépolluer • pollution

a. Les produits d'entretien, les colles, les peintures sont des … .
b. Après la démolition de cette usine, il a fallu … le sol.
c. La … de l'air, de l'eau et des sols est dangereuse pour notre santé.
d. Les industries, les véhicules et les avions sont de gros … .

5 ✶✶ À l'aide du schéma, réécris dans l'ordre les étapes du cycle de traitement de l'eau.

industrie • station de pompage • forage de la nappe souterraine • ville • station d'épuration • rivière • usine de potabilisation de l'eau • château d'eau

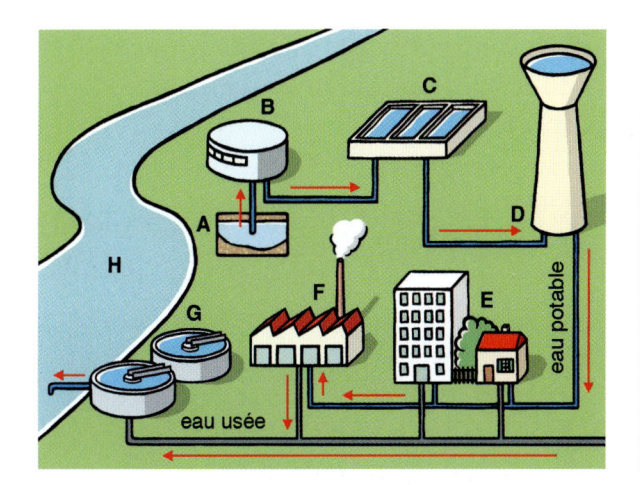

6 ✶✶✶ Complète les phrases à l'aide des adjectifs suivants.

Attention aux accords.

nocif • inoffensif • mortel • biologique • écologique • corrosif

a. J'achète de préférence des fruits et légumes … car ils ne contiennent pas de pesticides.
b. Mme Laterre n'utilise que des produits d'entretien … pour sa maison.
c. Le composant contenu dans ce détergent est très …, il ronge les matériaux.
d. Ce produit est totalement …, on l'a testé sur les animaux.
e. Les rejets … de cette usine ont tué les poissons.
f. Les lessives et les adoucissants sont extrêmement … pour les plantes et les poissons.

À toi d'écrire !

7 ✶ Pour chaque symbole, écris une petite notice explicative.

a. b.  c.  d.

RÉPERTOIRE

la mer	le compost	composter	biologique	la pollution
la terre	un déchet	recycler	chimique	un pollueur
le sol	un détritus	trier	écologique	polluant
l'air	l'écologie	traiter	inoffensif	polluer
l'eau	l'environnement		nocif	dépolluer
	l'épuration		potable	
	l'industrie		toxique	

205

Vocabulaire

Les sciences

CHERCHONS

L'électricité est dangereuse dès que son voltage atteint 24 V. Les piles ont un voltage qui va de 1,5 V à 9 V ; elles peuvent être manipulées sans danger. En revanche, à la maison ou à l'école, le voltage des prises ou des appareils électriques est de 230 V : une personne qui touche des fils électriques est en danger de mort. Toutefois, des substances comme le plastique ou l'air ne **conduisent** pas l'électricité. Ce sont des isolants. Il n'est donc pas dangereux de toucher un fil correctement **isolé**.

Sciences cycle 3, Magnard.

▶ De quel domaine scientifique traite ce texte ?
▶ Relevez tous les mots ou mesures qui s'apparentent à ce domaine.
▶ Dans quel sens, à votre avis, est employé le verbe *conduire* ? l'adjectif *isolé* ?

Identifier le domaine scientifique

1 ✶ Retrouve le domaine scientifique qui correspond aux phrases.

zoologie • botanique • volcanologie • anatomie • astronomie • physique

a. Le magma est un mélange de roches en fusion et de gaz qui se forme dans les profondeurs de la Terre.
b. Un bulbe, comme celui de l'oignon, contient un ou plusieurs bourgeons entourés de réserves qui lui permettent de bien pousser au printemps.
c. La température de l'eau en train de bouillir est proche de 100°C (un peu moins dans les régions situées en altitude).
d. Une étoile, comme le Soleil, est une gigantesque boule de matière dont la température est extrêmement élevée.
e. Une goutte de sang qui se trouve dans le ventricule droit est éjectée dans l'artère pulmonaire qui l'amène au poumon.
f. Les branchies sont des lamelles qui permettent aux animaux de respirer dans l'eau.

Sciences cycle 3, Magnard.

2 ✶ Classe les mots suivants selon le domaine scientifique auquel ils se rapportent.

éclipse • circuit • satellite • pile • planète • système solaire • isolant • équinoxe • étoile • conducteur • interrupteur

électricité	astronomie

Connaître le vocabulaire scientifique

Pour tous ces exercices, n'hésite pas à consulter un dictionnaire.

3 ✶ Retrouve le champ d'étude de chacun de ces domaines puis écris le nom du savant qui étudie cette science.

La géologie est la science qui étudie les roches et les sols. ➤ *un géologue*

a. l'archéologie …. **d.** la dermatologie ….
b. la minéralogie …. **e.** la biologie ….
c. la volcanologie …. **f.** la bactériologie

4 ✱ Que mesure chaque appareil ? Écris une phrase qui l'explique.

Le voltmètre mesure le voltage d'un appareil électrique.

a. le thermomètre … .
b. le chronomètre … .
c. l'altimètre … .
d. le pluviomètre … .

5 ✱✱ Associe à chaque centrale électrique sa source d'énergie.

a. barrage hydroélectrique
b. usine marémotrice
c. éolienne
d. centrale thermique
e. centrale nucléaire
f. panneau solaire

1. l'uranium
2. le soleil
3. le pétrole, le gaz, le charbon
4.
5. la marée
6. l'eau
7. le vent

6 ✱✱ Retrouve la fonction du corps évoquée dans chaque devinette.

procréation ♦ respiration ♦ digestion ♦ circulation ♦ élimination

a. Fonction par laquelle les êtres vivants absorbent de l'oxygène et rejettent du gaz carbonique.
b. Le fait de se reproduire pour des êtres vivants.
c. Ensemble des actions mécaniques et chimiques que les aliments subissent pour être assimilés par l'organisme.
d. Mouvement continu du sang dans le corps.
e. Évacuation des substances toxiques du corps.

7 ✱✱✱ Complète les phrases avec les mots suivants.

condensation ♦ évaporation ♦ fusion ♦ solidification ♦ ébullition

a. La … est le passage de l'état gazeux à l'état liquide.
b. L'eau se met à bouillir à 100°C, c'est l'… .
c. Quand un liquide passe à l'état gazeux, on parle d'… .
d. On parle de … quand un solide passe à l'état liquide.
e. À partir de 0°C commence la … de l'eau.

À toi d'écrire !

8 ✱ Écris un court texte à propos de ton domaine scientifique préféré. Utilise le plus possible de termes scientifiques.

J'adore l'astronomie : j'aimerais observer des éclipses de lune ou de soleil…

9 ✱✱ Rédige une petite notice technique expliquant l'usage d'un appareil que toi et ta famille venez d'acheter.

Ce batteur électrique fonctionne en 220 V. Il est constitué d'un moteur…

RÉPERTOIRE

l'électricité
un circuit
un conducteur
un interrupteur
un isolant
le voltage

la matière
la condensation
l'ébullition
l'évaporation
la fusion
la solidification

l'énergie
éolienne
hydraulique
nucléaire
solaire
thermique

le ciel
une éclipse
une équinoxe
une étoile
une planète
un solstice

le corps humain
la circulation
la digestion
l'élimination
la procréation
la respiration

les scientifiques
une analyse
une expérience
un laboratoire
l'observation
la recherche

Vocabulaire

Tableaux de conjugaison

avoir

INDICATIF

Présent
j'ai
tu as
il, elle, on a
nous avons
vous avez
ils, elles ont

Imparfait
j'avais
tu avais
il, elle, on avait
nous avions
vous aviez
ils, elles avaient

Passé simple
j'eus
tu eus
il, elle, on eut
nous eûmes
vous eûtes
ils, elles eurent

Plus-que-parfait
j'avais eu
tu avais eu
il, elle, on avait eu
nous avions eu
vous aviez eu
ils, elles avaient eu

Futur antérieur
j'aurai eu
tu auras eu
il, elle, on aura eu
nous aurons eu
vous aurez eu
ils, elles auront eu

Futur simple
j'aurai
tu auras
il, elle, on aura
nous aurons
vous aurez
ils, elles auront

Passé composé
j'ai eu
tu as eu
il, elle, on a eu
nous avons eu
vous avez eu
ils, elles ont eu

IMPÉRATIF

Présent
aie
ayons
ayez

PARTICIPE

Présent
ayant

Passé
eu

CONDITIONNEL

Présent
j'aurais
tu aurais
il, elle, on aurait
nous aurions
vous auriez
ils, elles auraient

être

INDICATIF

Présent
je suis
tu es
il, elle, on est
nous sommes
vous êtes
ils, elles sont

Imparfait
j'étais
tu étais
il, elle, on était
nous étions
vous étiez
ils, elles étaient

Passé simple
je fus
tu fus
il, elle, on fut
nous fûmes
vous fûtes
ils, elles furent

Plus-que-parfait
j'avais été
tu avais été
il, elle, on avait été
nous avions été
vous aviez été
ils, elles avaient été

Futur antérieur
j'aurai été
tu auras été
il, elle, on aura été
nous aurons été
vous aurez été
ils, elles auront été

Futur simple
je serai
tu seras
il, elle, on sera
nous serons
vous serez
ils, elles seront

Passé composé
j'ai été
tu as été
il, elle, on a été
nous avons été
vous avez été
ils, elles ont été

IMPÉRATIF

Présent
sois
soyons
soyez

PARTICIPE

Présent
étant

Passé
été

CONDITIONNEL

Présent
je serais
tu serais
il, elle, on serait
nous serions
vous seriez
ils, elles seraient

chanter — 1er groupe

INDICATIF

Présent
- je chante
- tu chantes
- il, elle, on chante
- nous chantons
- vous chantez
- ils, elles chantent

Imparfait
- je chantais
- tu chantais
- il, elle, on chantait
- nous chantions
- vous chantiez
- ils, elles chantaient

Passé simple
- je chantai
- tu chantas
- il, elle, on chanta
- nous chantâmes
- vous chantâtes
- ils, elles chantèrent

Plus-que-parfait
- j'avais chanté
- tu avais chanté
- il, elle, on avait chanté
- nous avions chanté
- vous aviez chanté
- ils, elles avaient chanté

Futur antérieur
- j'aurai chanté
- tu auras chanté
- il, elle, on aura chanté
- nous aurons chanté
- vous aurez chanté
- ils, elles auront chanté

Futur simple
- je chanterai
- tu chanteras
- il, elle, on chantera
- nous chanterons
- vous chanterez
- ils, elles chanteront

Passé composé
- j'ai chanté
- tu as chanté
- il, elle, on a chanté
- nous avons chanté
- vous avez chanté
- ils, elles ont chanté

IMPÉRATIF

Présent
- chante
- chantons
- chantez

PARTICIPE

Présent
- chantant

Passé
- chanté

CONDITIONNEL

Présent
- je chanterais
- tu chanterais
- il, elle, on chanterait
- nous chanterions
- vous chanteriez
- ils, elles chanteraient

---

finir — 2e groupe

INDICATIF

Présent
- je finis
- tu finis
- il, elle, on finit
- nous finissons
- vous finissez
- ils, elles finissent

Imparfait
- je finissais
- tu finissais
- il, elle, on finissait
- nous finissions
- vous finissiez
- ils, elles finissaient

Passé simple
- je finis
- tu finis
- il, elle, on finit
- nous finîmes
- vous finîtes
- ils, elles finirent

Plus-que-parfait
- j'avais fini
- tu avais fini
- il, elle, on avait fini
- nous avions fini
- vous aviez fini
- ils, elles avaient fini

Futur antérieur
- j'aurai fini
- tu auras fini
- il, elle, on aura fini
- nous aurons fini
- vous aurez fini
- ils, elles auront fini

Futur simple
- je finirai
- tu finiras
- il, elle, on finira
- nous finirons
- vous finirez
- ils, elles finiront

Passé composé
- j'ai fini
- tu as fini
- il, elle, on a fini
- nous avons fini
- vous avez fini
- ils, elles ont fini

IMPÉRATIF

Présent
- finis
- finissons
- finissez

PARTICIPE

Présent
- finissant

Passé
- fini

CONDITIONNEL

Présent
- je finirais
- tu finirais
- il, elle, on finirait
- nous finirions
- vous finiriez
- ils, elles finiraient

aller — 3ᵉ groupe

INDICATIF

Présent
- je vais
- tu vas
- il, elle, on va
- nous allons
- vous allez
- ils, elles vont

Futur simple
- j'irai
- tu iras
- il, elle, on ira
- nous irons
- vous irez
- ils, elles iront

Imparfait
- j'allais
- tu allais
- il, elle, on allait
- nous allions
- vous alliez
- ils, elles allaient

Passé composé
- je suis allé(e)
- tu es allé(e)
- il, elle, on est allé(e)
- nous sommes allé(e)s
- vous êtes allé(e)s
- ils, elles sont allé(e)s

Passé simple
- j'allai
- tu allas
- il, elle, on alla
- nous allâmes
- vous allâtes
- ils, elles allèrent

Plus-que-parfait
- j'étais allé(e)
- tu étais allé(e)
- il, elle, on était allé(e)
- nous étions allé(e)s
- vous étiez allé(e)s
- ils, elles étaient allé(e)s

Futur antérieur
- je serai allé(e)
- tu seras allé(e)
- il, elle, on sera allé(e)
- nous serons allé(e)s
- vous serez allé(e)s
- ils, elles seront allé(e)s

IMPÉRATIF

Présent
- va
- allons
- allez

PARTICIPE

Présent
- allant

Passé
- allé

CONDITIONNEL

Présent
- j'irais
- tu irais
- il, elle, on irait
- nous irions
- vous iriez
- ils, elles iraient

---

partir — 3ᵉ groupe

INDICATIF

Présent
- je pars
- tu pars
- il, elle, on part
- nous partons
- vous partez
- ils, elles partent

Futur simple
- je partirai
- tu partiras
- il, elle, on partira
- nous partirons
- vous partirez
- ils, elles partiront

Imparfait
- je partais
- tu partais
- il, elle, on partait
- nous partions
- vous partiez
- ils, elles partaient

Passé composé
- je suis parti(e)
- tu es parti(e)
- il, elle, on est parti(e)
- nous sommes parti(e)s
- vous êtes parti(e)s
- ils, elles sont parti(e)s

Passé simple
- je partis
- tu partis
- il, elle, on partit
- nous partîmes
- vous partîtes
- ils, elles partirent

Plus-que-parfait
- j'étais parti(e)
- tu étais parti(e)
- il, elle, on était parti(e)
- nous étions parti(e)s
- vous étiez parti(e)s
- ils, elles étaient parti(e)s

Futur antérieur
- je serai parti(e)
- tu seras parti(e)
- il, elle, on sera parti(e)
- nous serons parti(e)s
- vous serez parti(e)s
- ils, elles seront parti(e)s

IMPÉRATIF

Présent
- pars
- partons
- partez

PARTICIPE

Présent
- partant

Passé
- parti

CONDITIONNEL

Présent
- je partirais
- tu partirais
- il, elle, on partirait
- nous partirions
- vous partiriez
- ils, elles partiraient

faire — 3ᵉ groupe

INDICATIF

Présent
je fais
tu fais
il, elle, on fait
nous faisons
vous faites
ils, elles font

Imparfait
je faisais
tu faisais
il, elle, on faisait
nous faisions
vous faisiez
ils, elles faisaient

Passé simple
je fis
tu fis
il, elle, on fit
nous fîmes
vous fîtes
ils, elles firent

Plus-que-parfait
j'avais fait
tu avais fait
il, elle, on avait fait
nous avions fait
vous aviez fait
ils, elles avaient fait

Futur antérieur
j'aurai fait
tu auras fait
il, elle, on aura fait
nous aurons fait
vous aurez fait
ils, elles auront fait

Futur simple
je ferai
tu feras
il, elle, on fera
nous ferons
vous ferez
ils, elles feront

Passé composé
j'ai fait
tu as fait
il, elle, on a fait
nous avons fait
vous avez fait
ils, elles ont fait

IMPÉRATIF

Présent
fais
faisons
faites

PARTICIPE

Présent
faisant

Passé
fait

CONDITIONNEL

Présent
je ferais
tu ferais
il, elle, on ferait
nous ferions
vous feriez
ils, elles feraient

---

venir — 3ᵉ groupe

INDICATIF

Présent
je viens
tu viens
il, elle, on vient
nous venons
vous venez
ils, elles viennent

Imparfait
je venais
tu venais
il, elle, on venait
nous venions
vous veniez
ils, elles venaient

Passé simple
je vins
tu vins
il, elle, on vint
nous vînmes
vous vîntes
ils, elles vinrent

Plus-que-parfait
j'étais venu(e)
tu étais venu(e)
il, elle, on était venu(e)
nous étions venu(e)s
vous étiez venu(e)s
ils, elles étaient venu(e)s

Futur antérieur
je serai venu(e)
tu seras venu(e)
il, elle, on sera venu(e)
nous serons venu(e)s
vous serez venu(e)s
ils, elles seront venu(e)s

Futur simple
je viendrai
tu viendras
il, elle, on viendra
nous viendrons
vous viendrez
ils, elles viendront

Passé composé
je suis venu(e)
tu es venu(e)
il, elle, on est venu(e)
nous sommes venu(e)s
vous êtes venu(e)s
ils, elles sont venu(e)s

IMPÉRATIF

Présent
viens
venons
venez

PARTICIPE

Présent
venant

Passé
venu

CONDITIONNEL

Présent
je viendrais
tu viendrais
il, elle, on viendrait
nous viendrions
vous viendriez
ils, elles viendraient

voir — 3ᵉ groupe

INDICATIF

Présent
- je vois
- tu vois
- il, elle, on voit
- nous voyons
- vous voyez
- ils, elles voient

Imparfait
- je voyais
- tu voyais
- il, elle, on voyait
- nous voyions
- vous voyiez
- ils, elles voyaient

Passé simple
- je vis
- tu vis
- il, elle, on vit
- nous vîmes
- vous vîtes
- ils, elles virent

Plus-que-parfait
- j'avais vu
- tu avais vu
- il, elle, on avait vu
- nous avions vu
- vous aviez vu
- ils, elles avaient vu

Futur antérieur
- j'aurai vu
- tu auras vu
- il, elle, on aura vu
- nous aurons vu
- vous aurez vu
- ils, elles auront vu

Futur simple
- je verrai
- tu verras
- il, elle, on verra
- nous verrons
- vous verrez
- ils, elles verront

Passé composé
- j'ai vu
- tu as vu
- il, elle, on a vu
- nous avons vu
- vous avez vu
- ils, elles ont vu

IMPÉRATIF

Présent
- vois
- voyons
- voyez

PARTICIPE

Présent
- voyant

Passé
- vu

CONDITIONNEL

Présent
- je verrais
- tu verrais
- il, elle, on verrait
- nous verrions
- vous verriez
- ils, elles verraient

---

prendre — 3ᵉ groupe

INDICATIF

Présent
- je prends
- tu prends
- il, elle, on prend
- nous prenons
- vous prenez
- ils, elles prennent

Imparfait
- je prenais
- tu prenais
- il, elle, on prenait
- nous prenions
- vous preniez
- ils, elles prenaient

Passé simple
- je pris
- tu pris
- il, elle, on prit
- nous prîmes
- vous prîtes
- ils, elles prirent

Plus-que-parfait
- j'avais pris
- tu avais pris
- il, elle, on avait pris
- nous avions pris
- vous aviez pris
- ils, elles avaient pris

Futur antérieur
- j'aurai pris
- tu auras pris
- il, elle, on aura pris
- nous aurons pris
- vous aurez pris
- ils, elles auront pris

Futur simple
- je prendrai
- tu prendras
- il, elle, on prendra
- nous prendrons
- vous prendrez
- ils, elles prendront

Passé composé
- j'ai pris
- tu as pris
- il, elle, on a pris
- nous avons pris
- vous avez pris
- ils, elles ont pris

IMPÉRATIF

Présent
- prends
- prenons
- prenez

PARTICIPE

Présent
- prenant

Passé
- pris

CONDITIONNEL

Présent
- je prendrais
- tu prendrais
- il, elle, on prendrait
- nous prendrions
- vous prendriez
- ils, elles prendraient

mettre — 3ᵉ groupe

INDICATIF

Présent
je mets
tu mets
il, elle, on met
nous mettons
vous mettez
ils, elles mettent

Imparfait
je mettais
tu mettais
il, elle, on mettait
nous mettions
vous mettiez
ils, elles mettaient

Passé simple
je mis
tu mis
il, elle, on mit
nous mîmes
vous mîtes
ils, elles mirent

Plus-que-parfait
j'avais mis
tu avais mis
il, elle, on avait mis
nous avions mis
vous aviez mis
ils, elles avaient mis

Futur antérieur
j'aurai mis
tu auras mis
il, elle, on aura mis
nous aurons mis
vous aurez mis
ils, elles auront mis

Futur simple
je mettrai
tu mettras
il, elle, on mettra
nous mettrons
vous mettrez
ils, elles mettront

Passé composé
j'ai mis
tu as mis
il, elle, on a mis
nous avons mis
vous avez mis
ils, elles ont mis

IMPÉRATIF

Présent
mets
mettons
mettez

PARTICIPE

Présent
mettant

Passé
mis

CONDITIONNEL

Présent
je mettrais
tu mettrais
il, elle, on mettrait
nous mettrions
vous mettriez
ils, elles mettraient

---

pouvoir — 3ᵉ groupe

INDICATIF

Présent
je peux
tu peux
il, elle, on peut
nous pouvons
vous pouvez
ils, elles peuvent

Imparfait
je pouvais
tu pouvais
il, elle, on pouvait
nous pouvions
vous pouviez
ils, elles pouvaient

Passé simple
je pus
tu pus
il, elle, on put
nous pûmes
vous pûtes
ils, elles purent

Plus-que-parfait
j'avais pu
tu avais pu
il, elle, on avait pu
nous avions pu
vous aviez pu
ils, elles avaient pu

Futur antérieur
j'aurai pu
tu auras pu
il, elle, on aura pu
nous aurons pu
vous aurez pu
ils, elles auront pu

Futur simple
je pourrai
tu pourras
il, elle, on pourra
nous pourrons
vous pourrez
ils, elles pourront

Passé composé
j'ai pu
tu as pu
il, elle, on a pu
nous avons pu
vous avez pu
ils, elles ont pu

PARTICIPE

Présent
pouvant

Passé
pu

CONDITIONNEL

Présent
je pourrais
tu pourrais
il, elle, on pourrait
nous pourrions
vous pourriez
ils, elles pourraient

jeter — 1er groupe

INDICATIF

Présent
- je jette
- tu jettes
- il, elle, on jette
- nous jetons
- vous jetez
- ils, elles jettent

Futur simple
- je jetterai
- tu jetteras
- il, elle, on jettera
- nous jetterons
- vous jetterez
- ils, elles jetteront

Imparfait
- je jetais
- tu jetais
- il, elle, on jetait
- nous jetions
- vous jetiez
- ils, elles jetaient

Passé composé
- j'ai jeté
- tu as jeté
- il, elle, on a jeté
- nous avons jeté
- vous avez jeté
- ils, elles ont jeté

Passé simple
- je jetai
- tu jetas
- il, elle, on jeta
- nous jetâmes
- vous jetâtes
- ils, elles jetèrent

Plus-que-parfait
- j'avais jeté
- tu avais jeté
- il, elle, on avait jeté
- nous avions jeté
- vous aviez jeté
- ils, elles avaient jeté

Futur antérieur
- j'aurai jeté
- tu auras jeté
- il, elle, on aura jeté
- nous aurons jeté
- vous aurez jeté
- ils, elles auront jeté

IMPÉRATIF
Présent
- jette
- jetons
- jetez

PARTICIPE
Présent
- jetant

Passé
- jeté

CONDITIONNEL
Présent
- je jetterais
- tu jetterais
- il, elle, on jetterait
- nous jetterions
- vous jetteriez
- ils, elles jetteraient

---

acheter — 1er groupe

INDICATIF

Présent
- j'achète
- tu achètes
- il, elle, on achète
- nous achetons
- vous achetez
- ils, elles achètent

Futur simple
- j'achèterai
- tu achèteras
- il, elle, on achètera
- nous achèterons
- vous achèterez
- ils, elles achèteront

Imparfait
- j'achetais
- tu achetais
- il, elle, on achetait
- nous achetions
- vous achetiez
- ils, elles achetaient

Passé composé
- j'ai acheté
- tu as acheté
- il, elle, on a acheté
- nous avons acheté
- vous avez acheté
- ils, elles ont acheté

Passé simple
- j'achetai
- tu achetas
- il, elle, on acheta
- nous achetâmes
- vous achetâtes
- ils, elles achetèrent

Plus-que-parfait
- j'avais acheté
- tu avais acheté
- il, elle, on avait acheté
- nous avions acheté
- vous aviez acheté
- ils, elles avaient acheté

Futur antérieur
- j'aurai acheté
- tu auras acheté
- il, elle, on aura acheté
- nous aurons acheté
- vous aurez acheté
- ils, elles auront acheté

IMPÉRATIF
Présent
- achète
- achetons
- achetez

PARTICIPE
Présent
- achetant

Passé
- acheté

CONDITIONNEL
Présent
- j'achèterais
- tu achèterais
- il, elle, on achèterait
- nous achèterions
- vous achèteriez
- ils, elles achèteraient

appeler — 1er groupe

INDICATIF

Présent
j'appelle
tu appelles
il, elle, on appelle
nous appelons
vous appelez
ils, elles appellent

Imparfait
j'appelais
tu appelais
il, elle, on appelait
nous appelions
vous appeliez
ils, elles appelaient

Passé simple
j'appelai
tu appelas
il, elle, on appela
nous appelâmes
vous appelâtes
ils, elles appelèrent

Plus-que-parfait
j'avais appelé
tu avais appelé
il, elle, on avait appelé
nous avions appelé
vous aviez appelé
ils, elles avaient appelé

Futur antérieur
j'aurai appelé
tu auras appelé
il, elle, on aura appelé
nous aurons appelé
vous aurez appelé
ils, elles auront appelé

Futur simple
j'appellerai
tu appelleras
il, elle, on appellera
nous appellerons
vous appellerez
ils, elles appelleront

Passé composé
j'ai appelé
tu as appelé
il, elle, on a appelé
nous avons appelé
vous avez appelé
ils, elles ont appelé

IMPÉRATIF

Présent
appelle
appelons
appelez

PARTICIPE

Présent
appelant

Passé
appelé

CONDITIONNEL

Présent
j'appellerais
tu appellerais
il, elle, on appellerait
nous appellerions
vous appelleriez
ils, elles appelleraient

---

geler — 1er groupe

INDICATIF

Présent
je gèle
tu gèles
il, elle, on gèle
nous gelons
vous gelez
ils, elles gèlent

Imparfait
je gelais
tu gelais
il, elle, on gelait
nous gelions
vous geliez
ils, elles gelaient

Passé simple
je gelai
tu gelas
il, elle, on gela
nous gelâmes
vous gelâtes
ils, elles gelèrent

Plus-que-parfait
j'avais gelé
tu avais gelé
il, elle, on avait gelé
nous avions gelé
vous aviez gelé
ils, elles avaient gelé

Futur antérieur
j'aurai gelé
tu auras gelé
il, elle, on aura gelé
nous aurons gelé
vous aurez gelé
ils, elles auront gelé

Futur simple
je gèlerai
tu gèleras
il, elle, on gèlera
nous gèlerons
vous gèlerez
ils, elles gèleront

Passé composé
j'ai gelé
tu as gelé
il, elle, on a gelé
nous avons gelé
vous avez gelé
ils, elles ont gelé

IMPÉRATIF

Présent
gèle
gelons
gelez

PARTICIPE

Présent
gelant

Passé
gelé

CONDITIONNEL

Présent
je gèlerais
tu gèlerais
il, elle, on gèlerait
nous gèlerions
vous gèleriez
ils, elles gèleraient

Crédits iconographiques : **p. 9** : fotolia – **p. 15** : fotolia – **p. 20** : NASA – **p. 25** : iStockphoto – **p. 28** : *cavalier germain, 1re moitié du 7e siècle*, akg-images – **p. 30** : iStockphoto – **p. 36** : iStockphoto – **p. 37** : iStockphoto – **p. 43** : fotolia – **p. 48** : *Persée tuant la gorgone Méduse, 6e siècle avant J-C.*, DeAgostini/Leemage – **p. 53** : iStockphoto – **p. 54** : iStockphoto – **p. 55** : fotolia – **p. 64** : fotolia – **p. 70** : fotolia – **p. 74** : iStockphoto – **p. 116** : NASA – **p. 118** : shutterstock ; iStockphoto ; fotolia – **p. 140** : *serfs travaillant dans leur champ, gravure coloriée*, North Wind Pictures/Leemage – **p. 142** : iStockphoto – **p. 145** : fotolia – **p. 148** : *danse villageoise, fin du 18e siècle, gravure*, Selva/Leemage – **p. 150** : fotolia – **p. 152** : Phovoir-Images – **p. 154** : shutterstock – **p. 158** : shutterstock – **p. 176** : shutterstock – **p. 179** : fotolia – **p. 181** : iStockphoto – **p. 182** : shutterstock ; fotolia – **p. 196** : fotolia – **p. 198** : fotolia – **p. 200** : Julien Muguet/IP3/MAXPPP/© DB/ADAGP, Paris 2013 – **p. 201** : RMN-Grand Palais (musée d'Orsay)/Hervé Lewandowski – **p. 202** : fotolia – **p. 204** : fotolia ; Webchantier – **p. 205** : Webchantier ; DR – **p. 206** : fotolia.

Illustrations : **Anne Hemstege** (pp. 11, 13, 16, 17, 21, 23, 27, 29, 31, 32, 33, 39, 40, 41, 45, 49, 50, 51, 61, 63, 65, 72, 73, 77, 79, 82, 83, 84, 85, 86, 89, 90, 92, 93, 96, 97, 98, 99, 102, 103, 104, 105, 111, 114, 115, 123, 124, 125, 126, 127, 129, 135, 136, 151, 153, 156, 157, 162, 169, 171, 177, 178, 183, 186, 187, 190, 191, 193, 194, 194, 197, 207) ; **Claire Perret** (pp. 6, 8, 10, 12, 14, 19, 34, 35, 46, 47, 52, 57, 59, 62, 69, 71, 81, 94, 95, 101, 106, 107, 108, 109, 113, 119, 120, 121, 128, 130, 131, 132, 133, 134, 137, 138, 139, 141, 143, 146, 149, 155, 161, 165, 167, 174, 175, 185, 188, 189, 199, 203) ; **Anne Horrenberger** (pp. 24, 112, 205) ; **MariOn Vandenbroucke** (pp. 68, 122, 173) ; **Elsa Fouquier** (couverture).

Illustrations reprises des œuvres originales : **p. 22** : **Sempé**, *Le Petit Nicolas et les copains* © IMAV Éditions – **p. 42** : **Larry Keys**, *Geronimo Stilton*, Albin Michel Jeunesse – **p. 44** : **Quentin Blake**, *Matilda* © Gallimard, © Roald Dahl Nominee Ltd. – **p. 66** : **Sempé**, *Les Vacances du Petit Nicolas*, IMAV Éditions – **p. 88** : **Antoine de Saint-Exupéry**, *Le Petit Prince* © Gallimard – **p. 166** : **Sempé**, *Les Récrés du Petit Nicolas*, IMAV Éditions.

Conception de couverture et maquette intérieure : studio Favre et Lhaïk

Mise en page : Al'Solo ▪ *Relecture :* Lucie Martinet ▪ *Droits textes :* Sophie Delauney

Cartographie : Valérie Goncalves, Christel Parolini

Iconographie : Valérie Dereux ▪ *Édition :* Julie Delaere

Aux termes du Code de la propriété intellectuelle, toute reproduction ou représentation intégrale ou partielle de la présente publication, faite par quelque procédé que ce soit (reprographie, microfilmage, scannérisation, numérisation...) sans le consentement de l'auteur ou de ses ayants droit ou ayants cause est illicite et constitue une contrefaçon sanctionnée par les articles L.335-2 et suivants du Code de la propriété intellectuelle. L'autorisation d'effectuer des reproductions par reprographie doit être obtenue auprès du Centre français d'exploitation du droit de copie (CFC) - 20, rue des Grands-Augustins - 75006 Paris - Tél. : 01 44 07 47 70 – Fax : 01 46 34 67 19.

Achevé d'imprimer en avril 2014 par Canale Italie
Dépôt légal : février 2013 – N° d'éditeur : 2014-0014